BITEF (Hrsg.)

Intensivschulung
Windows 3

BITEF (HRSG.)

INTENSIV-SCHULUNG WINDOWS 3

Das richtige Buch für Einsteiger und Umsteiger

Erarbeitet von Heidi Raddatz-Löffler und Frank Tworek

Für Anne, Sina und Tina

Entwurf: Schrimpf & Partner, Wiesbaden

Buchbinderische Verarbeitung: Hunke & Schröder, Iserlohn

ISBN 978-3-528-05121-1   ISBN 978-3-663-14079-5 (eBook)
DOI 10.1007/978-3-663-14079-5

Vorwort

Das vorliegende Buch wendet sich an Leser ohne spezielle EDV-Vorkenntnisse, denen mit der grafischen Betriebssystemerweiterung WINDOWS Version 3.0 ein leistungsstarkes Instrument zur Verwaltung und Koordination ihrer Anwenderprogramme zur Verfügung steht.

WINDOWS von Microsoft ist eine komfortable Erweiterung des Betriebssystems DOS, des Standardbetriebssystems für IBM-Personalcomputer und Kompatible.

Dem EDV-Laien erleichtert WINDOWS durch seine übersichtliche, selbsterklärende Benutzeroberfläche den Einstieg im Umgang mit Anwenderprogrammen. Unter WINDOWS erhalten diese Anwenderprogramme ein in den Grundzügen einheitliches Aussehen.

Dem versierten PC-Nutzer verhilft WINDOWS zu vielseitigen und kombinatorischen Möglichkeiten bei der Arbeit mit unterschiedlichen Programmen.

Über eine grundlegende Kenntnis von WINDOWS werden schnell und mit geringem Aufwand Zusammenhänge klar, die jedem PC-Nutzer im Interesse einer störungsfreien Tätigkeit am Computer bekannt sein sollten.

Einen solchen sicheren Umgang mit den Hauptfunktionen von WINDOWS Version 3.0 auch dem Anfänger zu vermitteln, ist Ziel dieses Buches.

- *Es verhilft zu einem soliden, in kurzer Zeit zu bewältigenden Einstieg in das Programm;*
- *es werden effektive Techniken für das Arbeiten mit WINDOWS vermittelt;*
- *es werden wesentliche Zusammenhänge bei der Verwaltung von Programmen und Dateien erklärt;*
- *darüber hinaus werden fortgeschrittene Techniken erläutert, deren Einsatz der Lösung komplexer Fragestellungen dient.*

Langjährige praktische Erfahrungen im Bereich der Aus- und Weiterbildung - speziell auf dem Gebiet der EDV-Schulungen- bestimmen das didaktische Konzept des Buches. Zum Selbststudium eignet es sich ebenso wie als begleitende Schulungsunterlage in Seminaren.

Praxisbezogen und umfassend illustriert sind die Beispiele, wie WINDOWS am effektivsten genutzt werden kann. Dabei werden alle wesentlichen Funktionen des Programms schrittweise vorgestellt. Das gesamte für den Anwender relevante Einsatzspektrum von WINDOWS wird erarbeitet.

Ein solches exemplarisches Lernen ermöglicht, neu erworbenes Wissen auf individuelle Aufgabenstellungen, das heißt den Einsatz der Betriebssystemerweiterung in der jeweils spezifischen Anwenderumgebung, zu übertragen.

Es wurde Wert darauf gelegt, nicht den gesamten Befehlsvorrat und Funktionsumfang von WINDOWS einfach aufzulisten. Das wäre Aufgabe eines Referenzhandbuchs oder Nachschlagewerkes. Unsere Schulungserfahrungen bestätigen, daß erst das Begreifen von Zusammenhängen zum flexiblen, kenntnisreichen Einsatz eines Programms befähigt. Anwender, die WINDOWS zu einem bewährten Hilfsmittel ihrer Arbeit am Computer machen wollen, finden in diesem Buch die notwendige Anleitung dazu.

Hinweise zum Arbeiten mit dem Buch

- Das Buch gliedert sich in drei Teile:

  Im ersten Teil werden Sie mit grundlegenden Techniken der Arbeit mit WINDOWS vertraut gemacht. Zudem lernen Sie die Systematik kennen, mit der Ihre Anwenderprogramme und Arbeitsdateien von WINDOWS verwaltet werden.

  Der zweite Teil führt ein in die Möglichkeiten des Datentransfers zwischen verschiedenen Speichermedien (Festplatte und Diskette) sowie zwischen unterschiedlichen Programmen.

In einem dritten Teil lernen Sie, WINDOWS konkret an Ihre eigenen Bedürfnisse anzupassen.

- Die kleineren WINDOWS-internen Anwenderprogramme werden dort kurz vorgestellt, wo Sie im Rahmen von Übungen genutzt werden. Die Beschreibung dieser Programme ist hervorgehoben durch eine graue Rasterung.

- Der Textverarbeitung WRITE und dem Zeichenprogramm PAINTBRUSH ist ein extra Kapitel gewidmet. In diesem werden anhand eines Fallbeispiels die wesentlichen Grundzüge der beiden Programme und Möglichkeiten des Datenaustausches zwischen ihnen vermittelt .

- Im Anhang des Buches finden Sie Hinweise zur Nutzung der Hilfefunktion von Windows sowie eine ausführliche Anleitung, wie das Programm zu installieren ist.

- Die im Buch verwandten Tastenbezeichnungen orientieren sich an der deutschen IBM-MF-Tastatur. Die unten stehende Abbildung gibt Ihnen eine Übersicht über IBM-Standardtastaturen und die im Buch gewählten Bezeichnungen.

Im Buch verwendete Tastenbezeichnungen	IBM PC-Tastatur	IBM MF-Tastatur
⟨Pfeiltaste rechts⟩	→	→
⟨Pfeiltaste links⟩	←	←
⟨Pfeiltaste oben⟩	↑	↑
⟨Pfeiltaste unten⟩	↓	↓
⟨Bild oben⟩	PgUp	Bild ↑
⟨Bild unten⟩	PgDn	Bild ↓
⟨Pos1⟩	Home	Pos1
⟨Ende⟩	End	Ende
⟨Return⟩	↵	↵
⟨Tab⟩	⇥	⇥
⟨Esc⟩	Esc	Esc
⟨Leertaste⟩		
⟨Rücktaste⟩	←	←
⟨Strg⟩	Ctrl	Strg
⟨Umschalt⟩	⇧	⇧
⟨Entf⟩	Del	Entf
⟨Einfg⟩	Ins	Einfg
⟨Alt⟩	Alt	Alt

Übersicht: Tastenbelegung

INHALTSVERZEICHNIS

1 Einführung in Windows

Dieses Kapitel

- *gibt einen Überblick über das Einsatzspektrum von Windows*
- *informiert über die Neuerungen der Version 3.0*

1.1 Das Einsatzspektrum von Windows

Mit Windows steht Ihnen eine leistungsstarke Betriebssystemerweiterung zur Verfügung. Sie hilft Ihnen, Ihren Computer effektiv zu handhaben und seine Leistungsfähigkeit besser auszuschöpfen.

Durch seine grafische Benutzeroberfläche ist Windows gerade für den EDV-Laien hilfreich: Windows stellt sich dar wie eine Schreibtischoberfläche (Desktop), auf der in übersichtlicher Form die Arbeitsutensilien angeordnet sind. Mit Hilfe von Fenstern, Symbolen und Dialogfeldern werden Arbeitsschritte erleichtert und Vorgänge veranschaulicht.

Fenster (Windows)

Ein wesentliches Charakteristikum von Windows ist die Möglichkeit, den Bildschirm in verschiedene Abschnitte zu unterteilen, wodurch gleichzeitig unterschiedliche Programme oder Programmteile, dazu noch Erläuterungen oder Meldungen nebeneinander angezeigt werden können. Solche Bildschirmabschnitte werden Fenster genannt: durch diese kann man auf Anwenderprogramme oder auch Programmanwendungen von Windows selbst sehen.

Fenster können vergrößert, verkleinert, und in ihrer Position verschoben werden. Der Inhalt der Fenster ist horizontal und vertikal verschiebbar.

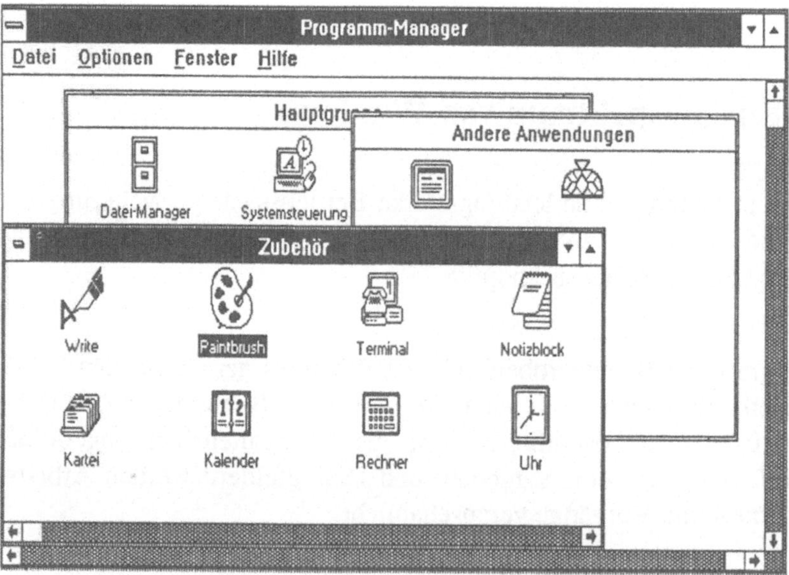

Abb. 1-1: Die Fenster in Windows

Dialogfelder

Ein weiteres Merkmal von Windows sind Dialogfelder. Dialogfelder werden immer dann eingeblendet, wenn das Programm zur Ausführung von Befehlen nähere Angaben von Ihnen benötigt oder Alternativen zur Wahl stehen. Wenn Sie beispielsweise eine Datei löschen wollen, verlangt Windows von Ihnen die Bestätigung oder den Abbruch des Löschvorgangs.

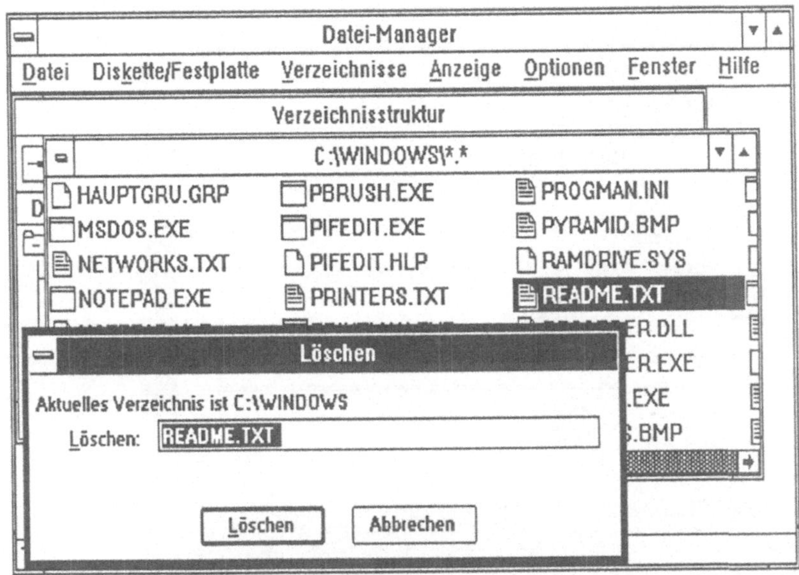

Abb. 1-2:   Ein Dialogfeld von Windows

Symbole

Programme und Utensilien werden auf dem Bildschirm in Form von Symbolen dargestellt. Wie auf einem Schreibtisch können Sie momentan nicht benötigte Utensilien ablegen. Das entsprechende Symbol (z. B. der Füllfederhalter für das mitgelieferte Textverarbeitungsprogramm Write) erscheint dann am unteren Rand des Bildschirms, von wo aus es wieder aufgerufen werden kann.

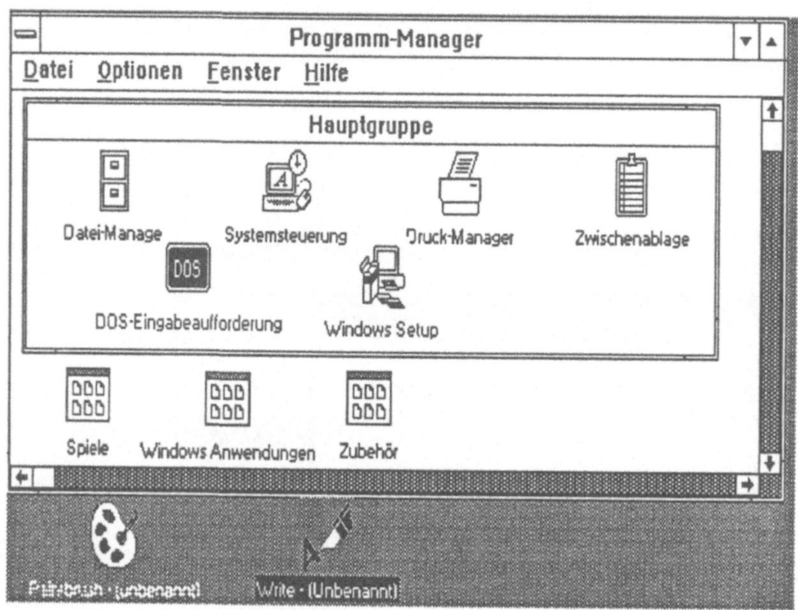

Abb. 1-3: Symbole von Windows

Windows ermöglicht Ihnen, mehrere Anwendungsprogramme gleichzeitig auszuführen und Daten zwischen den Programmen zu transferieren. Zudem stellt Ihnen Windows eine Reihe von Anwendungsprogrammen zur Verfügung: die Textverarbeitung WRITE, das Zeichenprogramm PAINTBRUSH, einige kleinere "Schreibtischanwendungen" wie den NOTIZBLOCK, den KALENDER, den KARTEIKASTEN, die UHR, den TISCHRECHNER sowie die Spielprogramme REVERSI und SOLITAIRE.

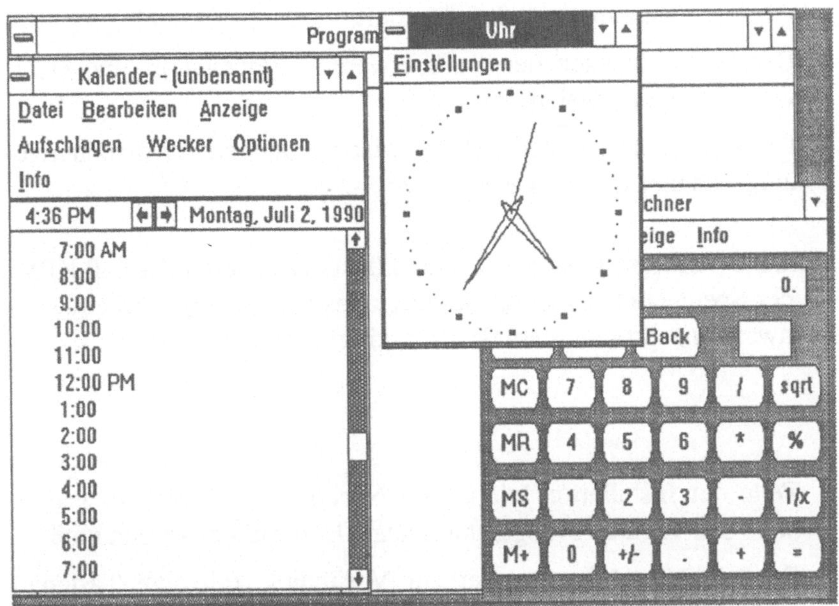

Abb. 1-4: Einige Anwendungsprogramme von Windows

1.2 Neuerungen der Version 3.0

Einige Neuerungen beziehen sich auf die Gestaltung der Oberfläche, wie die dreidimensionale Darstellung von Symbolen, die Einführung eines neuen Farbschemas und Proportionalschrift bei den Menüs und Dialogfeldern.

Hinzugekommen sind drei weitere Anwendungsprogramme, die das Arbeiten mit Windows wesentlich bestimmen:

1. Der Programm-Manager, der das Starten der Programme organisiert und der verfügbare Anwendungsprogramme in Programmgruppen zusammengefaßt präsentiert.

2. Der Datei-Manager, der die Laufwerks-, Verzeichnis- und Dateiverwaltung organisiert.

3. Die Task-Liste, mit deren Hilfe zwischen laufenden Anwendungen umgeschaltet werden kann.

Eine wesentliche Verbesserung der Version 3.0 ist der Wegfall der 640 KByte Grenze bei der Speicheradressierung, wodurch das gleichzeitige Arbeiten mit mehreren Anwendungsprogrammen (Multitasking) möglich wird.

Weitere Neuerungen:

- Teile der Installation können im Nachhinein wiederholt werden, ohne daß Windows insgesamt nochmals installiert werden muß.

- Es steht ein Makrorecorder zur Verfügung, mit dem Tastenanschläge und Mausbewegungen aufgezeichnet und wieder abgerufen werden können.

- Dateien und Verzeichnisse können mit Hilfe der Maus umgesetzt oder kopiert werden, indem das entsprechende Symbol auf das Zielsymbol "gezogen" wird.

2 Grundlegende Arbeitstechniken

Dieses Kapitel

- *zeigt, wie Windows gestartet und wieder verlassen wird*

- *gibt Hinweise zur Struktur von Windows*

- *erläutert die Aufgaben und den Aufbau des Programm-Managers von Windows*

- *vermittelt grundlegende Arbeitstechniken wie den Umgang mit der Maus und die Fenstersteuerung*

2.1 Windows starten - der Startbildschirm

Wollen Sie Windows starten, das heißt, die Betriebssystemerweiterung in den Arbeitsspeicher des Computers laden, geben Sie nach dem DOS-Bereitschaftszeichen ein: Win.

```
C:\> win
```

Nach einer kurzen, durch eine Sanduhr symbolisierten Wartezeit erscheint der Startbildschirm von Windows, und Sie können mit einer ersten Arbeitssitzung beginnen.

Voraussetzung für dieses Verfahren ist, daß in der System-Datei AUTO-EXEC.BAT der Pfad zum Verzeichnis Windows entsprechend gesetzt wurde. Wenn Sie bei der Installation die Option *Ändern der Systemdateien* gewählt haben, hat das Setup- Programm diesen Pfad automatisch in die AUTO-EXEC.BAT Datei geschrieben.

Andernfalls müßten Sie, um Windows zu laden, zunächst mit dem DOS-Befehl Change Directory (cd) in das Verzeichnis Windows wechseln und dann durch die Eingabe von WIN das Programm aufrufen:

        c:\>cd Windows   *<Return>*
        c\Windows:>win   *<Return>*

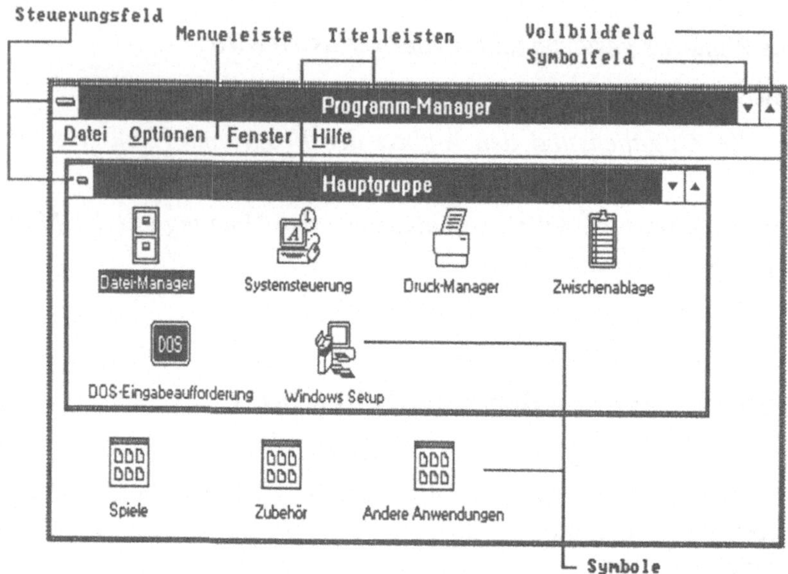

Abb. 2-1: Der Startbildschirm von Windows

Die Hauptaufgabe von Windows ist, Ihnen bei der Arbeit mit unterschiedlichen Programmen zu helfen, das Zusammenspiel zwischen diesen zu organisieren und zu koordinieren. Entsprechend präsentiert sich Windows auf dem Startbildschirm: als Programm-Manager.

Der Programm-Manager selbst ist ein Windows-Programm, das unter anderem dazu dient, andere Programme zu starten.

Der Programm-Manager erscheint in einem Fenster, dessen Aufbau charakteristisch für alle unter Windows erzeugten Fenster ist:

- In der **Titelleiste** wird der Name des Programms ausgewiesen. Die dunkle Markierung der Titelleiste bedeutet, daß dieses Fenster "aktiv" ist. Damit ist gemeint, daß das Fenster selbst und sein Inhalt zur Bearbeitung bereit stehen.

- Das Kästchen am linken Rand der Titelleiste ist das **Steuerungsfeld**. Über dieses Feld kann eine Gruppe von Befehlen zur Fenstersteuerung aktiviert werden.

- Die Kästchen am rechten Rand der Titelleiste dienen ebenfalls der Fenstersteuerung. Es handelt sich um das mit einem nach oben gerichteten gerichteten Dreieck versehene **Vollbildfeld** und das **Symbolfeld**, das mit einem nach unten weisenden Dreieck gekennzeichnet ist.

- Unter der Titelleiste befindet sich die **Menüleiste**. Hinter jeder der dort aufgelisteten Bezeichnungen (*Datei, Optionen, Fenster, Hilfe*) verbirgt sich jeweils eine Gruppe von Befehlen. Durch deren Aufruf wird der Programm-Manager angewiesen, bestimmte Operationen durchzuführen. Um einen dieser Befehle zu aktivieren, muß zunächst mit dem Mauszeiger auf das entsprechende Menü gezeigt und dieses dann angeklickt werden. Damit werden die sich hinter dem Menü verbergenden Befehle heruntergelassen und auf dem Bildschirm angezeigt. Der gewünschte Befehl wird nun wiederum angeklickt.

Der Programm-Manager zeigt alle unter Windows verfügbaren Programme an, und zwar zusammengefaßt in **Gruppen**.

Einer dieser Gruppen hat Windows automatisch den Titel **Hauptgruppe** vergeben. Sie ist als weiteres Fenster im Fenster des Programm-Manager dargestellt. Die Titelleiste weist den Namen aus: Hauptgruppe; ihre Markierung zeigt an, daß auch dieses Fenster aktiv ist.

In ihm sind als **Symbole** diejenigen Programme dargestellt, die von Windows bei der Installation automatisch der Hauptgruppe zugeordnet wurden.

Weitere Programmgruppen erscheinen im unteren Teil des Programm-Manager-Fensters, und zwar wiederum dargestellt als **Symbole**. So die Gruppe der Spiele, die Zubehör-Gruppe, in der Windows-interne Anwenderprogramme zusammengefaßt sind und -gegebenenfalls- weitere Gruppen, die z.B. Windows-externe Anwenderprogramme enthalten können.

Die Gruppen-Symbole können aktiviert und die durch sie repäsentierten Programme in einem Fenster auf dem Bildschirm angezeigt werden. Umgekehrt können Fenster geschlossen und als Symbole abgelegt werden.

Es ist möglich, für sämtliche durch Symbole repräsentierte Programmgruppen gleichzeitig Fenster zu öffnen. Mit Fensteroperationen kann in einem solchen Fall für Übersichtlichkeit gesorgt werden.

2.2   Fensteroperationen

Fenster können vergrößert, verkleinert, verschoben, geschlossen und aktiviert werden. Solche Operationen sind für die Übersichtlichkeit der Bildschirmdarstellung sehr sinnvoll. Sie werden das anhand der nachfolgenden Beispiele und später in der Praxis merken.

Windows stellt unterschiedliche Möglichkeiten der Fenstertechnik zur Verfügung. So können die gleichen Fensteroperationen direkt mit der Maus, durch Aktivierung der Fenstersteuerungsfelder oder durch Aufruf von Menübefehlen ausgelöst werden.

2.2.1   Fenster verschieben

Um ein Fenster zu verschieben, gibt es zwei Möglichkeiten: den Einsatz des Mauszeigers oder die Auslösung des Befehls *Verschieben* im *Steuerungs-Menü*.

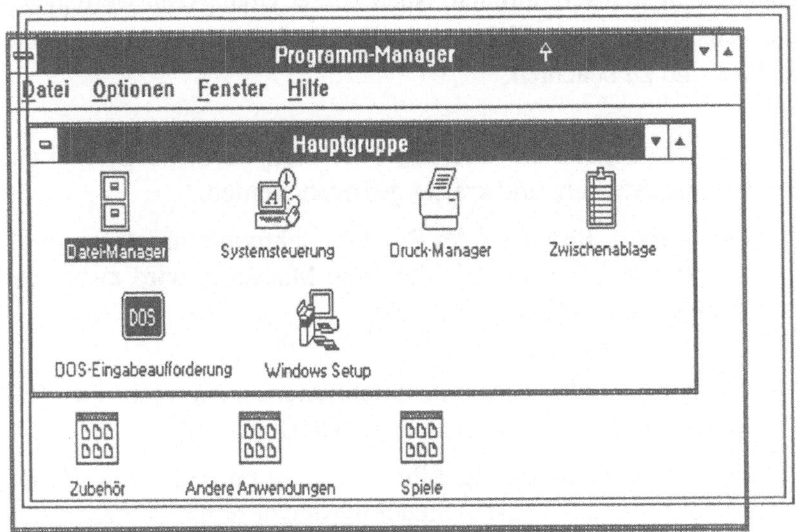

Abb. 2-2: Fenster mit der Maus verschieben

Aufgabe: Verschieben Sie das Fenster der Hauptgruppe nach unten, ohne die Symbole am unteren Rand des Programm-Manager-Fensters zu überdecken.

VORGEHEN: Fenster verschieben

- Zeigen Sie mit dem Mauszeiger auf die Titelleiste des Hauptgruppen-Fensters.

  Dazu wird die Maus ohne Betätigung einer der Maustasten auf flachem Untergrund gerollt, bis der Zeiger auf die gewünschte Position zeigt.

- Drücken Sie nun die linke Maustaste und "ziehen" Sie bei gedrückt gehaltener Maustaste das Fenster nach unten.

- Wenn Sie an der Umrißdarstellung des Fensters sehen, daß es die gewünschte Position erreicht hat, lassen Sie die Maustaste los.

Die Maustechnik ist an sich sehr einfach. Nach kurzer Übungszeit werden Sie gelernt haben, zeitsparend und effektiv mit diesem Instrument umzugehen. Einige Grundsätze sind zu beachten:

- wenn etwas "angeklickt" und damit markiert werden soll, muß die **linke** Maustaste kurz und kräftig gedrückt werden;
- direkte Symbol-, Befehls- oder Programmaktivierung erfolgt durch das "Doppelklick-Verfahren": die linke Maustaste wird **zwei Mal** kurz hintereinander kräftig gedrückt.

Alles, was Sie mit Hilfe der Maustechnik durchführen, kann auch über Befehle ausgelöst werden. Das ist jedoch weitaus umständlicher.

Um ein Fenster wie in der eben durchgeführten Übung mit Hilfe des Menüs zu bewegen, muß zunächst das Fenster-Steuerungsmenü durch Klicken aktiviert werden.

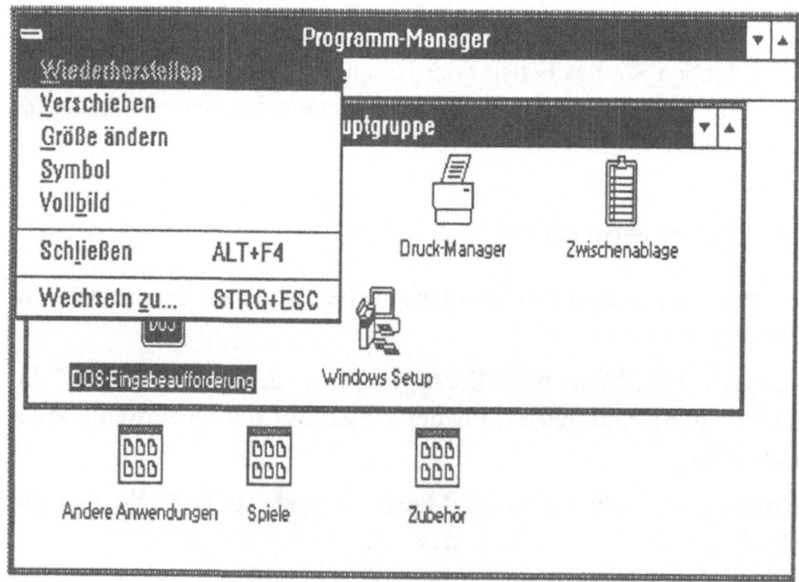

Abb. 2-3: Steuerungsmenü

Dann muß der Mauszeiger auf dem gewünschten Befehl (*Verschieben*) positioniert und dieser Befehl angeklickt werden. Anschließend wird das Fenster mit dem nun als "Vierzack" erscheinenden Mauszeiger bewegt, indem dieser wiederum auf der Titelleiste positioniert und mit gedrückter Maustaste das Fenster an die gewünschte Position gezogen wird.

2.2.2   Fenstergröße individuell verändern

Fenster können verlängert, verkürzt, verbreitert, geschmälert oder in ihren Proportionen verändert werden. Auch das ist sowohl direkt mit der Maus als auch über einen Befehl des Fenstersteuermenüs möglich.

- Die Spitze des Mauszeigers wird exakt auf diejenige Fensterleiste gesetzt, die nach unten, oben, rechts oder links gezogen werden soll.

  Auf einer der horizontalen Fensterleisten positioniert, wird der Mauszeiger zum vertikal ausgerichteten Doppelpfeil. Mit gedrückter Maustaste kann nun die Fensterleiste nach oben oder nach unten geschoben werden.

  Zeigt die Mauszeigerspitze auf eine der vertikalen Fensterleisten, wird der Zeiger als horizontal ausgerichteter Doppelpfeil dargestellt und mit gedrückter Maustaste läßt sich die Fensterleiste nach links oder rechts ziehen.

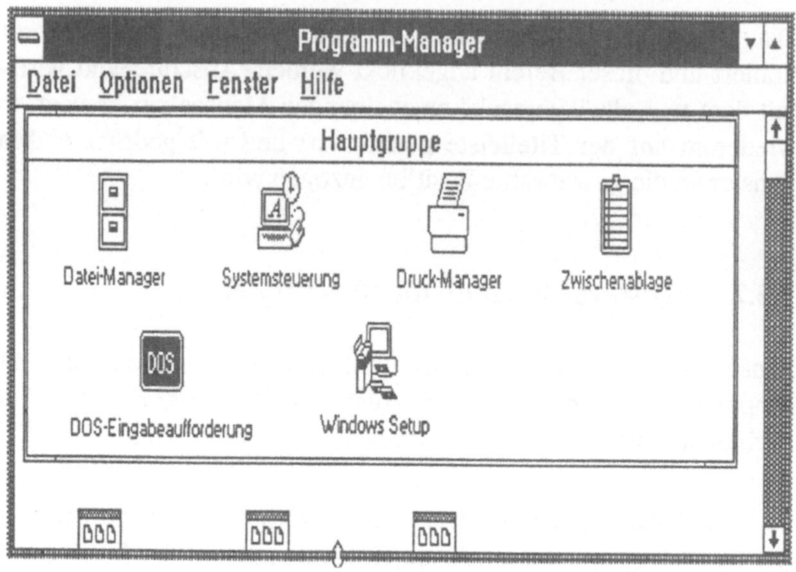

Abb. 2-4:   *Der Mauszeiger wird zum senkrecht ausgerichteten Doppel-*
             pfeil: Der Fensterrahmen kann nach oben oder unten ver-
             schoben werden.

- Bei Ausrichtung der Mauszeigerspitze auf eine der Fensterrah-
  men-Ecken (und zwar in der Begrenzung der angedeuteten Eck-
  punkte), verändert sich seine Darstellung in einen diagonal ausgerichteten Doppelpfeil. Mit gedrückter Maustaste kann das Fenster
  nun über die Diagonale gezogen und damit verkleinert oder vergrößert werden.

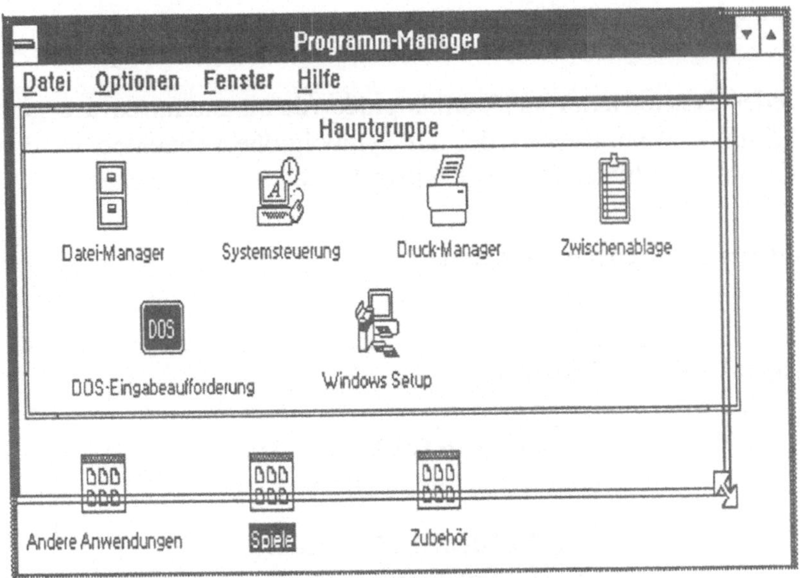

Abb. 2-5: Mauszeiger als diagonal ausgerichterer Doppelpfeil: Das Fenster kann in seiner Höhe und Breite verändert werden

Diesen beiden Möglichkeiten, Fenster zu verändern, entspricht im Fenster-*Steuerungs*-Menü der Befehl *Größe ändern*.

Aufgabe: Verkleinern Sie das Hauptgruppen-Fenster dergestalt, daß es zugleich kürzer und schmaler wird.

VORGEHEN: Fenstergröße mit Mauszeiger über die Diagonale verändern

- Positionieren Sie die Spitze des Mauszeigers in der rechten unteren Ecke des Hauptgruppen-Fensters (auf dem Rahmen zwischen den angedeuteten Eckbegrenzungspunkten).

- Schieben Sie den nun als diagonal ausgerichteter Doppelpfeil dargestellten Mauszeiger bei gedrückter Maustaste nach links oben. Die Umrißdarstellung zeigt Ihnen die bewirkte Veränderung.

- Lassen Sie die Maustaste los, wenn sich die rechte Fensterrahmenleiste links von dem Symbol "Windows-Setup" befindet.

2.2.3 Standardisierte Fensterveränderung

Jedes Fenster kann auf Vollbildgröße (damit nimmt es den gesamten Bildschirm ein) vergrößert oder auf Symbolgröße verkleinert werden. Für beide Operationen bietet Windows unterschiedliche Methoden an.

Felder zur Fenstersteuerung

Symbol	Funktion
▬	**Steuerungsfeld.** Aktiviert Menü zur Fenstersteuerung.
▼	**Symboldfeld.** Verkleinert Fenster auf Symbolgröße.
▲	**Vollbildfeld.** Vergrößern von Fenstern auf Vollbildgröße.
⬍	**Wiederherstellenfeld.** Wiederherstellen der zuletzt eingestellten Fenstergröße.

Vollbild

Ein Fenster kann auf Vollbildgröße vergrößert werden, indem

- mit dem Mauszeiger auf das Fenstersteuerungsfeld Vollbild gezeigt und die Maustaste geklickt wird;

- oder: der Mauszeiger zeigt auf die Titelleiste des Fensters, und mit der Maustaste wird zweimal hintereinander geklickt (Doppelklick). Sollte diese Methode beim ersten Mal nicht klappen, probieren Sie es erneut: die Maustaste muß zweimal schnell, kurz und kräftig gedrückt werden;

- oder: das Steuerungsfeld wird angeklickt und im dadurch erscheinenden *Steuerungs*-Menü der Befehl *Vollbild* gewählt.

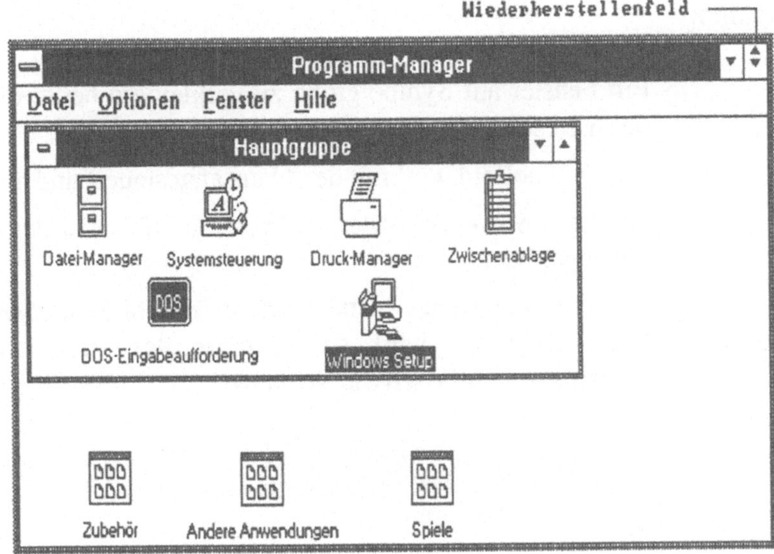

Abb. 2-6: Programm-Mangager-Fenster in Vollbildgröße

Die Aktion kann rückgängig gemacht und die vorherige Fenstergröße wiederhergestellt werden, indem

- das bei Vollbild-Darstellung erscheinende Wiederherstellenfeld
  angeklickt wird;

- oder: das *Steuerungs*-Menü aufgerufen und der Befehl
  Wiederherstellen angeklickt wird.

> Wird versehentlich ein Menü aufgerufen -das gilt für das Steuerungs-
> menü wie für alle anderen- kann der Mauszeiger auf dem Menü-Na-
> men oder an einer beliebigen Stelle des Bildschirms positioniert und
> die Maustaste geklickt werden. Das Menü verschwindet dadurch
> wieder vom Bildschirm.

Symbol

Ein Fenster auf Symbolgröße zu verkleinern heißt, dieses Fenster quasi zu schließen:

- Das Symbolfeld wird mit der Maus angesteuert und angeklickt;

- oder: das *Steuerungs*-Menü wird aufgerufen und der Befehl *Symbol* angeklickt;

- oder: im *Steuerungs*-Menü wird der Befehl *Schließen* angeklickt. Doch Achtung: wird das Fenster des Programm-Managers geschlossen, verlassen Sie Windows!

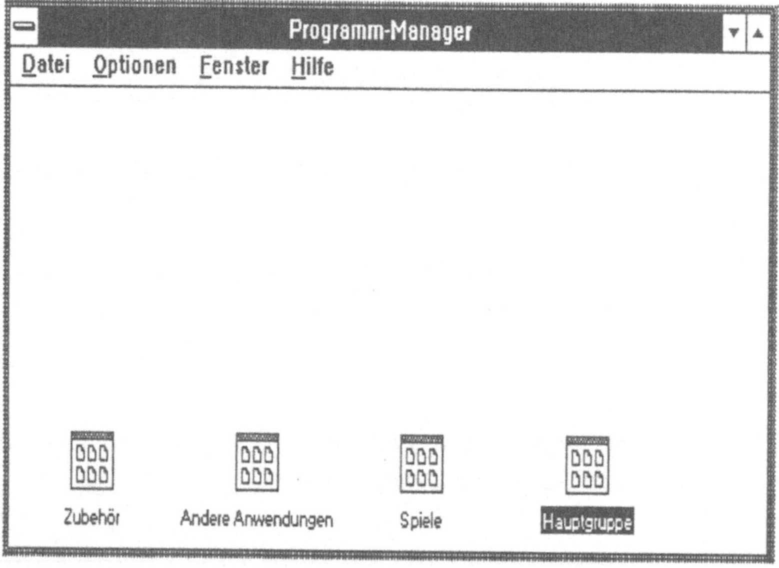

Abb. 2-7:   Gruppen-Fenster auf Symbolgröße verkleinert

Um von der Symbol-Darstellung wieder auf die vorherige Fenstergröße zu kommen, wenden Sie am besten das Doppelklick-Verfahren an: Mit dem Mauszeiger wird auf das entsprechende Symbol gezeigt und zweimal mit der Maustaste geklickt.

Das gleiche würde erreicht, wenn durch einmaliges Anklicken des Symbols das Symbol-Steuerungsmenü aufgeblättert und darin der Befehl *Wiederherstellen* angeklickt würde.

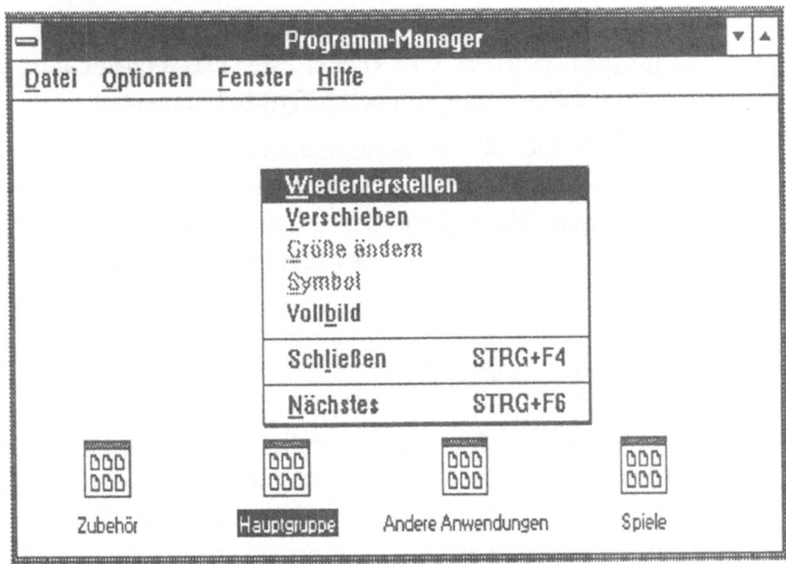

Abb. 2-8:   Steuerungsmenü für Symbole

> Wie Sie in Abb. 2-8 sehen, werden manche Befehle in den Menüs kursiv und heller als die übrigen dargestellt. Das bedeutet, daß sie für den aktuellen Gebrauch nicht verfügbar sind. Wenn zum Beispiel das Fenster der Hauptgruppe bereits auf Symbolgröße verkleinert ist, kann der Befehl Symbol nicht erneut aktiviert werden.

Aufgabe: Verändern Sie das Fenster des Programm-Managers auf Vollbildgröße und das Hauptgruppen-Fenster auf Symbolgröße. Stellen Sie danach die Ausgangssituation wieder her.

VORGEHEN: Fenster auf Vollbild- bzw. Symbolgröße bringen und Ausgangsgröße wiederherstellen

- Positionieren Sie den Mauszeiger auf dem Vollbildfeld des Programm-Manager-Fensters und klicken Sie mit der Maustaste. Das Programm-Manager-Fenster nimmt nun den gesamten Bildschirm ein.

- Zeigen Sie mit dem Mauszeiger auf das Symbolfeld des Hauptgruppen-Fensters und klicken Sie. Das Fenster wird geschlossen und die Programmgruppe als Symbol dargestellt.

- Stellen Sie die Ausgangssituation wieder her, indem Sie das Wiederherstellenfeld des Programm-Manager-Fensters anklicken. Bewegen Sie sodann den Mauszeiger auf das Symbol Hauptgruppe und klicken Sie zweimal (Doppelklick).

2.2.4   Im Fenster "rollen"

Wenn ein Fenster mehr Informationen enthält, als auf Grund seiner Größe angezeigt werden können, erscheinen sogenannte **Bildrolleisten**: Ist das Fenster zu kurz, so daß es in der Senkrechten mehr anzuzeigen gäbe, als der Fensterausschnitt zuläßt, wird am rechten Fensterrand ein solcher gepunkteter Balken eingeblendet. Ist das Fenster zu schmal, erscheint die Bildrolleiste am unteren Fensterrand.

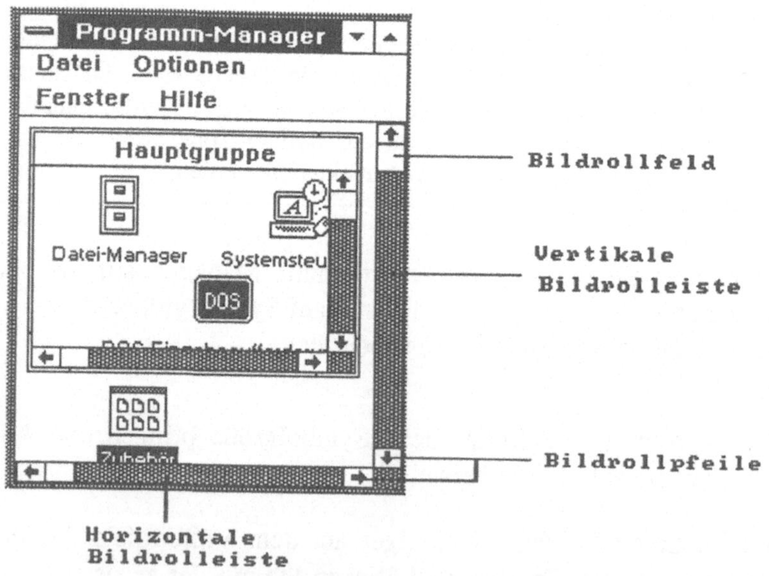

Abb. 2-9:   Bildrolleisten nach Verkleinerung des Programm-Manager- und des Hauptgruppenfensters

Die nicht angezeigten Informationen können nun in den Fensterausschnitt geholt werden.

- Dazu wird der Mauszeiger auf einen der Bildrollpfeile gesetzt. Durch Klicken mit der Maustaste wird der Fensterinhalt zeilenweise verschoben: nach links mit Hilfe des nach rechts weisenden Pfeils, nach rechts durch Klicken auf den nach links weisenden Pfeils. Soll das Bild nach oben verschoben werden, muß der nach unten weisende Pfeil geklickt werden und umgekehrt. Wird die Maustaste gedrückt gehalten, rollt der Fensterinhalt solange, bis die Taste wieder losgelassen wird oder es in der entsprechenden Richtung keine weiteren Informationen mehr gibt.

- Wird das helle Bildrollfeld mit dem Mauszeiger angesteuert, kann es bei gedrückter Maustaste in diejenige Richtung gezogen werden, aus der nicht angezeigte Informationen in den Fensterausschnitt geholt werden sollen. Befindet sich das Bildrollfeld am Ende der Bildrolleiste wird daraus ersichtlich, daß aus der entsprechenden Richtung keine weiteren Informationen mehr in den Fensterausschnitt geholt werden können.

- Um jeweils um die gesamte Breite bzw. Länge eines Fensterausschnitts zu rollen, muß der Mauszeiger auf der jeweiligen gepunkteten Bildrolleiste positioniert und die Maustaste geklickt werden.

Aufgabe: Verkleinern Sie mit einer der in Abschnitt 2.2.2 gelernten Methoden Programm-Manager- und Hauptgruppen-Fenster entsprechend Abb. 2-9 und holen Sie durch Bildrollen die nicht angezeigten Informationen in die Fensterausschnitte.

VORGEHEN: Bildrollen im Fenster

- Mauszeiger auf dem nach unten weisenden Bildrollpfeil des Programm-Manager-Fensters positionieren und Maustaste solange klicken, bis die Symbole wieder im Fensterausschnitt erscheinen.

- Mauszeiger auf das Bildrollfeld des Hauptgruppen-Fensters setzen, Maustaste gedrückt halten, das Feld nach rechts bis zum Ende der Bildrolleiste ziehen und Maustaste loslassen.

Vergrößern Sie nach dieser Übung die Fenster wieder dergestalt, daß alle Informationen angezeigt und die Bildrolleisten ausgeblendet werden.

2.3   Arbeiten mit mehreren Fenstern

Bislang haben Sie bereits mit zwei Fenstern gearbeitet: dem des Programm-Managers und dem der Hauptgruppe.

Nun können zugleich noch weitere Fenster geöffnet und ihr Inhalt auf dem Bildschirm angezeigt werden. Das wird später sehr wichtig, denn dadurch kann mit erheblicher Zeitersparnis gearbeitet werden. Problemlos wird von einem Programm in ein anderes umgeschaltet, ohne daß eines der Programme beendet werden muß, um das andere in den Arbeitsspeicher laden zu können.

2.3.1   Symbole aktivieren und Fenster öffnen

An den markierten Titelleisten der bisher auf dem Bildschirm geöffneten Fenster (Programm-Manager und Hauptgruppen-Fenster) war ersichtlich, daß beide gleichzeitig aktiv sind. Das heißt, mit dem Inhalt beider Fenster (den Programmgruppen des Programm-Managers und den Programmen der Hauptgruppe) kann aktuell gearbeitet werden.

Es ist ein Charakteristikum von Windows, daß zunächst das Objekt spezifiziert (aktiviert) werden muß, bevor -im nächsten Schritt- Befehle ausgewählt und auf das Objekt angewandt werden können.

Am Beispiel der Aktivierung von Symbolen kann diese Vorgehensweise erläutert werden.

Aufgabe: Öffnen Sie für die als Symbol dargestellte Programmgruppe der Spiele ein Fenster.

VORGEHEN: Symbol öffnen

- Zeigen Sie mit dem Mauszeiger auf das Symbol "Spiele" und doppelklicken Sie.

Das Symbol wird dadurch direkt aufgerufen (aktiviert) und für die entsprechende Programmgruppe ein Fenster auf dem Bildschirm geöffnet. Die Fenster-Titelleiste des zuletzt aufgerufenen Symbols ist markiert: statt des Hauptgruppen-Fensters ist nunmehr das neue Fenster aktiv. Menübefehle, beispielsweise des Steuerungsmenüs, können nun statt für das Fenster der Hauptgruppe nur für das neue aktive Fenster aufgerufen werden.

Nach wie vor aktiviert bleibt selbstverständlich das Fenster des Programm-Managers, der sozusagen das Hintergrundprogramm für alle anderen Anwendungen darstellt.

Um das Fenster der Hauptgruppe erneut zu aktivieren genügt es, mit dem Mauszeiger auf eine beliebige Stelle des Hauptgruppenfensters zu zeigen und zu klicken. Es wird automatisch in die vordere Position geholt und seine Titelleiste markiert angezeigt.

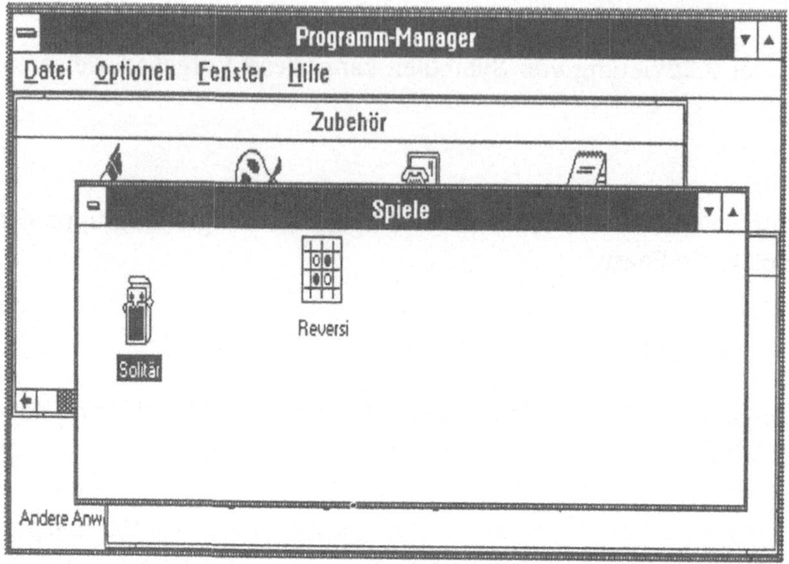

Abb. 2-10: Mehrere geöffenete Fenster im Programm-Manager-Fenster

2.3.2   Fensterdarstellung, -öffnung und -aktivierung
durch Befehle des Fenster-Menüs

In der Menüleiste des Programm-Managers ist das Befehlsmenü *Fenster* aufgeführt. Mit Hilfe der Befehle dieses Menüs wird der Programm-Manager angewiesen, die geöffneten Fenster zu ordnen, zu aktivieren oder für noch weitere vorhandene Symbole Fenster zu öffnen.

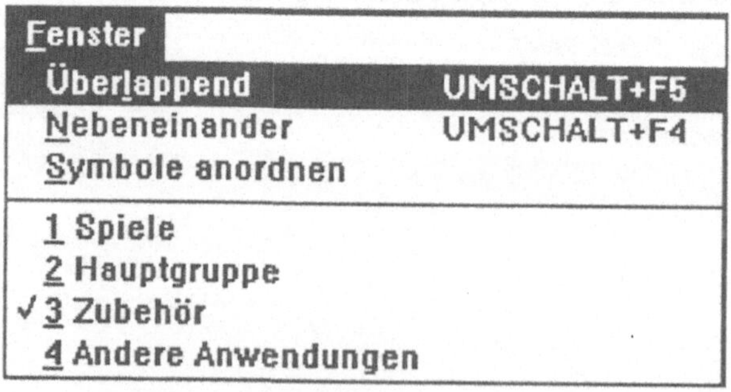

Abb. 2-11: Das Fenster-Menü

Durch Anklicken des Befehls *Überlappend* erscheinen die geöffneten Fenster
hintereinander wie Karteikarten in einem Karteikasten, wobei die jeweiligen
Titelleisten sichtbar bleiben. Das entspricht der Standardanordnung, die Windows automatisch bei der Öffnung von mehreren Fenstern wählt. Das gerade
aktive Fenster ist mit einem 'Häkchen gekennzeichnet.

Welche "Karte" nach vorne geholt, also welches Fenster vollständig sichtbar
gemacht und gleichzeitig aktiviert werden soll, kann auf zweierlei Weise bestimmt werden:

- Entweder den Mauszeiger an eine beliebige sichtbare Stelle des zu
  aktivierenden Fensters setzen und die Maustaste klicken;

- oder das *Fenster*-Menü aufrufen, mit dem Mauszeiger auf den
  Namen des gewünschten Fensters zeigen und diesen anklicken.

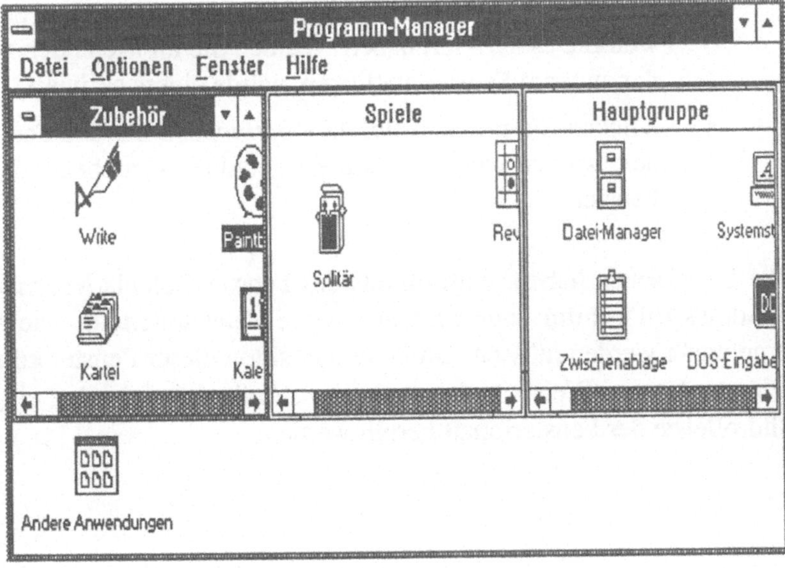

Abb. 2-12: Mit dem Fenster-Befehl Nebeneinander angeordnete Fenster

Aufgabe: Ordnen Sie die von Ihnen geöffneten Fenster im Programm-Manager-Fenster nebeneinander an. Aktivieren Sie anschließend das Hauptgruppen-Fenster.

VORGEHEN: Fenster nebeneinander anordnen

- Mauszeiger auf das Menü *Fenster* des Programm-Managers setzen und die Maustaste klicken.

- Mit dem Mauszeiger auf den Befehl *Nebeneinander* zeigen und klicken - die Fenster werden sofort entsprechend angeordnet. Markiert ist die Titelleiste desjenigen Fensters, das zuletzt erzeugt worden ist.

- Bewegen Sie den Mauszeiger auf das Hauptgruppen-Fenster und klicken Sie die Maustaste: das Hauptgruppen-Fenster wird "nach vorne" geholt und aktiviert.

- Rufen Sie erneut das Menü *Fenster* auf. Sie können sehen, daß alle Programm-Gruppen durchnumeriert aufgelistet sind. Das Hauptgruppen-Fenster ist zugleich mit einem Häkchen versehen, weil Sie es aktiviert haben. Würden Sie im Menü den Namen eines der anderen Fenster anklicken, würde dieses aktiviert werden.

- Klicken Sie nun den Befehl *Überlappend* an. Die Fenster erscheinen wieder wie Karteikarten geordnet - zuoberst das aktivierte Fenster.

Wie Sie gesehen haben, wird mittels des Fenster-Befehls *Nebeneinander* der Windows-Bildschirm senkrecht in soviele Teile unterteilt, wie Fenster untergebracht werden müssen. Größe und Position dieser Fenster können auf die gelernte Art und Weise verändert werden. Außerdem kann bei eingeblendeter Bildrolleiste der Fensterinhalt gerollt werden.

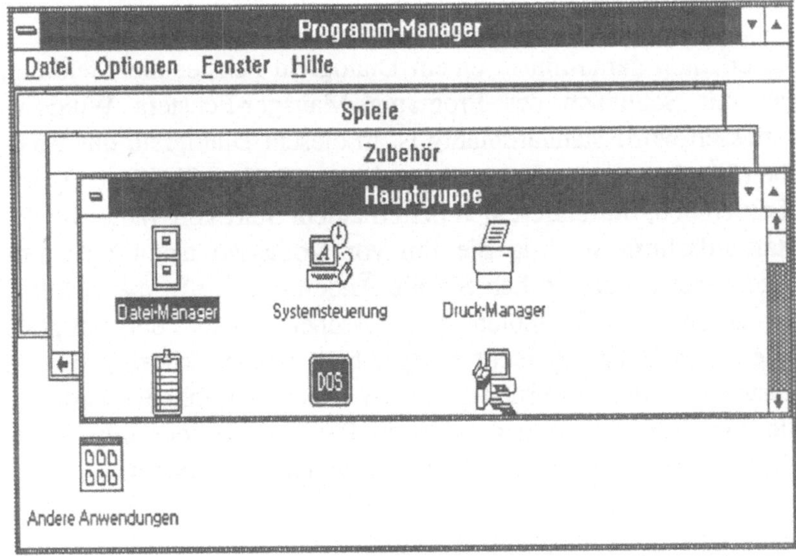

Abb. 2-13: Mit dem Fenstermenü-Befehl Überlappend erzeugte Fensteranordnung

2.4 Windows verlassen

Wollen Sie Windows verlassen, haben Sie zwei Möglichkeiten:

- Entweder schließen Sie das Programm-Manager-Fenster. Dazu klicken Sie das Steuerungsfeld des Programm-Managers an und lassen sich dadurch das Menü zur Fenstersteuerung aufblättern. Nun rufen Sie durch Anklikken den Befehl *Schließen* auf.

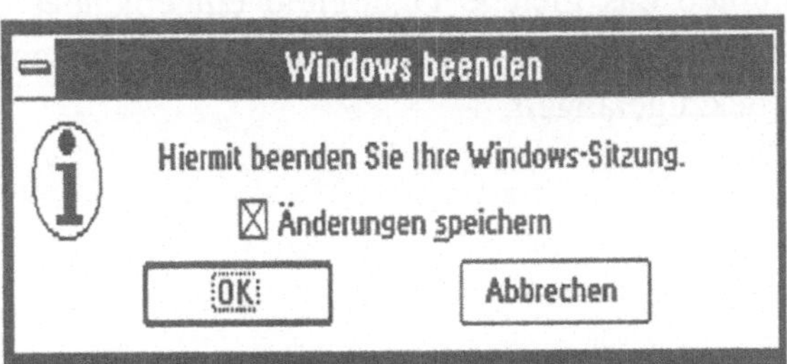

Abb. 2.14: Dialogfeld des Schließen-Befehls im Steuerungsmenü

Sie erhalten daraufhin in einem Dialogfeld-Fenster die Meldung, daß mit Schließen des Programm-Manager-Fensters Windows verlassen wird. Standardmäßig ist in diesem Dialogfeld das Kästchen "Änderungen speichern" angekreuzt. Sollten Sie diese Option übernehmen, präsentiert sich bei erneutem Start von Windows der Startbildschirm so, wie Sie ihn vor Verlassen des Programms angeordnet haben. Sollten Sie die Änderungen (z.B. die Öffnung der anfangs zu Symbolen geschlossenen Fenster der Gruppen Spiele und Zubehör) nicht mitspeichern wollen, klicken Sie das Kästchen an und entfernen damit das Kreuz. Anschließend können Sie Ihre Absicht, Windows zu verlassen, entweder durch Anklicken von *ok* bestätigen oder mit *Abbrechen* revidieren.

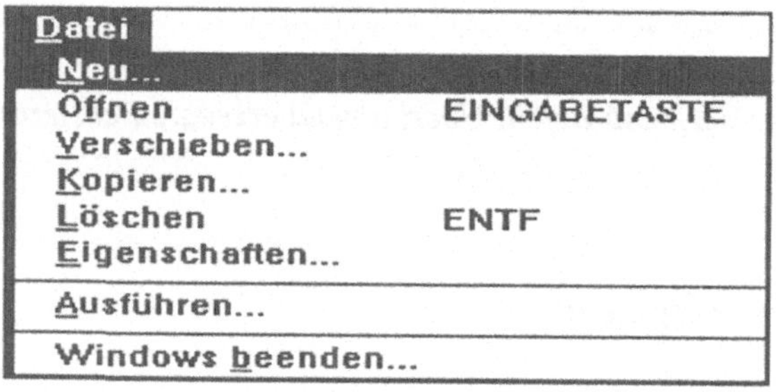

```
Datei
Neu...
Öffnen                    EINGABETASTE
Verschieben...
Kopieren...
Löschen                   ENTF
Eigenschaften...

Ausführen...

Windows beenden...
```

Abb. 2.15: Das Datei-Menü des Programm-Managers

- Eine zweite Möglichkeit ist, durch Anklicken mit der Maustaste das *Datei*-Menü des Programm-Managers aufzurufen. Aus den dadurch heruntergeblätterten Befehlen wählen Sie den Befehl *Ende*. Sie bekommen das gleiche Dialogfeld eingeblendet und können durch Anklicken von *ok* Windows verlassen, um auf die DOS-Ebene zurückzugelangen.

3 Einstieg in die Arbeit mit Anwenderprogrammen

Dieses Kapitel

- *führt am Beispiel in die Arbeit mit Anwenderprogrammen ein*

- *stellt die Programme Uhr und Rechner vor*

- *erläutert, wie Programm-Symbole in einem Fenster arrangiert werden können*

Um Anwenderprogramme vom Windows Programm-Manager aus zu starten, sie also in den Arbeitsspeicher des Computers zu laden, gibt es unterschiedliche Möglichkeiten. Sie gelten für alle Programme gleichermaßen - egal, ob es sich um größere Anwenderprogramme wie Excel handelt oder um kleine windows-interne Anwenderprogramme wie das Uhr-Programm.

- Mit dem Befehl *Öffnen* wird das Programm geladen, dessen Symbol zuvor markiert worden ist. (Symbol einmal anklicken, danach das Menü *Datei* anklicken und schließlich auf den Befehl *Öffnen* zeigen und klikken). Die Anwendung dieses Befehls setzt voraus, daß das Programmgruppen-Fenster, in dem sich das gewünschte Programm befindet, geöffnet ist.

- Der Befehl *Ausführen* des *Datei*-Menüs kann zum Laden von Programmen auch dann eingesetzt werden, wenn das gewünschte Programm-Symbol nicht sichtbar ist, weil das Programmgruppen-Fenster geschlossen ist.

Der *Ausführen*-Befehl öffnet ein Dialogfeld, in dem genaue Angaben über das zu ladende Programm verlangt werden - so der Pfad- bzw. der Dateiname. Optional kann in diesem Dialogfeld das Kästchen *Als Symbol* angekreuzt werden, wodurch das Programm, wenn es geladen wird, umgehend auf Symbolgröße verkleinert wird.

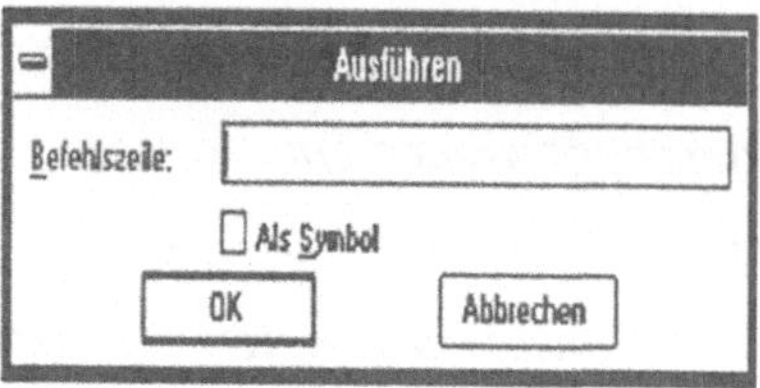

Abb. 3-1: Dialogfeld des Ausführen-Befehls im Datei-Menü

Die einfachste Möglichkeit, ein Programm aufzurufen, besteht darin, es direkt mit Hilfe der Maus zu laden. Dieses Verfahren wird in der folgenden Übung angewandt.

3.1   Die Nutzung des Anwenderprogramms Uhr

Aufgabe: Starten Sie das Anwenderprogramm Uhr

VORGEHEN: Anwenderprogramm vom Programm-Manager aus starten

- Öffnen bzw. aktivieren Sie das Fenster der Programmgruppe Zubehör. Ist diese Programmgruppe auf Symbolgröße verkleinert, doppelklicken Sie das Symbol. Ist für die Zubehörgruppe bereits ein Fenster geöffnet, klicken Sie es an beliebiger Stelle an.

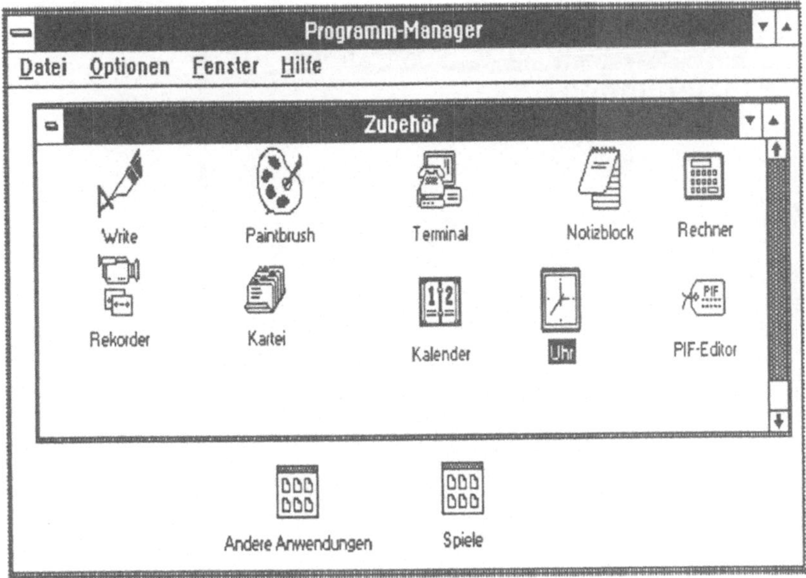

Abb. 3-2: Zubehör-Fenster im Programm-Manager

- Bewegen Sie den Mauszeiger auf das Symbol Uhr und doppel-klicken Sie. Das Programm wird geladen und auf dem Bildschirm erscheint eine Uhr - standardmäßig in analoger Darstellung.

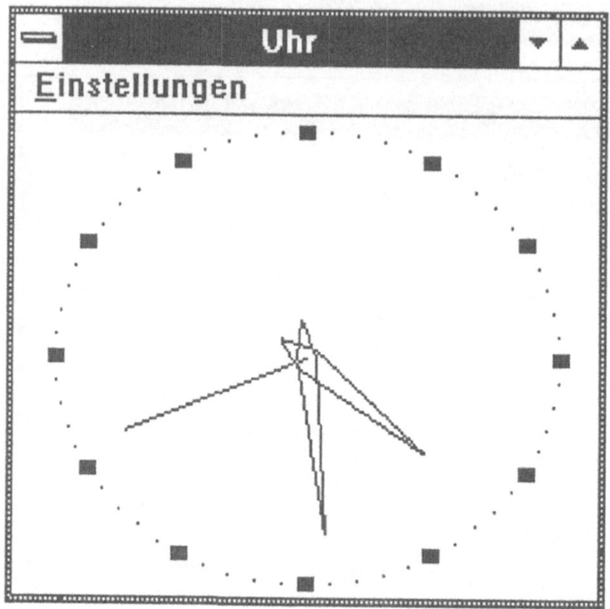

Abb. 3-3: *Das Uhr-Programm von Windows*

Wie jedes andere Programm wird das Programm Uhr in einem Fenster eingeblendet; und wie mit fast allen Fenstern können auch mit diesem diverse Fensteroperationen vorgenommen werden (vgl. Kapitel 2.2). Ein weiteres für alle
Programm-Fenster gültiges Charakteristikum ist die Menüleiste, in der pro-
grammspezifische Befehlsmenüs aufgelistet sind.

Das Uhr-Programm verfügt nur über das Menü *Einstellungen*. Ein Anklicken
dieses Menüs eröffnet die Möglichkeit, zwischen analoger und digitaler Uhr-
darstellung zu wählen. Als Standardeinstellung ist die Analog-Option markiert und mit einem Häkchen versehen. Ein Anklicken der Digital-Option bewirkt die Änderung der Darstellung.

Aufgabe: Lassen Sie sich die Uhrzeit digital anzeigen und verkleinern Sie
das Fenster auf Symbolgröße.

VORGEHEN:

- Klicken Sie das *Einstellungen*-Menü im Fenster des Uhr-Programms an.

- Zeigen Sie mit dem Mauszeiger auf den Befehl *Digital* und klicken Sie mit der Maustaste.

- Klicken Sie das Symbolfeld an.

Die Uhr wird Ihnen nun als Symbol angezeigt. Daß Sie mit der Symboldarstellung nicht gleichzeitig das Programm verlassen sondern es nur "geparkt" haben, sehen Sie daran, daß die Uhrzeit weiterläuft.

Wie jedes andere Symbol kann auch ein in Symbolgröße abgelegtes Programm auf dem Bildschirm mit Hilfe der Maustechnik verschoben werden. Dazu zeigen Sie mit dem Mauszeiger auf das Symbol, halten die Maustaste gedrückt und ziehen es auf die gewünschte Position. Ist sie erreicht, wird die Maustaste losgelassen.

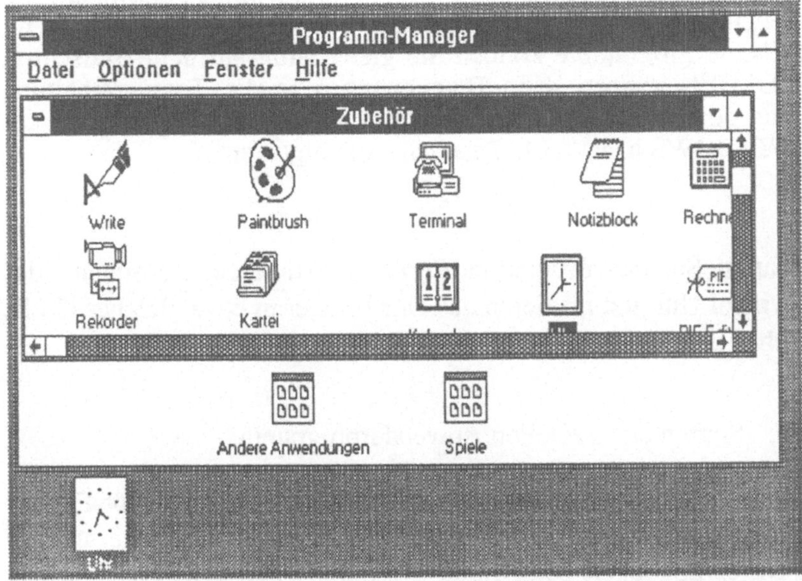

Abb. 3-4: Uhr-Programm in Symbolgröße

3.2 Arbeiten mit mehreren Programmen

Einer der großen Vorzüge von Windows ist, mehrere Anwenderprogramme gleichzeitig auf dem Bildschirm anzeigen und zur weiteren Bearbeitung bereithalten zu können. Zwischen diesen Programmen kann hin und her gesprungen werden - das Programm, in dem gearbeitet werden soll, muß lediglich aktiviert werden.

Derzeit arbeiten Sie bereits mit zwei Programmen: mit dem Uhr-Programm und dem Programm-Manager. Letzteres Programm ist immer verfügbar, es ist der Organisator sämtlicher Operationen, die Sie mit anderen Programmen oder später Dateien durchführen - das Herzstück von Windows also. Ist ein zweites Programm aufgerufen und das Fenster dieses Programms aktiv, muß jedoch auch der Programm-Manager erst aktiviert werden, um Befehle auf ihn anwenden zu können.

Was nachfolgend im Rahmen einer Übungsaufgabe am Beispiel der Arbeit mit zwei Anwenderprogrammen (nämlich dem Uhr-Programm und dem Rechner-Programm) erläutert wird, gilt analog auch für die Arbeit mit unterschiedlichen unter Windows laufenden Anwenderprogrammen, beispielsweise mit der Tabellenkalkulation EXCEL und der Textverarbeitung WORD für WINDOWS: beide Programme können Sie gleichzeitig auf dem Bildschirm haben. Aus EXCEL können dann Berechnungen in die Textverarbeitung transferiert und dort weiterbearbeitet werden. Umgekehrt können Texte aus WORD für WINDOWS in EXCEL-Tabellen eingefügt werden.

Aufgabe: Starten Sie das Programm *Rechner*, aktivieren Sie sodann das Symbol Uhr und plazieren das Uhr-Fenster in etwa gleicher Größe neben dem Rechner-Fenster.

VORGEHEN: Starten eines zweiten Anwenderprogramms

- Klicken Sie zweimal auf das Symbol Rechner im Zubehör-Fenster des Programm-Managers. Sollte dieses Fenster durch ein anderes Fenster überlagert sein, rufen Sie durch Anklicken das *Fenster*-Menü des Programm-Managers auf. Klicken Sie dort auf den Namen Zubehör. Umgehend erscheint das Zubehör-Fenster als aktives im Vordergrund des Bildschirms. Rufen Sie dann durch Doppelklick auf das Symbol Rechner das Rechner-Programm auf.

Auf dem Bildschirm erscheint das Programm Rechner: in der Darstellung eines Taschenrechners.

- Doppelklicken Sie das Symbol *Uhr* am unteren Bildschirmrand. Die Uhr erscheint wieder im Fenster auf dem Bildschirm.

- Um nun Uhr-Fenster und Rechner-Fenster übersichtlich nebeneinander zu plazieren können Sie die Fenster bewegen. Klicken Sie die jeweilige Titelleiste an und ziehen Sie das entsprechende Fenster bei gedrückter Maustaste in die gewünschte Position.

- Entspricht die Größe des Uhr-Fensters nicht der Größe des Rechner-Fensters, können Sie die Angleichung nur über Steuerung des Uhr-Fensters vornehmen.

☞
> Das Fenster des Rechner-Programms kann größenmäßig **nicht** verändert werden.

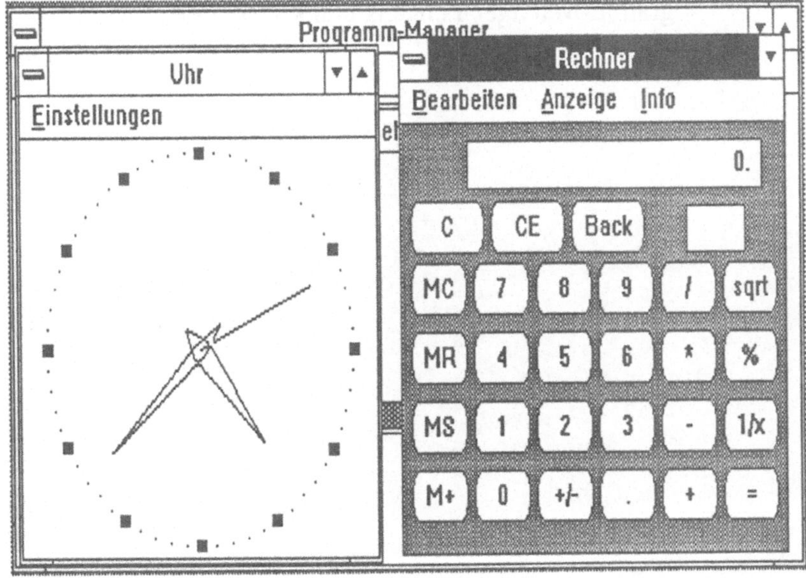

Abb. 3-5:   Uhr- und Rechner-Fenster

An der eben durchgeführten Übung konnten Sie sehen, daß es mit Windows denkbar leicht ist, von einem geladenen Programm zum anderen zu springen: sobald eine beliebige Stelle des Rechner-Fensters angeklickt wird, erscheint dessen Titelleiste markiert: das Programm ist aktiviert. Wird dann Titelleiste, Menü, Steuerungsfeld oder irgendeine andere Stelle des Uhr-Fensters angeklickt, ist sofort dieses Fenster aktiv und entsprechend erscheint seine Titelleiste markiert.

Nach wie vor ist auch weiterhin der Programm-Manager verfügbar. Wird er angeklickt, rückt sein Fenster in den Vordergrund, überdeckt die beiden anderen Programm-Fenster und ist aktiviert, d.h. Sie können diesem Programm über Befehle Anweisungen geben.

Aufgabe: Aktivieren Sie den Programm-Manager

VORGEHEN:

- Setzen Sie den Mauszeiger auf eine beliebige Stelle des Programm-Manager-Fensters und klicken Sie.

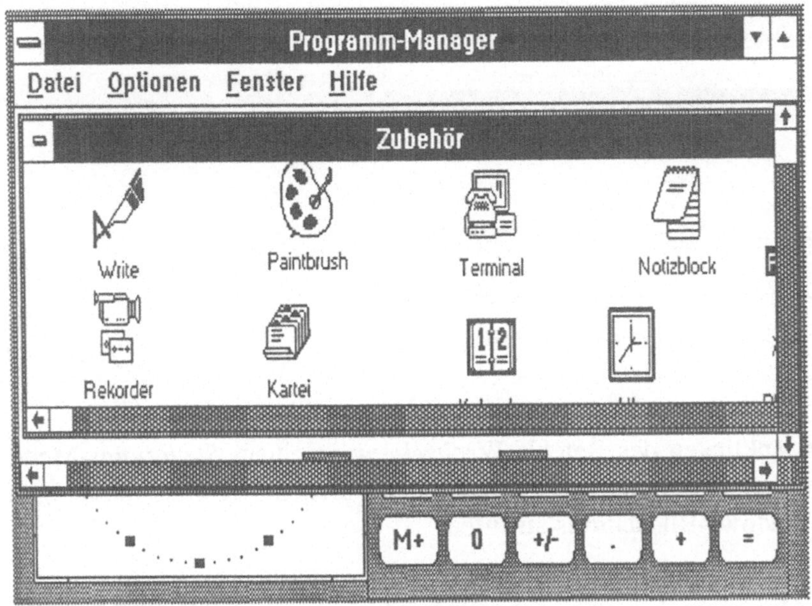

*Abb. 3-6: Der aktivierte Programm-Manager überdeckt die Fenster des Uhr- und
des Rechner-Programms*

Je mehr Programme gestartet sind und in Fenstern auf dem Bildschirm dargestellt werden, desto schwieriger könnte es sein, gesuchte Fenster wiederzufin-
den, zum Beispiel, um sie zu aktivieren. Windows hat für solche Fälle vor-
gesorgt und die Steuerungsmenüs der Programm-Fenster mit einem wichtigen
Befehl ausgestattet, dem Befehl *Wechseln zu.* Durch Aufruf (Anklicken) dieses Befehls wird eine Task-Liste auf den Bildschirm geholt. Diese bietet zum
einen eine Übersicht über alle geladenen Programme und ermöglicht die
Aktivierung eines dieser Programme; zum anderen hält sie weitere Befehle
zur Fensteranordnung auf dem Bildschirm bereit.

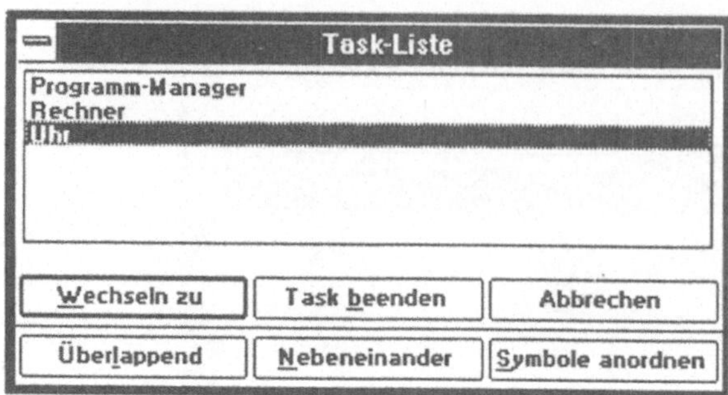

Abb. 3-7: Laufende Aufgaben in der Task-Liste

Außer über Anklicken des Befehls *Wechseln zu* in einem *Steuerungs*-Menü können Sie die Task-Liste auch durch Doppelklicken an einer beliebigen Stelle des Windows-Bildschirms aufrufen.

Aufgabe: Aktivieren Sie vom Programm-Manager aus das geladene Programm Uhr und ordnen Sie vom Programm Uhr aus die Programmfenster überlappend an.

VORGEHEN: Einsatz des Befehls *Wechseln zu*

- Klicken Sie das Steuerungsfeld des Programm-Managers an.

- Rufen Sie im *Steuerungs*-Menü durch Anklicken den Befehl *Wechseln zu* auf. In einem Fenster wird die Task-Liste eingeblendet.

- In der Liste der im Arbeitsspeicher befindlichen Programme ist der Programm-Manager als derzeit aktives Programm markiert.

  Markieren Sie stattdessen das Programm *Uhr*, indem Sie mit dem Mauszeiger auf den Programmnamen zeigen und klicken.

- Zeigen Sie nun auf die Befehlsschaltfläche *Wechseln zu* im Fenster Task-Liste und klicken Sie. Damit ist das Programm Uhr aktiviert und erscheint in einem Fenster über dem Programm-Manager-Fenster.

- Klicken Sie im Uhr-Fenster das Steuerungsfeld an, und wählen Sie aus dem *Steuerungs*-Menü den Befehl *Wechseln zu.* Wieder erscheint das Fenster der Task-Liste.

- Klicken Sie die Befehlsschaltfläche *Überlappend* an: als Resultat werden Ihnen die geladenen Programme übersichtlich hintereinander in Form von Karteikarten auf dem Bildschirm dargestellt - im Vordergrund das derzeit aktive, das Uhr-Programm.

☞
> Für den Fall, daß die Task-Liste versehentlich aufgerufen wurde, kann sie jederzeit wieder ausgeblendet werden. Dazu wird an beliebiger Stelle außerhalb des Task-Listen-Fensters geklickt.

Das Rechner-Programm von Windows

Rechenoperationen einschließlich der Nutzung von Speicherfunktionen werden mit diesem Programm im Grunde so ausgelöst, wie Sie es von einem Taschenrechner her kennen. Anstatt jedoch auf die erforderlichen Tasten zu drücken, zeigen Sie mit dem Mauszeiger auf die numerischen bzw. Funktionsfelder und klicken. Wie bei einem normalen Taschenrechner erscheint das Ergebnis dann im Anzeigefeld. Auch entspricht es einem üblichen Taschenrechner, daß mit der Taste *C* die aktuelle Rechenoperation und mit der Taste *CE* das angezeigte Ergebnis gelöscht wird. Ein Anklicken der Taste *Back* ermöglicht es, die Zahlen in der Ergebnisanzeige sukzessive von rechts zu löschen.

Über die Rechner-Funktionen hinaus verfügt das Rechner-Programm von Windows über eine Menü-Leiste, die drei Befehlsmenüs enthält: *Bearbeiten, Anzeige* und *Hilfe.*

- Das Menü *Bearbeiten* eröffnet die Möglichkeit, zwei Befehle aufzurufen: *Kopieren* und *Einfügen.* Der Kopierbefehl wird dann angewandt, wenn das Rechenergebnis in ein anderes Anwenderprogramm kopiert werden soll. Es wird dann in der Zwischenablage (vgl. Kap. 7) gespeichert und kann anschließend in eine Textverarbeitung oder ein anderes Anwenderprogramm übertragen werden.

- Über den Befehl *Einfügen* kann ein Rechenergebnis aus einem anderen Programm (z.B. einer Tabellenkalkulation) nach seiner Zwischenspeicherung in der Zwischenablage in den Rechner geholt und dort weiter bearbeitet werden. Solange keine Zwischenspeicherung erfolgt ist, erscheint dieser Befehl heller und kursiv, ist also nicht ausführbar.

- Über das Menü *Anzeige* kann der Rechner von der Standard-Version auf eine erweiterte Version umgeschaltet werden, die wissenschaftliche Rechenoperationen ermöglicht.

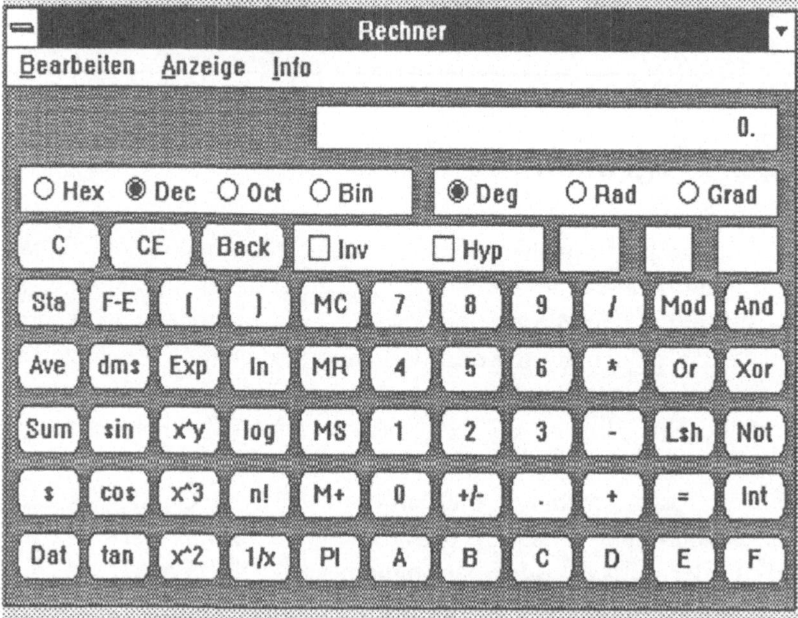

Abb. 3-8: Die wissenschaftliche Version des Rechners

- Zum Umgang mit beiden Versionen des Rechners können durch Anklikken des Menüs *Hilfe* jederzeit Hilfsinformationen abgerufen werden.

3.3   Beenden von Anwenderprogrammen

Die einfachste Möglichkeit, ein Anwenderprogramm zu beenden haben Sie durch Aktivierung des *Steuerungs*-Menüs.

Aufgabe: Verlassen Sie das Programm Uhr.

VORGEHEN: Anwenderprogramme schließen

- Klicken Sie das Fenstersteuerungsfeld im Uhr-Fenster an.
- Rufen Sie durch Anklicken den Befehl *Schließen* auf.

  Für den Fall, daß ein Anwenderprogramm auf Symbolgröße verkleinert ist, also das Steuerungsfeld nicht zur Verfügung steht, verfahren Sie wie folgt:
- Klicken Sie das Symbol an. Dadurch wird das *Steuerungs*-Menü für Symbole aufgeblättert.
- Wählen Sie den Befehl *Schließen*.

  Es kann vorkommen, daß das Fenster eines Programms, das Sie verlassen möchten, von anderen Fenstern überlagert und somit nicht zu sehen ist. Dann verfahren Sie folgendermaßen:
- Klicken Sie in einem beliebigen Programmfenster das Steuerungsfeld an und wählen Sie den Befehl *Wechseln zu*.
- In der eingeblendeten Task-Liste markieren Sie durch Anklicken das Programm, das Sie verlassen möchten.
- Klicken Sie abschließend die Befehlsschaltfläche *Task beenden* an.

Wenn Sie Windows insgesamt verlassen (vgl. Kapitel 2.4), ohne zuvor die aufgerufenen Programme zu beenden, schließt Windows diese von alleine. Auch wenn Sie im vor dem endgültigen Verlassen von Windows eingeblendeten Dialogfeld die Standardoption "Änderungen sichern" übernommen haben, werden Ihnen beim nächsten Einschalten nicht automatisch die aufgerufenen Anwendungen mit geladen.

Wollten Sie z.B. wiederum die Uhr einblenden oder mit dem Rechner arbeiten, müßten Sie über Anklicken der jeweiligen Symbole diese Programme erneut laden.

3.4 Symbole arrangieren

Sollte Ihnen die Anordnung der Symbole im Fenster einer Programmgruppe nicht gefallen, können Sie sie jederzeit umgruppieren. Auch die auf Symbolgröße verkleinerten Programmfenster können auf Wunsch arrangiert werden. Das empfiehlt sich, wenn nach Öffnen mehrerer Programme die Ordnung durcheinandergeraten ist.

Aufgabe: Schließen Sie das Rechner-Fenster auf Symbolgröße und und verschieben Sie das Symbol an den rechten Rand des Programm-Manager-Fensters.

VORGEHEN: Symbole verschieben

- Rufen Sie über das Steuerungsfeld des Programm-Managers mit dem Befehl *Wechseln zu* die Task-Liste auf.

- Markieren Sie in der Task-Liste das Programm *Rechner* und klikken Sie die Befehlsschaltfläche *Wechseln zu*.

- Im nun eingeblendeten Rechner-Fenster klicken Sie das Feld zur Symboldarstellung an.

- Positionieren Sie den Mauszeiger auf dem Rechner-Symbol und ziehen Sie es bei gedrückter Maustaste nach rechts.

- Ist die richtige Position erreicht, lassen Sie die Maustaste los.

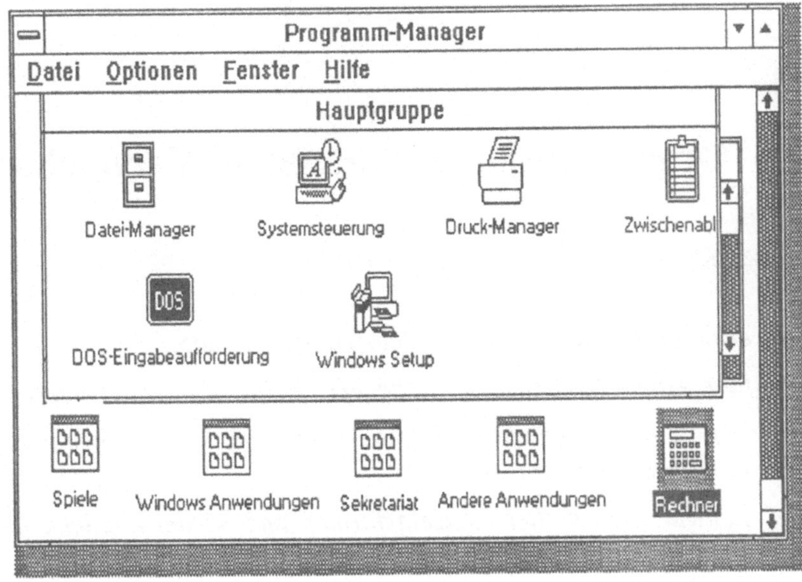

Abb.3-9:   Verschobenes Rechner-Symbol

Innerhalb eines Programmgruppen-Fensters können Symbole in einem Arbeitsgang durch den Befehl *Symbole anordnen* des *Fenster*-Menüs optimal arrangiert werden.

4 Organisation von Dateien in Verzeichnissen

Dieses Kapitel

- *erläutert Grundsätze der Dateiorganisation unter DOS*
- *führt ein in den Umgang mit dem Datei-Manager von Windows*
- *zeigt die wesentlichen Möglichkeiten auf, Verzeichnisoperationen mit Windows vorzunehmen*
- *stellt unterschiedliche Anzeigeformen und Sortiermöglichkeiten von Dateien im Datei-Manager vor.*

Jedes Programm, das auf einem Computer eingesetzt wird, besteht aus einer Folge von Anweisungen an den Computer. Diese Anweisungen werden in Dateien auf einem externen Speicher (Festplatte oder Diskette) unter einem eindeutigen Namen gespeichert.

> Ein Programm kann aus einer oder einer Vielzahl von Dateien bestehen. Sie konnten schon während der Installation beobachten, daß Windows in Form von zahlreichen Programmdateien auf die Festplatte Ihres Computers kopiert wurde.

In den Dateien, die auf externen Speichern (der Festplatte oder einer Diskette) gespeichert sind, sind Informationen zusammengefaßt, die immer dann in den Arbeitsspeicher des Computers abgerufen (geladen) werden, wenn sie für die aktuelle Arbeit mit dem Computer benötigt werden.

Jede Datei erhält eine eindeutige Bezeichnung, die sich aus dem Dateinamen, der bis zu acht Zeichen lang sein darf, und der sogenannten Erweiterung (bis zu drei Zeichen) zusammensetzt.

Zulässige Dateinamen sind beispielsweise

> Rechnung.txt
> Mahnung.txt

Grundsätzlich sind zwei Arten von Dateien zu unterscheiden:

- **Programmdateien,** deren Inhalt (Befehle und Kommandos) Informationen sind, die den Computer zur Durchführung bestimmter Operationen veranlassen. Diese Dateien sind mit der Erweiterung .COM, .EXE oder .BAT versehen.

- **Daten- oder Textdateien,** in denen der Nutzer Texte oder andere Informationen ablegt, die er im Rahmen eines Anwenderprogramms erarbeitet hat. Bei den meisten Anwenderprogrammen werden diese Daten-Dateien automatisch mit einer bestimmten Erweiterung versehen (bei der Windows-internen Textverarbeitung WRITE z.B. mit .WRI).

Auf einer Festplatte können große Datenmengen und somit eine Vielzahl von Programm- und Datendateien gespeichert werden. Es leuchtet ein, daß Ihre Anordnung auf der Festplatte einer gewissen Organisation bedarf.

Das Organisationsprinzip des Betriebssystems DOS ist der "Dateibaum": eine Verzeichnisstruktur, die schon bei der Formatierung der Festplatte mit der Einrichtung des Stamm- oder Hauptverzeichnisses angelegt wird. Von diesem ausgehend können Unterverzeichnisse angelegt werden: vom Stamm gehen Äste ab, von den Ästen wiederum Zweige...

Man kann eine unter DOS verwaltete Festplatte oder Diskette auch mit einem Aktenschrank vergleichen: zur besseren Übersicht wird der Aktenschrank in Fächer unterteilt, z.B. in ein Fach für Rechnungen, ein Fach für Angebote, ein Fach für Privatpost. Diese Fächer werden nun wiederum untergliedert: das Rechnungsfach erhält eine Abteilung für Eingangs- und eine für Ausgangsrechnungen; im Angebotsfach gibt es eine Ablage für Inlands- und eine für Auslandsangebote usw. Diese Fächer- und Unterfächer entsprechen den Verzeichnissen, mit deren Hilfe Ordnung auf die Festplatte gebracht wird. Die einzelne Rechnung oder das Angebot, die in einem bestimmten Fach abgelegt werden, entsprechen den Daten-Dateien.

Welche Verzeichnisse und Unterverzeichnisse auf einer Festplatte eingerichtet werden, hängt davon ab, wie der Personal Computer genutzt wird und welche Aufgabengebiete mit ihm abgedeckt werden.

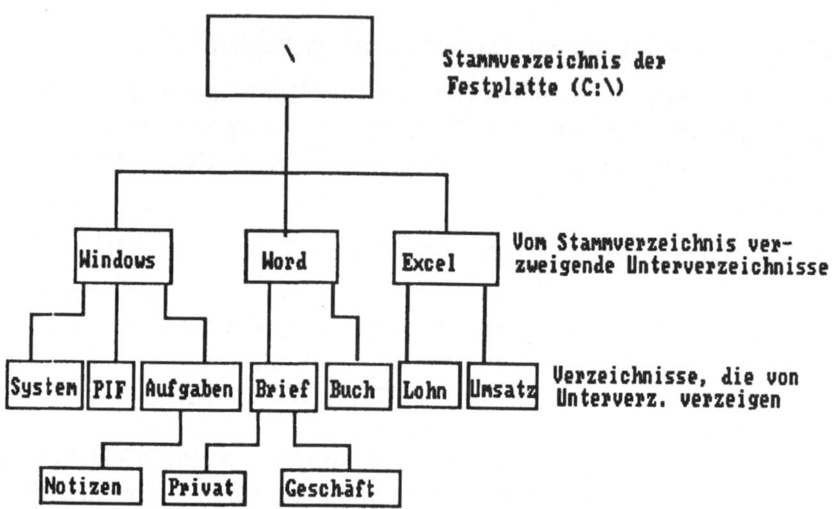

Abb. 4-0: Beispiel für einen Verzeichnisbaum

4.1 Datei-Manager starten

Windows fußt auf der baumorientierten Verzeichnisstruktur von DOS und erleichtert durch seine grafische Oberfläche die Organisation von Dateien erheblich. Sämtliche Dateioperationen (Organisation in Verzeichnissen, Kopieren oder Drucken, Umbenennen oder Löschen von Dateien und Verzeichnissen etc.), können durchgeführt werden, ohne daß Sie die entsprechenden DOS-Befehle erlernen müssen. Das für derartige Aktionen zuständige Programm von Windows ist der Datei-Manager. Ähnlich wie der Programm-Manager stellt er ein Kernstück der Betriebssystemerweiterung dar.

Aufgabe: Starten Sie den Datei-Manager von Windows.

VORGEHEN: Datei-Manager starten

- Aktivieren Sie im Programm-Manager die Hauptgruppe. Klicken Sie sie an, wenn sie als Fenster geöffnet ist. Ist sie zum Symbol verkleinert, doppelklicken Sie das Symbol.

- Doppelklicken Sie das Symbol Datei-Manager.

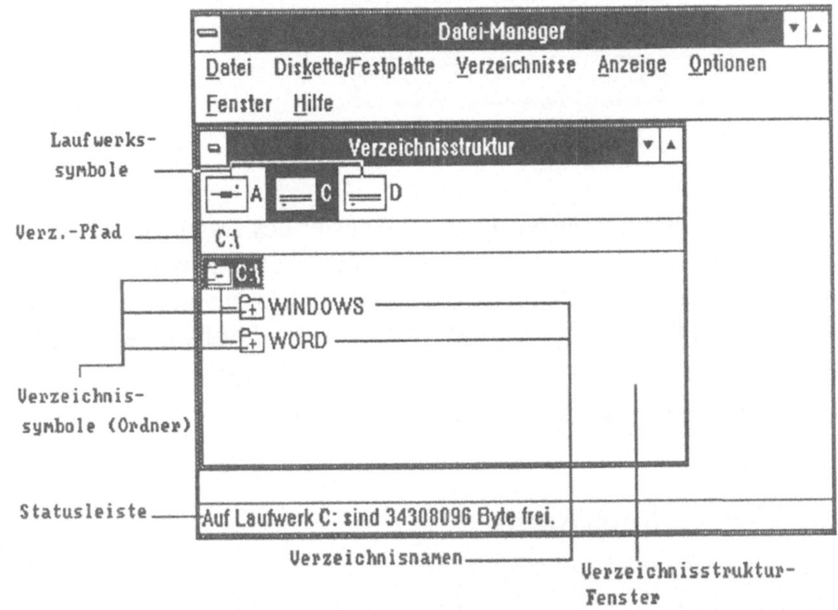

Abb. 4-1: Startbildschirm des Datei-Managers mit dem Verzeichnisstruktur-Fenster

Der Datei-Manager präsentiert sich in einem Fenster. An der Markierung der Titelleiste können Sie erkennen, daß dieses Fenster aktiv ist. Im Hintergrund bleibt natürlich der Programm-Manager geladen: Sie können das überprüfen, indem Sie entweder das Datei-Manager-Fenster nach unten verschieben (mit der Maus auf die Titelleiste zeigen und das Fenster bei gedrückter Maustaste nach unten ziehen).

Oder Sie wählen im *Steuerungs*-Menü des Datei-Managers den Befehl *Wechseln zu* und lassen sich dadurch die Task-Liste einblenden: als geladene Programme werden dort Programm-Manager und Datei-Manager aufgelistet, wobei der Datei-Manager markiert, also aktiv ist.

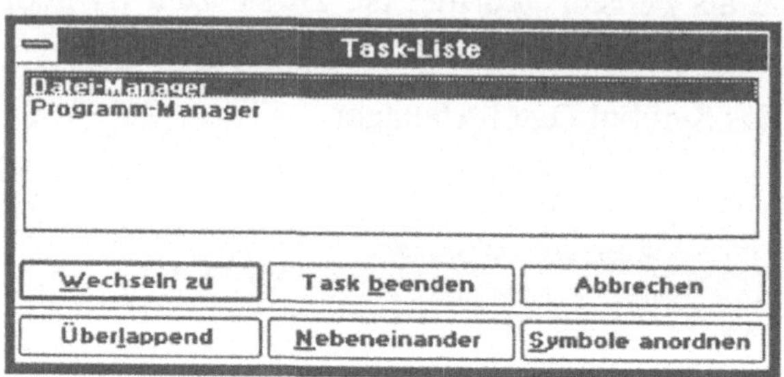

Abb. 4-2: Task-Liste nach Aktivierung des Datei-Managers

Wie die anderen Programmfenster weist das Fenster des Datei-Managers eine Titelleiste mit Steuerungs-, Vollbild- und Symbolfeld und eine Menüleiste auf. Neu für Sie an dieser Stelle ist die Status-Leiste am unteren Fenster-Rand: in ihr werden die verfügbaren Bytes im aktuellen Laufwerk angezeigt.

Im Fenster des Datei-Managers ist ein weiteres, ebenfalls sogleich aktives Fenster geöffnet: das Fenster der Verzeichnis-Struktur.

4.2 Der Verzeichnis-Baum

Der Verzeichnisstruktur-Fenster des Datei-Managers gibt Ihnen in seiner Standardeinstellung eine Liste der Unterverzeichnisse aus, die im Stammverzeichnis des aktuellen Laufwerks angelegt sind - den Verzeichnis-baum sozusagen.

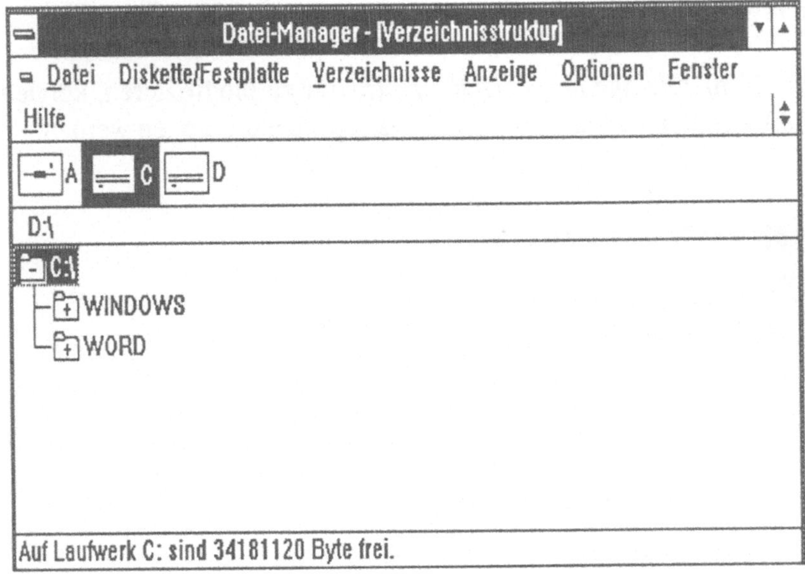

Abb. 4-3: Das Verzeichnisstruktur-Fenster im Vollbildformat

Unter der Titelleiste weist das Verzeichnisstruktur-Fenster Symbole für alle im System vorhandenen Laufwerke auf. Das aktuelle Laufwerk (in Abb 4.3 das Festplattenlaufwerk C) ist markiert. Um ein anderes Laufwerk, z.B. das Diskettenlaufwerk A: zu aktivieren, muß das entsprechende Symbol lediglich angeklickt werden.

In der darunter befindlichen Anzeigeleiste ist das Verzeichnis angegeben, dessen Unterverzeichnisse aufgelistet werden: in Abb 4.3 das Stammverzeichnis der Festplatte C, das durch den Backslash (\) repräsentiert wird.

Den Verzeichnissen sind als Symbole Ordner vorangestellt. Enthält ein Ordner das Plus-Zeichen (+) so bedeutet das, daß dieses Verzeichnis über ein oder mehrere weitere Unterverzeichnisse verfügt. Der Ordner des Stammverzeichnisses von Laufwerk C (C:\) enthält ein Minus-Zeichen: daran ist zu ersehen, daß sämtliche Unterverzeichnisse des Stammverzeichnisses bereits "ausgepackt" sind, also auf dem Bildschirm angezeigt werden.

4.2.1 Anzeigemöglichkeiten im Verzeichnisstruktur-Fenster

Um die Bildschirm-Anzeige der Verzeichnisstruktur zu modifizieren, können Befehle des Menüs *Verzeichnisse* im Datei-Manager herangezogen werden.

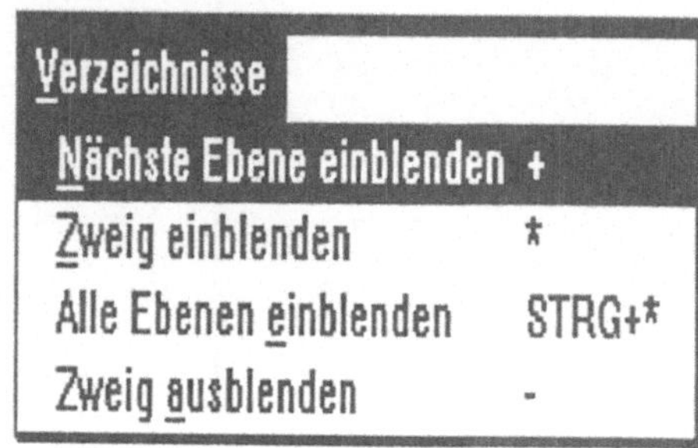

Abb. 4-4: Das Verzeichnisse-Menü des Datei-Managers

Nach der Standardeinstellung von Windows wird nur die erste Verzeichnis-ebene unterhalb des Stammverzeichnisses angezeigt. Das entspricht im Menü dem markierten Befehl *Nächste Ebene einblenden.* Sollen weitere Ebenen, also Verzeichnisse, die von den angezeigten Unterverzeichnissen verzweigen, ebenfalls am Bildschirm dargestellt werden, muß das durch Befehle oder direkt mit der Maus veranlaßt werden.

Aufgabe: Lassen Sie die vom Verzeichnis Windows verzweigenden Unterverzeichnisse im Verzeichnisstruktur-Fenster anzeigen. Veranlassen Sie sodann, daß die Unterverzeichnisse aller Verzeichnisse im Verzeichnisstruktur-Fenster angezeigt werden.

VORGEHEN: Verzeichnisstruktur-Anzeige erweitern

- Vergrößern Sie zunächst das Verzeichnisstruktur-Fenster, indem Sie sein Vollbildfeld anklicken.

- Bewegen Sie den Mauszeiger auf das Verzeichnis WINDOWS im Verzeichnisstruktur-Fenster. Da die Verzeichnisse in alphabetischer Reihenfolge aufgelistet sind, ist dieses mit W beginnende

Verzeichnis möglicherweise trotz Vollbildformat im Fenster nicht sichtbar.

- Betätigen Sie die Taste "W"

- Zeigen Sie mit der Maus auf den mit einem Plus-Zeichen versehenen Ordner des Verzeichnisses WINDOWS und klicken Sie. Damit wird der Ordner geöffnet und Sie sehen seine Unterverzeichnisse angezeigt.

- Um in einem Arbeitsgang alle Unterverzeichnisse, die von Verzeichnissen des Stammverzeichnisses C:\ verzweigen, darstellen zu lassen, klicken Sie im *Verzeichnisse*-Menü den Befehl *Alle Ebenen einblenden* an.

Auf dem Bildschirm können Sie sehen, daß die Symbole aller Verzeichnisse, deren Unterverzeichnisse nun angezeigt sind, ein Minus-Zeichen aufweisen.

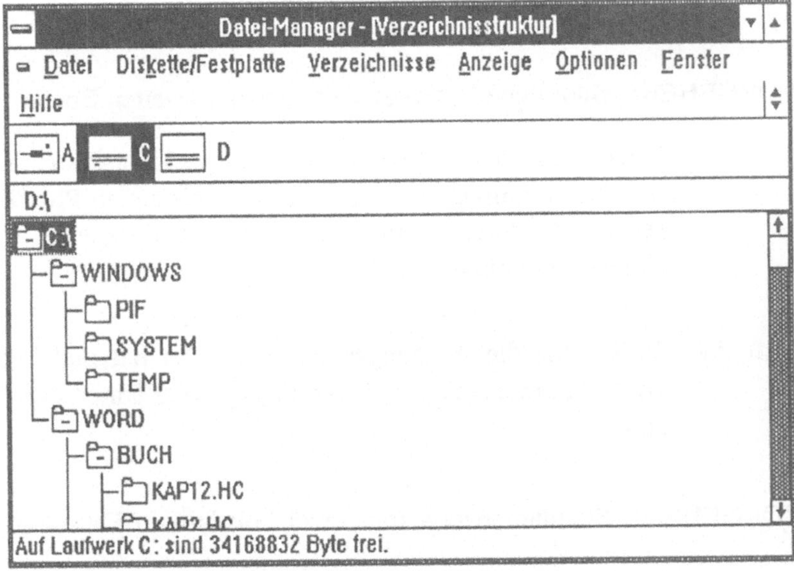

Abb. 4-5: Verzeichnisstruktur mit Unterverzeichnissen

Sie haben mehrere Möglichkeiten, die Anzeige von Unterverzeichnissen wieder auszublenden, je nachdem, ob sie nur bestimmte oder in einem Arbeitsgang alle Unterverzeichnisse ausblenden wollen.

Aufgabe: Blenden Sie alle Unterverzeichnisse des Verzeichnisses WINDOWS aus.

VORGEHEN: Untergeordnete Verzeichnisse ausblenden

- Klicken Sie den mit einem Minuszeichen versehenen Ordner des Verzeichnisses WINDOWS an. Die Unterverzeichnisse werden nicht mehr angezeigt, dafür enthält der WINDOWS-Ordner nun ein Plus-Zeichen.

Aufgabe: Blenden Sie sämtliche angezeigten Verzeichnisse aus, so daß nur das Stammverzeichnis C: zu sehen ist.

VORGEHEN: Sämtliche Unterverzeichnisse der zweiten Ebene ausblenden

- Klicken Sie den Ordner des Stammverzeichnisses C: an. Der Ordner des Stammverzeichnisses ist nun mit einem Plus-Zeichen versehen. Dadurch wird angezeigt, daß dieses Verzeichnis Unterverzeichnisse enthält.

Aufgabe: Stellen Sie die Ausgangssituation wieder her und lassen Sie die vom Stammverzeichnis C: verzweigenden Unterverzeichnisse anzeigen.

VORGEHEN: Standardanzeige im Verzeichnisstruktur-Fenster aktivieren

- Klicken Sie auf das Laufwerkssymbol der Festplatte C.

4.2.2   Verzeichnisse aufrufen, wechseln und Verzeichnis-
fenster schließen

Hinter den Verzeichnissen verbergen sich Dateien, die wie Dokumente in Ordnern oder Fächern eines Aktenschrankes darin abgelegt sind. Um an eine solche Datei heranzukommen, um sie zu laden, zu bearbeiten, zu kopieren etc., kann das entsprechende Verzeichnis aufgerufen bzw. geöffnet werden.

Aufgabe: Öffnen Sie das Verzeichnis Windows

VORGEHEN: Verzeichnis öffnen

- Bewegen Sie den Mauszeiger auf das Ordnersymbol des Verzeichnisses Windows und klicken Sie zweimal (Doppelklick).

   Das Fenster des Verzeichnisses WINDOWS wird geöffnet.

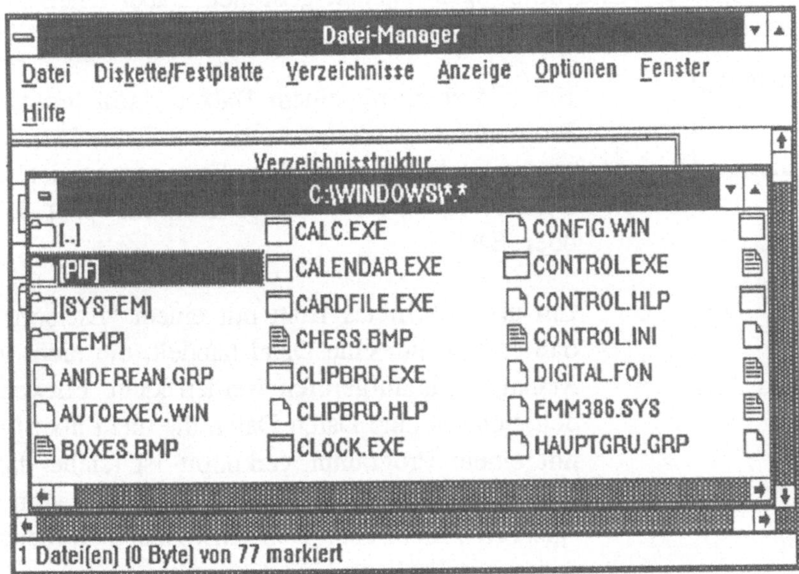

Abb. 4-6: Geöffnetes Fenster des Verzeichnisses WINDOWS

In der markierten Titelleiste des nun aktiven Fensters ist der Verzeichnispfad angegeben: es handelt sich um das Verzeichnis Windows im Hauptverzeichnis \ der Festplatte C. Die Stellvertreterzeichen *.* zeigen an, daß alle Dateien dieses Verzeichnisses, gleich welchen Dateinamens oder welcher Erweiterung, in diesem Fenster aufgelistet sind.

Die erste Eintragung in dem Verzeichnis-Fenster, ist ein Ordnersymbol mit zwei Punkten in eckigen Klammern dahinter: es symbolisiert das nächst höhere Verzeichnis. In diesem Fall ist das nächsthöhere Verzeichnis das Stammverzeichnis.

Als nächste Eintragungen folgen Ordnersymbole, hinter denen in eckigen Klammern Bezeichnungen stehen: in Abb. 4-6 die Bezeichnungen "PIF", "System" und "TEMP". Auch hier wird durch das Symbol und die eckigen Klammern bedeutet, daß es sich um Verzeichnisse handelt: nämlich um die vom Verzeichnis Windows verzweigenden Unterverzeichnisse PIF, SYSTEM und TEMP.

Es folgen die Dateien des Verzeichnisses WINDOWS, standardmäßig in alphabetischer Reihenfolge nach Namen geordnet. Dabei teilen uns Symbole mit, um welche Art von Dateien es sich handelt:

Ein Kästchen mit einem Balken darin repräsentiert eine Programmdatei, deren Aufruf zur Folge hat, daß ein Programm geladen wird. Die Erweiterung der mit diesem Symbol versehenen Dateien sind entweder .EXE, .COM oder .BAT.

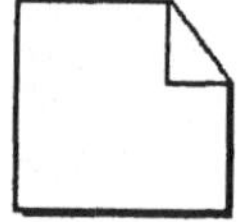

Ein unbeschriftetes Blatt mit einem "Eselsohr" zeigt an, daß es sich um eine Datei handelt, die nicht vom Datei-Manager aus aufgerufen werden kann. Entweder es handelt sich um eine Daten-Datei, die nicht über ihre Endung mit einem Programm verknüpft ist (siehe dazu Kapitel 5.4.2); oder eine Systemdatei, die nur vom Computer "gelesen", nicht aber vom Anwender bararbeitet oder geändert werden kann.

 Ein Blatt, in dem angedeutete Schriftzüge zu sehen sind, weist darauf hin, daß hier eine Datei ist, die bearbeitet und direkt vom Datei-Manager aus gestartet werden kann.

Aufgabe: Öffnen Sie vom Fenster des Verzeichnisses Windows aus das Unterverzeichnis System und aktivieren Sie anschließend wieder das Fenster des Verzeichnisses Windows.

VORGEHEN: Unterverzeichnis öffnen und Verzeichnisse wechseln

- Zeigen Sie mit dem Mauszeiger auf das Ordnersymbol des Verzeichnisses [SYSTEM] und klicken Sie zweimal.

  Es erscheint das Fenster des nun aktiven Verzeichnisses C:\WINDOWS\SYSTEM.

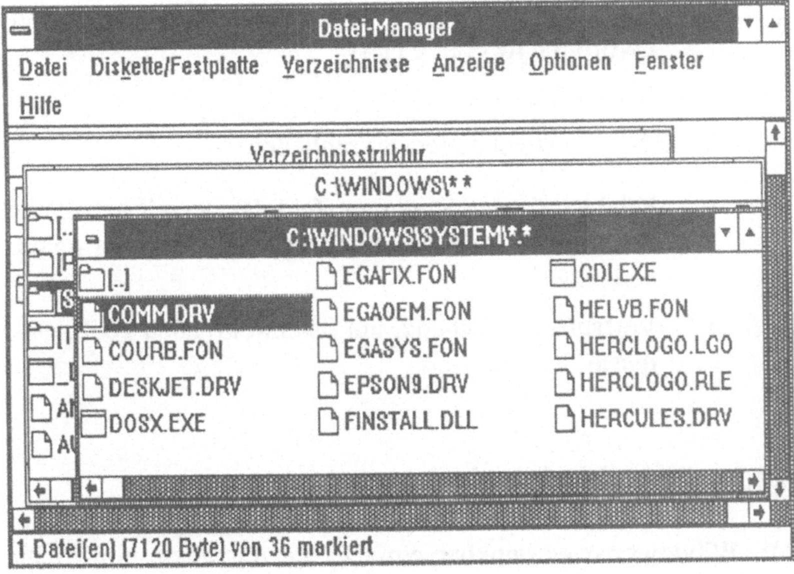

Abb. 4-7: Geöffnetes Fenster des Unterverzeichnisses C:\WINDOWS \SYSTEM

Wie Sie sehen, erfolgt die Datei-Anzeige analog zum Fenster des Verzeichnisses Windows.

- Bewegen Sie nun den Mauspfeil auf das Ordnersymbol vor den beiden Punkten in eckigen Klammern und klicken Sie zweimal.

  Damit gelangen Sie in das nächsthöhere Verzeichnis, das Verzeichnis WINDOWS zurück, ohne jedoch das Fenster des Unterverzeichnisses SYSTEM geschlossen zu haben.

Wollen Sie von dieser Stelle zum Verzeichnisstruktur-Fenster zurückgelangen, können Sie das entsprechende Fenster aktivieren und nach vorne holen, indem Sie es an einer beliebigen Stelle anklicken. Es überdeckt dann die beiden weiterhin geöffneten Fenster - das des Verzeichnisses C:\WINDOWS und das des Unterverzeichnisses von C:\WINDOWS\SYSTEM. Oder Sie schließen die Verzeichnisfenster.

Aufgabe: Schließen Sie die Verzeichnissfenster C:\WINDOWS und C:\WINDOWS\SYSTEM.

VORGEHEN: Verzeichnisfenster schließen

- Klicken Sie das Steuerungsfeld des derzeit aktuellen Verzeichnis-Fensters an und anschließend im Steuerungsmenü den Befehl *Schließen.*

- Verfahren Sie analog, um das zweite noch geöffnete Verzeichnisfenster zu schließen.

4.2.3   Verzeichnisse einrichten

Mit Windows ist es denkbar einfach, Verzeichnisse einzurichten, in denen dann später bestimmte Dateien nach inhaltlichen Gesichtspunkten geordnet abgelegt werden können.

Verzeichnisse können als Unterverzeichnisse des Stammverzeichnisses angelegt oder bereits existierende Unterverzeichnisse können durch Einrichtung von neuen Unterverzeichnissen weiter verzweigt werden.

Mit den nachfolgenden Übungen, in denen Sie Verzeichnisse einrichten, bereiten Sie die Aufgaben der nächsten Kapitel vor: in den von Ihnen erstellten Verzeichnissen werden Sie wohlgeordnet diejenigen Dateien ablegen können, die Sie im Rahmen dieses Buches übungshalber mit Windows-internen Anwenderprogrammen anlegen werden. So werden Sie in Ihrem "Aktenschrank" quasi ein "Fach" für Aufgaben einrichten, das der Übersichtlichkeit halber eine "Abteilung" mit dem Titel Notizen enthält, die wiederum über eine "Unterabteilung" namens Tabellen verfügt.

Aufgabe: Richten Sie das Unterverzeichnis "Aufgaben" im Stammverzeichnis ein.

VORGEHEN: Unterverzeichnis im Stammverzeichnis anlegen

- Aktivieren Sie im Fenster der Verzeichnisstruktur das Stammverzeichnis, indem Sie den Ordner C:\ oder das Laufwerkssymbol C anklicken.

- Klicken Sie das *Datei*-Menü des Datei-Managers an und rufen Sie den Befehl *Verzeichnis erstellen* auf.

Es wird ein Dialogfeld eingeblendet, dem Sie entnehmen können, daß Sie sich im aktuellen Verzeichnis C:\ befinden. Sie werden aufgefordert, dem zu erstellenden Verzeichnis einen Namen zu geben.

Bei der Namensvergabe müssen Sie sich an die DOS-Konvention halten: D.h. eine Verzeichnisbaumbezeichnung kann aus einem 8 Zeichen umfassenden Namen und einer max. 3 Zeichen umfassenden Erweiterung bestehen. Verzeichnis und Erweiterung müssen ebenfalls durch einen Punkt getrennt werden. Zum Beispiel:

BRIEFE.89

RECHNUNG.EIN

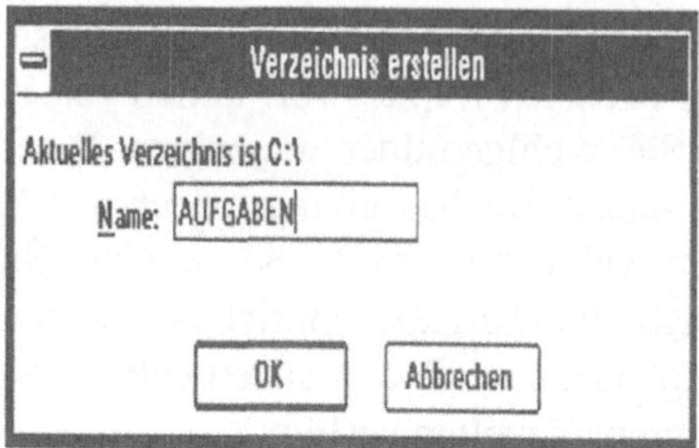

Abb. 4-8: Dialogfeld bei der Einrichtung von Verzeichnissen

- Geben Sie über die Tastatur die Bezeichnung **Aufgaben** ein. Klikken Sie anschließend die Befehlsschaltfläche *ok* an.

Im Verzeichnisstruktur-Fenster wird Ihnen angezeigt, daß nunmehr ein Verzeichnis namens Aufgaben vom Stammverzeichnis abzweigt.

Aufgabe: Richten Sie im Verzeichnis "Aufgaben" ein Unterverzeichnis mit
dem Namen "Notizen" ein.

VORGEHEN: Unterverzeichnis einrichten

- Markieren Sie im Verzeichnisstruktur-Fenster durch Anklicken
  das Verzeichnis Aufgaben.

- Rufen Sie das *Datei*-Menü des Datei-Managers auf und klicken
  Sie den Befehl *Verzeichnis erstellen* an.

- Geben Sie im nun eingeblendeten Dialogfeld den Namen des
  Unterverzeichnisses ein: NOTIZEN und bestätigen Sie anschließend durch Anklicken der Befehlsschaltfläche *ok*.

- Wenn Sie nun noch einmal das Ordnersymbol des Verzeichnisses
  AUFGABEN in der Verzeichnisstruktur anklicken, wird Ihnen das
  Unterverzeichnis NOTIZEN am Bildschirm als Zweig des Aufga-
  ben-Verzeichnisses angezeigt.

Ein solches Unterverzeichnis kann auch vom geöffneten Fenster eines
Verzeichnisses aus eingerichtet werden.

Aufgabe: Legen Sie, ausgehend vom Verzeichnis NOTIZEN ein Unterverzeichnis an und geben Sie ihm den Namen "TABELLEN".

VORGEHEN: Unterverzeichnis im Verzeichnis-Fenster erstellen

- Rufen Sie das Verzeichnis \AUFGABEN\NOTIZEN auf, indem Sie das entsprechende Aktenordnersymbol im Verzeichnis-Fenster von \AUFGABEN doppelklicken.

  Im so geöffneten Fenster des Verzeichnisses AUFGABEN sehen Sie, daß es bisher lediglich ein Unterverzeichnis namens NOTIZEN enthält. An der markierten Titelleiste erkennen Sie, daß es derzeit das aktive Fenster ist.

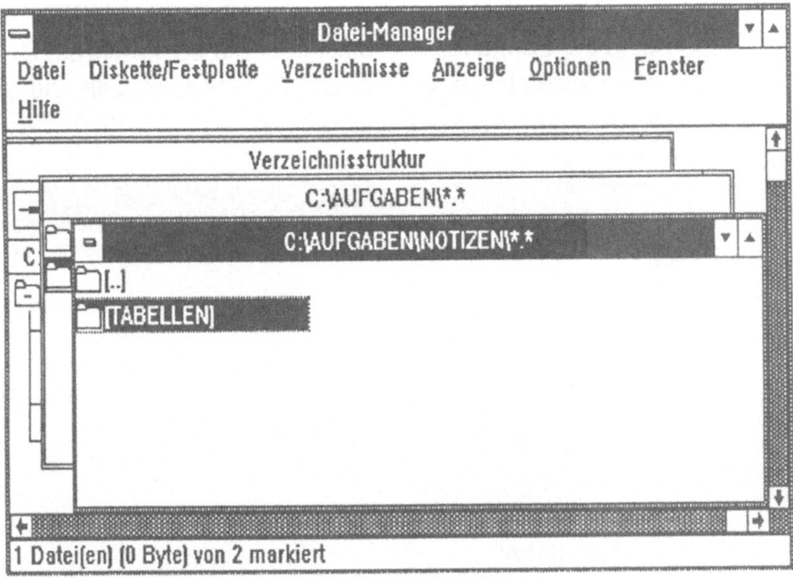

Abb. 4-9:   Verzeichnis-Fenster des neu erstellten Unterverzeichnisses
\AUFGABEN\NOTIZEN

- Doppelklicken Sie das Ordnersymbol des Unterverzeichnisses NOTIZEN. Sie erhalten nun am Bildschirm das Fenster dieses Unterverzeichnisses eingeblendet.

- Wählen Sie nun wieder im *Datei*-Menü des Datei-Managers den Befehl *Verzeichnis erstellen*. Im eingeblendeten Dialogfeld wird der aktuelle Verzeichnispfad angegeben:
  C:\AUFGABEN\NOTIZEN.

- Geben Sie als Namen ein: "Tabellen" und bestätigen Sie durch Anklicken von *ok*.

Im Verzeichnis-Fenster wird nun das neue Unterverzeichnis Tabellen angezeigt.

- Aktivieren Sie das *Steuerungs*-Menü des aktiven Fensters und schließen Sie es durch Anklicken des Befehls *Schließen*. Schließen Sie auf die gleiche Weise das Fenster des Verzeichnisses AUFGA-BEN.

Im Fenster der Verzeichnisstruktur sehen Sie nun ein Plus-Zeichen im Ordner-Symbol des Unterverzeichnisses NOTIZEN. Dadurch wird angezeigt, daß es selbst über ein oder mehrere Unterverzeichnisse verfügt. Klicken Sie den Ordner einmal an und Sie sehen die weitere Verzweigung: das Unterverzeichnis TABELLEN.

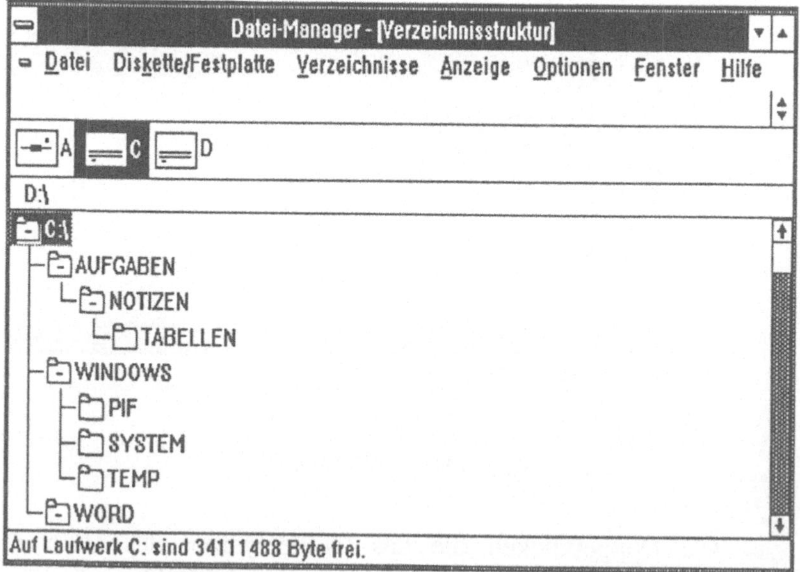

Abb. 4-10: Verzeichnisbaum nach der Erstellung von neuen Unterver-zeichnissen

4.3   Anzeige von Dateien im Datei-Manager

Wie Sie in Abschnitt 4.2.2 bereits gesehen haben, werden in geöffneten Verzeichnis-Fenstern die in dem entsprechenden Verzeichnis abgelegten Dateien angezeigt. Diese Anzeige kann optional verändert werden, und zwar über Befehle des Menüs *Anzeige* im Datei-Manager.

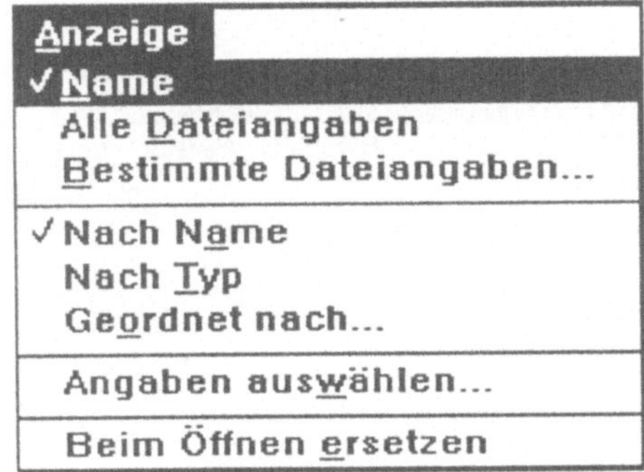

Abb. 4-11: Anzeige-Menü des Datei-Managers

Aufgabe: Lassen Sie alle verfügbaren Dateiinformationen anzeigen.

VORGEHEN: Datei-Anzeige verändern

- Rufen Sie vom geöffneten Fenster des Verzeichnisses \WINDOWS das Menü *Anzeige* des Datei-Managers auf.

- Klicken Sie die Option *Alle Dateiangaben* an.

  Es werden Ihnen nun neben dem Namen der jeweiligen Datei auch ihre Größe, Datum und Uhrzeit der letzten Änderung angezeigt. Zudem sind die Dateien nun mit bestimmten Datei-Attributen versehen.

  Die Datei-Attribute werden abgekürzt angezeigt und haben folgende Bedeutungen:

Der Buchstabe **A** zeigt an, daß es sich um Archiv-Dateien handelt, die modifiziert wurden. **S,** daß es DOS-Systemdateien sind.

H, daß die entsprechenden Dateien versteckte und somit nicht im DOS-Dateiverzeichnis angezeigte Dateien sind.

R, daß es sich um schreibgeschützte Dateien handelt, also solche, die nicht verändert, sondern nur vom Computer gelesen werden können.

Datei-Manager - [C:\WINDOWS*.*]			
Datei Diskette/Festplatte Verzeichnisse Anzeige Optionen Fenster Hilfe			
[..]		06/18/90	02:40:50 PM —
[PIF]		06/19/90	12:04:16 AM —
[SYSTEM]		06/18/90	02:42:06 PM —
[TEMP]		06/18/90	02:44:48 PM —
_DEFAULT.PIF	419	06/18/90	02:54:28 PM —A
ANDEREAN.GRP	414	06/20/90	10:22:50 PM —A
AUTOEXEC.WIN	140	06/18/90	02:46:10 PM —A
BOXES.BMP	630	04/18/90	06:20:08 PM —A
CALC.EXE	40432	04/18/90	06:10:16 PM —A
CALENDAR.EXE	65280	04/18/90	06:10:22 PM —A
CARDFILE.EXE	54960	04/18/90	06:10:28 PM —A
CHESS.BMP	153718	04/18/90	06:20:14 PM —A
1 Datei(en) (0 Byte) von 78 markiert			

Abb. 4-12: Dateidarstellung nach Auslösen des Befehls Alle Datei-
angaben

Aufgabe: Bestimmen Sie, daß außer den Dateinamen lediglich die Daten der jeweils letzten Dateiänderungen angezeigt werden.

VORGEHEN: Bestimmte Dateiangaben auswählen

- Aktivieren Sie vom Verzeichnisfenster WINDOWS aus das *Anzeige*-Menü des Datei-Managers.

- Klicken Sie die Option *Bestimmte Dateiangaben* an.

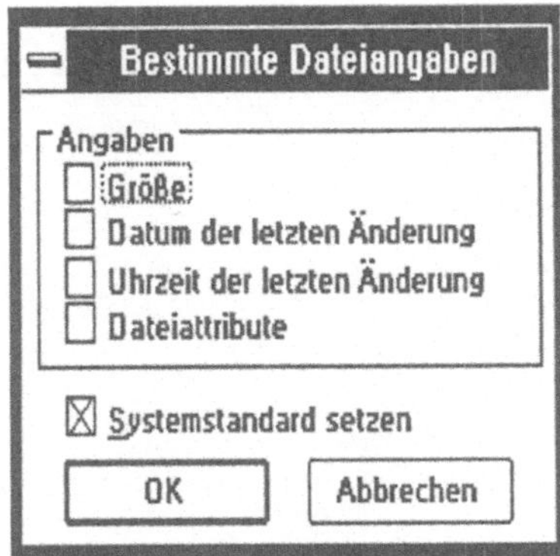

Abb. 4-13: Dialogfeld des Befehls Bestimmte Dateiangaben im Anzeige-Menü des Datei-Managers

- Kreuzen Sie durch Anklicken das Kästchen *Datum der letzten Änderung* an.

- Bestätigen Sie mit *ok*.

Die Option *Systemstandard setzen* in diesem Dialogfeld bedeutet, daß die getroffene Auswahl zur Vorgabe bzw. Standardeinstellung der Datei-Darstellung in dem Verzeichnis wird, von dem aus sie gewählt wurde. Damit wird sie für alle Unterverzeichnisse dieses Verzeichnisses gleichermaßen gültig.

Nach der Standardeinstellung von Windows werden die Dateien in der alphabetischen Reihenfolge ihrer Namen dargestellt. Auch diese Sortierung kann mit Hilfe von Befehlen des Anzeige-Menüs auf Wunsch geändert werden.

So kann die Option *Nach Typ* angeklickt und damit aktiviert werden: Umgehend werden die Dateien in alphabetischer Folge ihrer Erweiterungen sortiert.

Mit dem Befehl *Geordnet nach* kann eine bestimmte Sortierfolge (nach Name, Typ, Größe der Datei oder Datum ihrer letzten Änderung) ausgewählt und zur Standardeinstellung für das betroffene Verzeichnis bzw. seine Unterverzeichnisse erhoben werden.

Mit dem Befehl *Angaben auswählen* bestimmen Sie, welche Arten von Dateien überhaupt angezeigt werden.

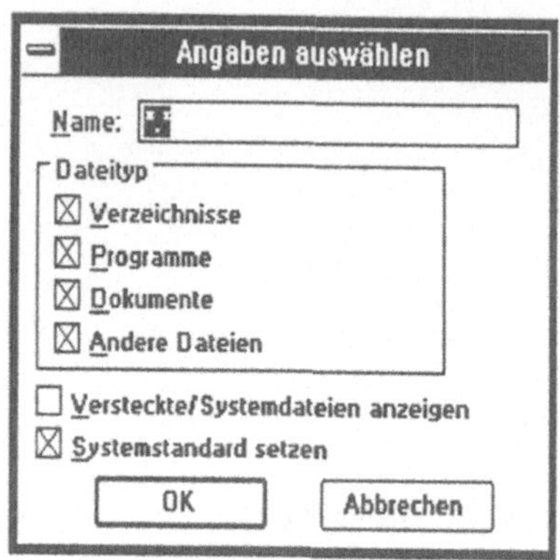

Abb. 4-14: Dialogfeld des Befehls Angaben auswählen

Die Option *Beim Öffnen ersetzen* schließlich bewirkt, daß ein neu geöffnetes Verzeichnis-Fenster das zuvor geöffnete ersetzt; dieses also nicht nur überlagert, sondern geschlossen wird.

Alle Befehle dieses Menüs gelten für das aktive Verzeichnis und seine Unterverzeichnisse, wenn sie von einem Verzeichnis-Fenster aus ausgelöst werden. Mit der Einschränkung, daß die Option *Systemstandard setzen* des Befehls *Bestimmte Dateiangaben* und des Befehls *Geordnet nach* Einstellungen für alle aktuellen und künftigen Verzeichnisse eines Pfades festlegt.

Wollen Sie generell einen bestimmten Anzeigemodus für alle Verzeichnisse festlegen, müssen Sie die Optionen des *Anzeige*-Menüs vom Verzeichnisstruktur-Fenster aus wählen.

5 Arbeiten mit Dateien im Datei-Manager

Dieses Kapitel

- *führt die wichtigsten Dateioperationen vor, die mit dem Datei-Manager von Windows durchgeführt werden können*
- *erläutert am Beispiel den Unterschied zwischen Programm- und Daten-Dateien*
- *stellt das Windows-interne Programm Notizblock vor*

Daß es notwendig sein kann, Dateien von einem externen Speichermedium auf ein anderes zu kopieren, wissen Sie bereits, seit Sie Windows installiert haben. Darüber hinaus kann es sinnvoll sein, Dateien in bestimmten Verzeichnissen abzulegen oder von einem Verzeichnis in ein anderes zu kopieren. Um Ordnung in den Datenbestand zu bringen, müssen manche Dateien auch umbenannt oder gelöscht werden. Auf alle diese und noch weitere Erfordernisse im Umgang mit Dateien werden Sie im Laufe ihrer praktischen Arbeit stoßen.

Wann immer Sie

- nach einer bestimmten Datei suchen, um sie zu bearbeiten;
- wegen veränderter fachlicher Zusammenhänge eine Datei unter neuem Namen in einem neuen Verzeichnis speichern wollen;
- eine Datei zur Weiterbearbeitung durch Kollegen auf einer Diskette speichern müssen,

Windows erleichtert Ihnen diese Operationen. Mit seinem Datei-Manager stellt Ihnen dieses Programm das leicht zu erlernende, oft selbsterklärende Instrumentarium für Dateiorganisation und Pflege des Datenbestandes zur Verfügung.

Die nachfolgenden Übungen gehen davon aus, daß Sie vom Datei-Manager aus das Programm Notizblock starten. Daraufhin erstellen Sie im Notizblockprogramm eine Daten-Datei und speichern diese in dem von Ihnen eingerichteten Verzeichnis \Aufgaben\Notizen. Anschließend nutzen Sie das im vorangegangenen Kapitel eingerichtete Verzeichniss \Aufgaben dazu, die Programme, mit denen Sie in diesem und in weiteren Kapiteln arbeiten, gezielt und strukturiert abzulegen - quasi in einem extra "Fach" Ihres Festplatten-"Aktenschranks".

5.1   Programme starten und Daten-Dateien anlegen

Eine Programm-Datei enthält sämtliche Informationen, die der Computer zur Ausführung eines Programms braucht. Um mit einem bestimmten Programm zu arbeiten, muß dieses gestartet werden, das heißt, das Programm wird in den Arbeitsspeicher des Computers geladen.

5.1.1   Programm starten

Aufgabe: Starten Sie das Notizblock-Programm.

VORGEHEN: Programm-Datei vom Datei-Manager aus aufrufen

- Öffnen Sie das Fenster des Verzeichnisses, in dem das Notizblock-Programm abgelegt ist: C:\WINDOWS und positionieren Sie den Mauszeiger auf dem Dateinamen (Notepad.EXE).

- Klicken Sie zweimal (Doppelklick): für das Programm Notizblock wird ein Fenster geöffnet.

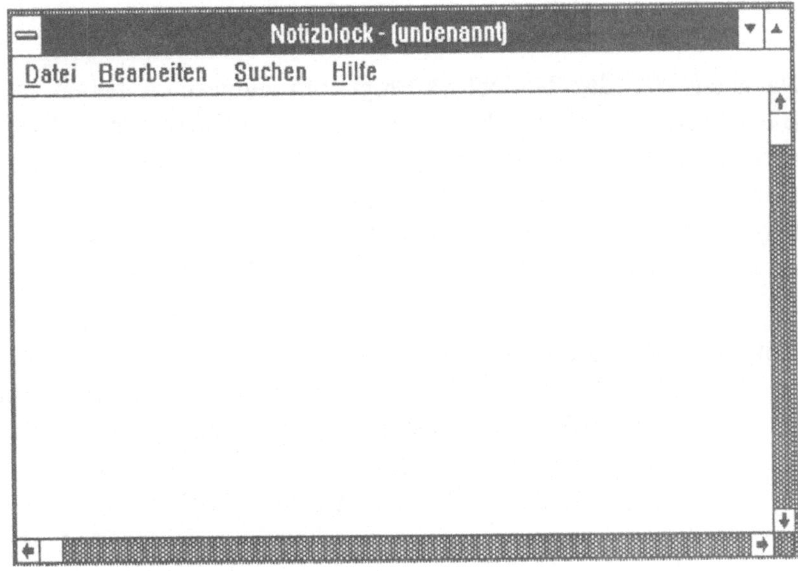

Abb. 5-1: Das Notizblock-Fenster

Auch ohne das entsprechende Verzeichnis-Fenster zu öffnen, kann eine Programmdatei gestartet werden:

- Dazu wird von einer beliebigen Position im Datei-Manager aus der Befehl *Ausführen* im *Datei*-Menü angeklickt. Im daraufhin eingeblendeten Dialogfeld ist der Dateiname (inklusive Pfad) anzugeben und die Aktion mit *ok* zu bestätigen.

- Soll die so aufgerufene Datei sogleich als Symbol "geparkt" werden, ist die Option *Als Symbol* durch Anklicken anzukreuzen. Das ist oft von Vorteil, da eine in Symbol-Größe abgelegte Datei weitaus weniger Platz im Arbeitsspeicher verbraucht als ein geöffnetes Fenster.

5.1.2   Daten speichern: Datei anlegen

Nachdem Sie das Notizblock-Programm aufgerufen haben ist auf Ihrem Bildschirm das Notizblock-Fenster aktiv. Sie können nun sogleich eine Notiz abfassen und sie anschließend in einer Datei speichern. Einmal als Datei auf einem externen Speichermedium abgelegt, kann diese Notiz immer wieder zur Bearbeitung oder zum Ausdruck aufgerufen werden - solange, bis Sie die Datei von dem externen Speichermedium löschen.

Aufgabe: Verfassen Sie eine Notiz mit dem Inhalt: "Anruf Dr. Buddolino: Der Termin für die Windows-Schulung bei BITEF ist auf den 2.8.1990, 10 Uhr festgelegt. Die Schulung findet in den Räumen der Firma statt." Versehen Sie die Notiz mit dem aktuellen Datum/der aktuellen Uhrzeit und speichern Sie sie anschließend unter dem Namen "Schulung" im Verzeichnis \Aufgaben\Notizen.

VORGEHEN: Daten-Datei im Notizblock anlegen

- Geben Sie den Text fortlaufend ein. (Zu Korrekturmöglichkeiten siehe den Abschnitt "Notizblock" weiter unten in diesem Kapitel)

- Schalten Sie durch Drücken der *<Return>*-Taste am Textende einen Absatz und rufen Sie das *Bearbeiten*-Menü auf.

- Klicken Sie den Befehl *Uhrzeit/Datum* an: das aktuelle Datum bzw. die aktuelle Zeit wird Ihnen automatisch an der Position der Markierung (des Cursors) ausgegeben.

- Der eingegebene Text verschwand nach links aus dem Sichtbereich des Fensters, wenn die Textzeile nicht mehr in das Fenster paßte. Um die Zeilen gemäß der Fenstergröße zu umbrechen, klicken Sie im *Bearbeiten*-Menü den Befehl *Zeilenumbruch* an. Damit wird eine Textzeile der Fenstergröße angepaßt und das Wort, das nicht mehr in die Zeile paßt, wird automatisch in die nächste gezogen.

- Klicken Sie in der Menüzeile des Notizblock-Fensters nun das Menü *Datei* und darin den Befehl *Speichern* an.

Abb. 5-2: Das Dialogfeld des Speicher-Befehls im Notizblock-Programm

- In dem eingeblendeten Dialogfeld des Speicher-Befehls ist· das aktuelle Verzeichnis, von dem aus Sie das Programm gestartet hatten, bereits eingetragen: C:\WINDOWS. Von Ihnen wird die Angabe des Namens der zu speichernden Datei verlangt. Geben Sie ein: Schulung.

- Da Sie die Datei im Verzeichnis \Aufgaben\Notizen speichern wollen, müssen Sie zunächst das Stammverzeichnis [..] doppelklicken. Es wird Ihnen nun die Liste der Unterverzeichnisse von C: ausgegeben.

- Doppelklicken Sie in der Verzeichnisliste das Unterverzeichnis Aufgaben.

- Doppelklicken Sie daraufhin das Aufgaben-Unterverzeichnis Notizen. Bestätigen Sie anschließend mit *ok*.

In der Titelleiste des Notizblock-Fensters sehen Sie nun den der aktiven Datei verliehenen Namen eingeblendet - ergänzt um die automatisch vergebene Erweiterung .txt für "Textdatei".

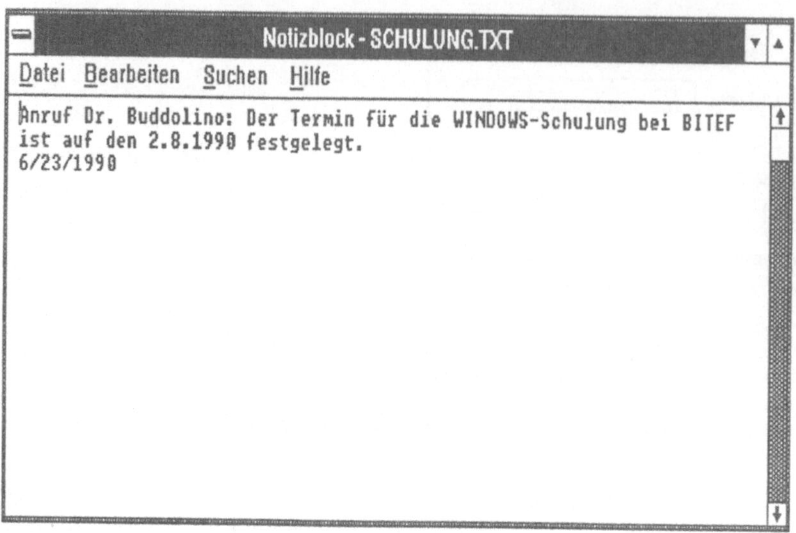

Abb. 5-3: Der in der Datei Schulung.txt gespeicherte Übungstext

5.1.3   Programm beenden

Um das Notizblockprogramm zu beenden, klicken Sie das Steuerungsfeld des Programfensters an und aktivieren den Befehl *Schließen*.

Wenn Sie das Programm nicht verlassen wollen, es aber vorübergehend nicht benötigen, können Sie es als Symbol "parken" - dadurch geht weniger Platz im Arbeitsspeicher verloren, als wenn das Programmfenster geöffnet bliebe. Sie klicken dafür das Symbolfeld im Programmfenster an: das Notizblockprogramm erscheint als Symbol am unteren Bildschirmrand.

Beenden Sie nun auf eine der oben beschriebenen Weisen das Programm.

Sie befinden sich anschließend wieder dort, von wo aus Sie das Notizblock-Programm gestartet hatten - im Verzeichnisfenster von \WINDOWS.

Aufgabe: Überprüfen Sie, ob Sie Ihre Datei Schulung.txt im Verzeichnis \Aufgaben\Notizen erfolgreich gespeichert haben.

VORGEHEN:

- Doppelklicken Sie im Verzeichnisfenster von Windows das Hauptverzeichnis ([..]);

- im nun eingeblendeten Fenster des Hauptverzeichnisses muß das Verzeichnis \Aufgaben durch Doppelklicken aktiviert werden;

- doppelklicken Sie schließlich im Aufgabenfenster das Verzeichnis Notizen

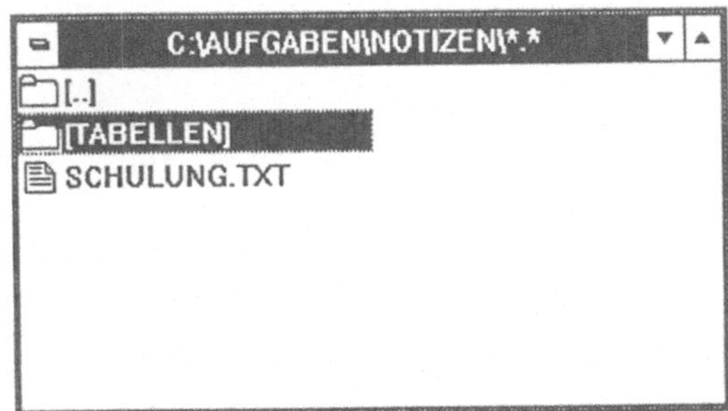

Abb. 5-4: Das Verzeichnisfenster von \Aufgaben\Notizen

Der Notizblock von WINDOWS

Bei diesem Windows-internen Anwendungsprogramm handelt es sich um eine kleine Textverarbeitung mit einigen Gestaltungs- und Bearbeitungsmöglichkeiten - ausreichend für die Erstellung von Notizen eben.
Der Umgang mit diesem Programm ist einfach. Nur für den Fall, daß Sie noch nie mit einem Textprogramm gearbeitet haben, wollen wir Ihnen nachfolgende Hinweise geben.

Eingabe und Korrekturen

Ein Notiztext darf nicht mehr als bis zu 50.000 Zeichen enthalten, sonst wird Ihnen mitgeteilt, der Speicherplatz sei erschöpft. Mit dem Befehl *Info über Notizblock* im Hilfe-Menü können Sie sich über die aktuelle Größe einer Notiz informieren.

Die Texte werden fortlaufend eingegeben. Die *<Return>*-Taste wird nur dann gedrückt, wenn ein Absatz beabsichtigt ist.

Zunächst verschwindet eingegebener Text immer dann, wenn er länger als eine Zeile des Notizblock-Fensters ist, nach links aus dem Sichtbereich. Die Einschaltung des Zeilenumbruchs mit dem Befehl *Zeilenumbruch* im Menü *Bearbeiten* des Notizblocks haben Sie bereits kennengelernt - ein nochmaliges Anklicken von *Zeilenumbruch* bewirkt die Ausschaltung dieser Funktion.

```
Bearbeiten
Widerrufen           ALT+RÜCKTASTE

Ausschneiden         UMSCHALT+ENTF
Kopieren             STRG+EINFG
Einfügen             UMSCHALT+EINFG
Löschen              ENTF

Alles markieren
Uhrzeit/Datum        F5

Zeilenumbruch
```

Abb. 5-5: Das Bearbeiten-Menü des Notizblocks

Tippfehler können korrigiert werden,

- indem entweder mit der *<Rück>*-Taste die Zeichen links von der blinkenden Strich-Markierung (dem Cursor) gelöscht und neue Zeichen eingetippt werden;
- oder mit der *<Entf>*-Taste ein oder mehrere Zeichen rechts von der Markierung gelöscht und anschließend neu geschrieben werden. Dazu ist der Mauszeiger dort im Text zu positionieren und durch Anklicken der Maustaste zu stationieren, wo Korrekturen erforderlich sind. Neue Zeichen werden auf diese Weise immer eingefügt. Sie überschreiben nicht alte Zeichen.

Ganze Wörter oder Absätze können in einem Zuge gelöscht werden, indem bei gedrückter Maustaste mit dem Mauszeiger Wort oder Absatz markiert und danach

- entweder der *Löschen*-Befehl des Menüs *Bearbeiten* aufgerufen wird,
- oder nach der Markierung eines Textabschnitts neue Zeichen eingegeben werden,
- oder die *<Entf>*-Taste gedrückt wird.

Die jeweils letzte Aktion, sei es eine Eingabe, sei es ein Befehl, kann mittels der Option *Rückgängig* im Menü *Bearbeiten* ungeschehen gemacht werden. Ein erneutes Anklicken dieses Befehls bewirkt, daß die aufgehobene Aktion wieder wirksam wird.

Textbearbeitung

Im Menü *Bearbeiten* werden weitere Bearbeitungsmöglichkeiten angeboten. Dabei sind einige nur dann aktivierbar, wenn zuvor entweder bestimmte Textstellen markiert worden sind (siehe oben) oder der gesamte Text über den Bearbeiten-Befehl *Alles markieren* ausgewählt wurde.

Mit dem *Auschneiden*-Befehl wird markierter Text von seiner Position im Dokument entfernt und in die Zwischenablage befördert. Von da aus kann er an anderer Stelle im selben Dokument oder in ein anderes Dokument (des Notizblock- oder anderer Programme) wieder eingefügt werden. Dazu muß der Befehl *Einfügen* aktiviert werden. Dieser Befehl erlaubt auch, Dokumente aus anderen Programmen, die in der Zwischenablage abgelegt wurden, in ein Notizblock-Dokument einzufügen.

Der *Kopieren*-Befehl kopiert markierten Text in die Zwischenablage. In der Zwischenablage kann sich jeweils nur ein Text befinden - neuerliche mit den Befehlen *Ausschneiden* oder *Kopieren* bewirkte Aktionen überschreiben dort abgelegte Texte. (Weiteres über die Zwischenablage entnehmen Sie bitte Kapitel 7).
Eine Hilfe für die Textbearbeitung stellen die Befehle des Suchen-Menüs dar.

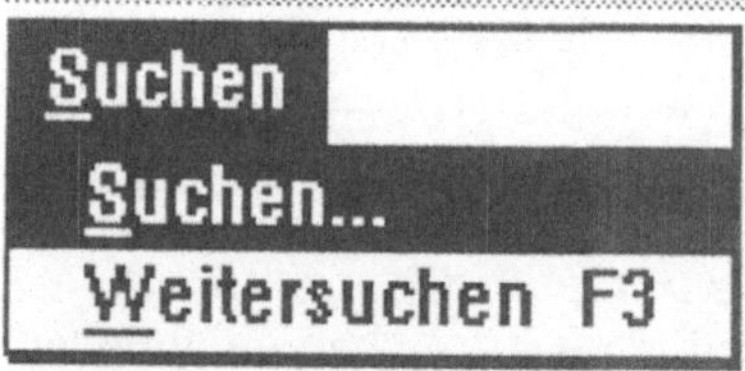

Abb. 5-6: Das Suchen-Menü

Der Befehl *Suchen* öffnet ein Dialogfeld, in dem die Zeichenfolge eingegeben wird, nach der gesucht werden soll. Wird der Befehl gestartet, erscheint im Text die gesuchte Zeichenfolge markiert. Mit dem Befehl *Weitersuchen* wird in der zuvor angegebenen Richtung weitergesucht.

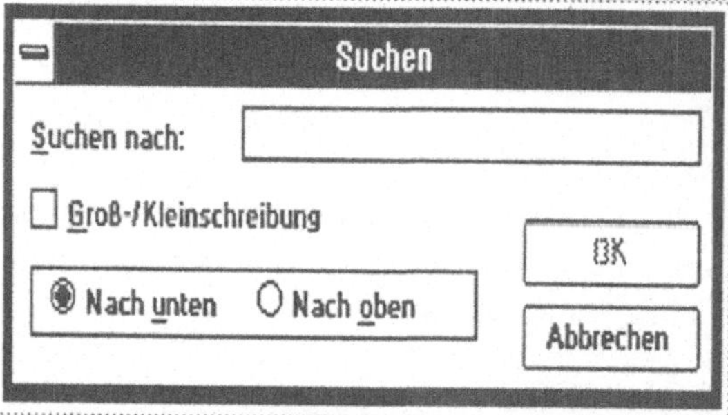

Abb. 5-7: Das Dialogfeld des Suchen-Befehls

Texte gestalten und drucken

Zur Vorbereitung des Ausdrucks einer Notiz steht im *Datei*-Menü der Befehl *Layout* zur Verfügung. Hier können Kopf- und Fußzeilentexte sowie Randbegrenzungen für ausgedruckte Seiten bestimmt werden.

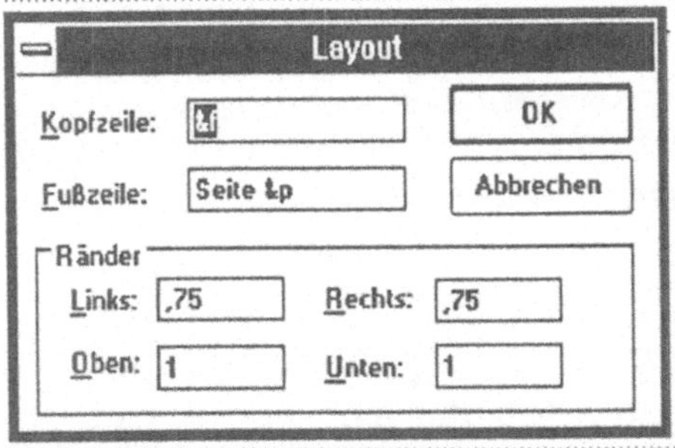

Abb. 5-8:   Das Dialogfeld des Layout-Befehls im Datei-Menü des Notizblocks

In die Eingabefelder *Kopfzeile* bzw. *Fußzeile* können Texte eingegeben werden, die bis zu 39 Zeichen umfassen dürfen, oder Codes, die bei der Druckausgabe bestimmte Formatierungen oder Angaben bewirken.
Mit den Codes &l, &r und &z wird festgelegt, daß die Ausrichtung der nach diesen Codes eingegebenen Kopf- bzw. Fußzeilentexte linksbündig, rechtsbündig oder zentriert erfolgt. Der Code &d erzeugt die Ausgabe des aktuellen Datums auf der Druckseite, der Code &u die Ausgabe der aktuellen Zeit. Durch Eingabe von &s wird eine fortlaufende Seitennumerierung durch &n die Ausgabe des Dateinamens in der Kopf- bzw. Fußzeile bewirkt.

Der Befehl *Druckerinstallation* ermöglicht, den anzusteuernden Drucker und Druckoptionen wie z.B. Hoch- oder Querformat festzulegen; mit dem Befehl *Drucken* wird der Text entsprechend diesen Optionen ausgedruckt.

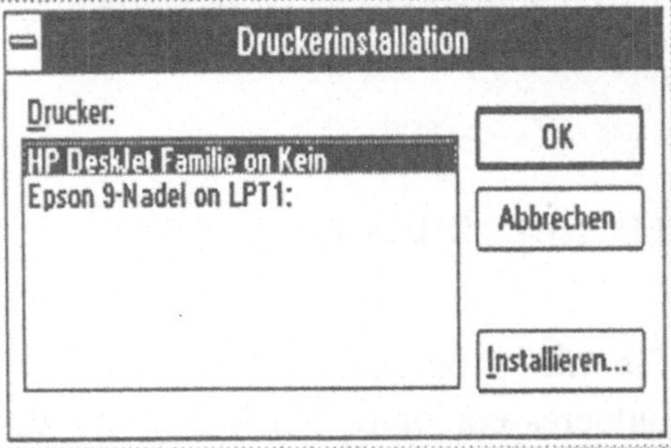

Abb. 5-9:   Das Dialogfeld des Befehls Druckerinstallation im Datei-Menü des Notizblocks

Texte speichern und laden

Daß man Texte mit dem Befehl *Speichern* unter einem bestimmten Namen in einem bestimten Verzeichnis als Datei ablegt, haben Sie oben schon gelernt. Wird nun eine gespeicherte Datei mit dem Befehl *Öffnen* erneut in den Arbeitsspeicher geladen und bearbeitet, kann die bearbeitete Version durch Aufruf des Speicher-Befehls ohne erneute Namensangabe gesichert werden. Soll sie jedoch unter neuem Namen oder in einem anderen Verzeichnis abgelegt werden, ist der Befehl *Speichern unter* anzuklicken.

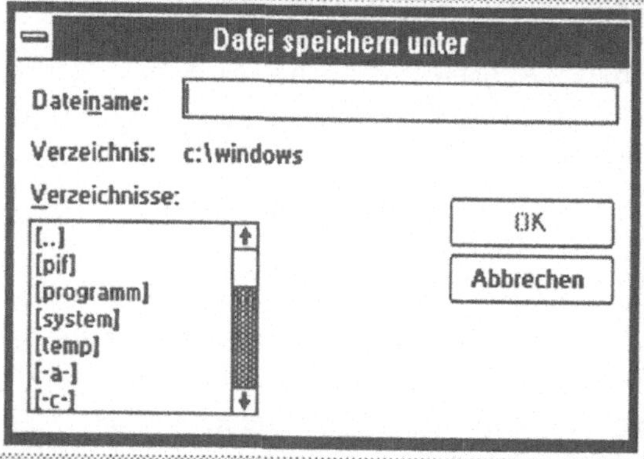

Abb. 5-10: Das Dialogfeld des Speichern-Befehls

Eine neues leeres Arbeitsblatt, auf dem man einen neuen Text eingeben und anschließend in einer neuen Datei speichern kann erhält man durch Auslösen des Befehls *Neu* im *Datei*-Menü.

5.2 Kopieren und Verschieben von Dateien

In den folgenden Übungen werden Sie die Programme Notizblock und Kalender von einem Verzeichnis in ein anderes kopieren. Das Verfahren, das Sie kennenlernen werden, gilt analog für das Kopieren von Verzeichnissen und das Kopieren von Daten-Dateien.

Kopiert werden kann nicht nur in ein anderes Verzeichnis, sondern auch von einem Laufwerk auf ein anderes. Innerhalb eines Verzeichnisses kann eine Datei nur dann kopiert werden, wenn ihr gleichzeitig ein anderer Name vergeben wird.

Dateien und Verzeichnisse können auch statt kopiert bewegt werden. Die dafür möglichen Verfahren sind zum größten Teil identisch mit den Kopierverfahren. Nur muß in dem Falle eben der Befehl *Verschieben* statt des Kopierbefehls im Datei-Menü des Datei-Managers aufgerufen werden. Und das Resultat unterscheidet sich: während beim Kopieren die Datei/das Verzeichnis auch an ihrem/seinem Ursprungsort erhalten bleibt, werden Datei bzw. Verzeichnis beim Verschieben ersatzlos an den Bestimmungsort versetzt.

In den folgenden Übungen wird das Verfahren am Beispiel des Kopierens beschrieben. Wo es Unterschiede zum Verschieben von Dateien oder Verzeichnissen gibt, wird darauf hingewiesen.

5.2.1 Markierte Datei unter Einsatz des Kopierbefehls kopieren

Aufgabe: Kopieren Sie die Programm-Datei des Programms Kalender (Calendar.EXE) aus dem Verzeichnis C:\WINDOWS in das Verzeichnis C:\Aufgaben.

VORGEHEN: Programm-Datei in neues Verzeichnis kopieren

- Öffnen Sie das Fenster des Verzeichnisses WINDOWS. (Aktenordner-Symbol im Verzeichnisstruktur-Fenster doppelklicken).

- Suchen Sie nun im Windows-Fenster die Datei Calendar.Exe und markieren Sie sie durch Anklicken.

Datei	
Öffnen	EINGABETASTE
Ausführen...	
Drucken...	
Verknüpfen...	
Suchen...	
Verschieben...	F7
Kopieren...	F8
Löschen...	ENTF
Umbenennen...	
Attribute ändern...	
Verzeichnis erstellen...	
Alles auswählen	STRG+/
Auswahl aufheben	STRG+\
Beenden	

Abb. 5-11: Das Datei-Menü des Datei-Managers

- Im *Datei*-Menü des Datei-Managers klicken Sie nun den Befehl *Kopieren* an. Ein eingeblendetes Dialogfeld nennt Ihnen das Verzeichnis, in dem Sie sich befinden sowie die markierte, zu kopierende Datei. Sie müssen nun angeben, wohin kopiert werden soll.

- Geben Sie ein: **c:\Aufgaben** und bestätigen Sie durch Anklicken der Befehlsschaltfläche *Kopieren*.

Abb. 5-12: Dialogfeld des Kopieren-Befehls

Damit wurde die Kalender-Programmdatei in das neue Verzeichnis kopiert. Sie können das überprüfen, indem Sie in das Fenster der Verzeichnisstruktur zurückgehen (im Steuerungsmenü des Windows-Fensters solange den Befehl *Nächstes* anklicken, bis das Verzeichnisstruktur-Fenster als aktives Fenster erscheint). Doppelklicken Sie dann den Ordner Aufgaben. Im Fenster dieses Unterverzeichnisses erscheint die Datei Kalender.Exe.

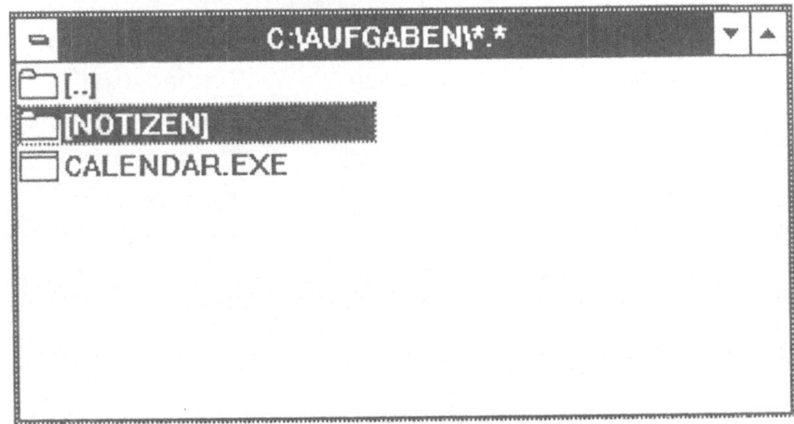

Abb. 5-13: Das Verzeichnis-Fenster von \Aufgaben

5.2.2   Mehrere Dateien markieren und kopieren

Problemlos können auch in einem Zuge mehrere Dateien kopiert oder bewegt
werden.

Aufgabe: Kopieren Sie die Programmdatei des Notizblockprogramms
(Notepad.EXE) zugleich mit dem Notizblock-Hilfsprogramm
(Notepad.HLP) in das Verzeichnis \Aufgaben.

VORGEHEN: Kopieren mehrerer Dateien

- Öffnen Sie wieder das Verzeichnis WINDOWS und klicken Sie
  die Datei Notepad.EXE an.

- Halten Sie die *<strg>*-Taste gedrückt und klicken Sie die Datei
  Notepad.HLP an. Damit sind beide Dateien markiert.

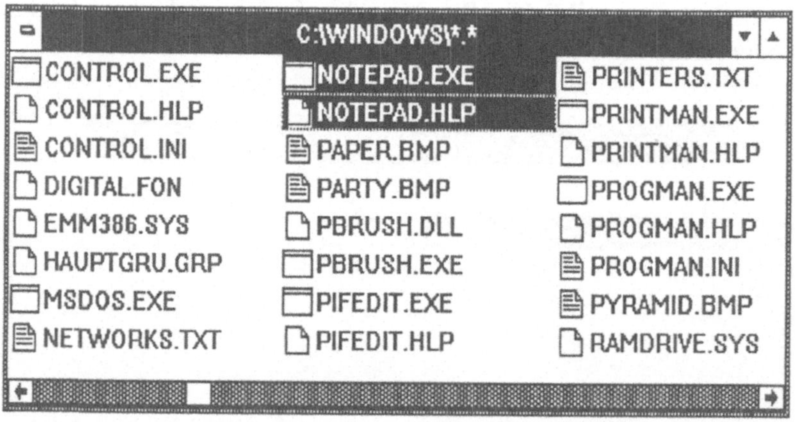

Abb. 5-14: Mehrere unter Einsatz der <Strg>-Taste markierte Dateien

- Rufen Sie den *Kopieren*-Befehl im *Datei*-Menü des Datei-
  Managers auf, geben Sie im Dialogfeld das Ziel an: C:\Aufgaben.

- Bestätigen Sie, indem Sie die Schaltfläche *ok* anklicken.

Analog wird der *Verschieben*-Befehl des *Datei*-Menüs eingesetzt. Zuerst werden die Dateien, die in ein anderes Verzeichnis bewegt werden sollen, markiert, sodann der *Verschieben*-Befehl aktiviert und im eingeblendeten Dialogfeld das Ziel angegeben.

5.2.3   Weitere Kopiermethoden

Um eine oder mehrere Dateien bzw. Verzeichnisse zu kopieren oder zu verschieben gibt es noch zwei weitere Techniken:

- Sie können von einer beliebigen Stelle im Datei-Manager aus den Kopierbefehl (bzw. den Verschiebenbefehl) aufrufen. Im dann erscheinenden Dialogfeld geben Sie im Eingabefeld "*Von:*" Name und Pfad der zu kopierenden/zu verschiebenden Datei oder des Verzeichnisses ein. Im Eingabefeld "Nach" wird dann das Ziel angegeben. Allerdings müssen Sie dabei jeweils den gesamten Pfad mit eingeben, also zum Beispiel:

      Von: C:\WINDOWS\Notepad.EXE
      Nach: C:\Aufgaben.

  Sollen auf diese Weise mehrere Dateien kopiert oder bewegt werden, kann das DOS-Stellvertreterzeichen * genutzt werden. Um zum Beispiel alle Notiz-Dateien zu kopieren, wird eingegeben:

      Von: C:\WINDOWS\Notepad.*

- Ein sehr elegantes Kopier- und Verschieben-Verfahren, das aber einen schon sicheren Umgang mit der Fenster- und Maustechnik voraussetzt, verzichtet gänzlich auf Menübefehle:

  Das Fenster, in dem sich die Quelldatei/das Quellverzeichnis befindet, muß geöffnet und das Ziel auf dem Bildschirm zugänglich sein - entweder als Fenster oder als Symbol. Der Mauszeiger zeigt auf Quelldatei oder -verzeichnis. Sodann wird

-    um zu kopieren die *<strg>*-Taste gedrückt gehalten und die Datei einfach mit ebenfalls gedrückter Maustaste in das Zielfenster bzw. auf das Zielsymbol gezogen;
-    um zu verschieben die Datei mit gedrückter Maustaste (ohne *<strg>*-Taste) an den neuen Ort bewegt.

In beiden Fällen erscheint bei Loslassen der Maustaste eine Sicherheitsabfrage, in der die Absicht durch Anklicken der Schaltfläche *Ja* bestätigt werden muß.

Aufgabe: Kopieren Sie die Programmdatei des Kartei-Programms (CARDFILE.EXE) vom Verzeichnis WINDOWS in das Verzeichnis Aufgaben, das als Symbol auf dem Bildschirm dargestellt wird.

VORGEHEN: Kopieren mit der Maus

- Verkleinern Sie das Verzeichnisfenster von \Aufgaben auf Symbolgröße. (Verzeichnis durch Anklicken aktivieren und das Symbolfeld anklicken).

- Markieren Sie im Verzeichnisfenster von \WINDOWS die Datei Cardfile.EXE, indem Sie sie anklicken)

- Kopieren Sie die Datei in das Symbol von \Aufgaben. Zeigen Sie dazu mit dem Mauzeiger auf die markierte Datei und ziehen Sie sie bei gedrückter *<strg>*- und Maustaste auf das Symbol des Verzeichnisses Aufgaben.

- Bei Loslassen der Maustaste erscheint eine Sicherheitsabfrage, die Sie mit *Ja* bestätigen.

Wenn Sie nun das Symbol des Verzeichnisses \Aufgaben durch Doppelklick zum Fenster öffnen, können Sie den von Ihnen zusammengestellten Inhalt sehen.

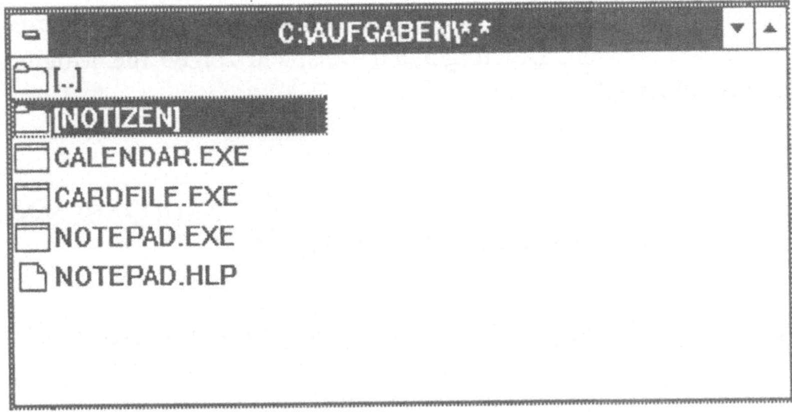

Abb. 5-15: Das Verzeichnisfenster von \Aufgaben

Neben der Möglichkeit, mehrere einzelne Dateien durch Anklicken bei gleichzeitiger Betätigung der *<Strg>*-Taste zu markieren, gibt es das Verfahren der Bereichsmarkierung. Das kann eingesetzt werden, wenn die zu markierenden Dateien direkt nebeneinander bzw. untereinander im Verzeichnisfenster stehen. Die erste Datei des Bereichs wird angeklickt. Daraufhin wird mit dem Mauszeiger auf die letzte Datei des Bereichs gezeigt, die *<Umschalt>*-Taste gedrückt und geklickt. Markierungen werden aufgehoben, wenn auf einen nicht markierten Eintrag im Fenster geklickt wird.

5.2.4 Verzeichnisse verschieben

Wie eingangs erwähnt, können auch Verzeichnisse in andere Verzeichnisse verschoben oder kopiert werden. In der Praxis werden Sie merken, daß solche Neustrukturierungen manchmal sehr sinnvoll sind, wenn sich zum Beispiel neue fachliche Zusammenhänge ergeben haben.

Beim Verschieben oder Kopieren von Verzeichnissen werden alle an diesem Verzeichnis hängenden Unterverzeichnisse und alle in den Verzeichnissen abgelegten Dateien mit verschoben bzw. kopiert.

Verzeichnisse können sowohl per Menübefehl als auch mit der Maus verschoben werden. Die folgenden Beispiele zeigen die Möglichkeiten und das Vorgehen auf.

Aufgabe: Verschieben Sie das Verzeichnis C:\AUFGABEN\NOTIZEN in das Verzeichnis C:\WINDOWS.

VORGEHEN: Verzeichnisse über das Menü Datei verschieben

- Aktieren Sie das Fenster für die Verzeichnisstruktur.

- Klicken Sie das Verzeichnis C:\AUFGABEN an, damit das darunterliegende Verzeichnis angezeigt wird.

- Markieren Sie das Verzeichnis NOTIZEN.

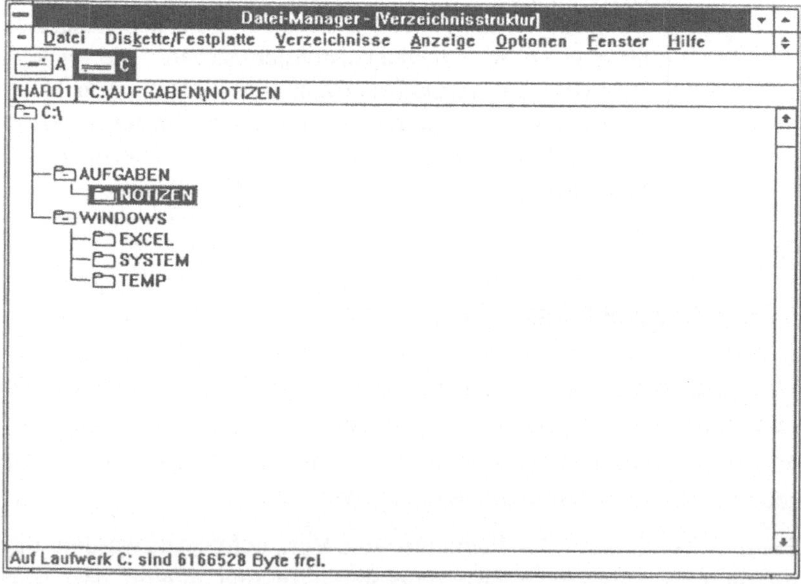

Abb. 5-16: Die Verzeichnisstruktur mit dem markierten Verzeichnis NOTIZEN

- Aktivieren Sie durch Anklicken den *Verschieben*-Befehl im Datei-Menü.

- Positionieren Sie den Cursor nun am Beginn des Eingabefeldes *Nach*, indem Sie darauf klicken. Geben Sie ein: C:\WINDOWS und bestätigen Sie, indem Sie die Schaltfläche *Verschieben* anklicken.

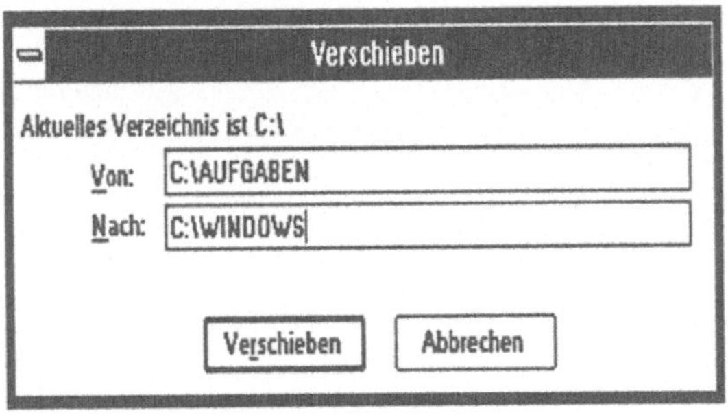

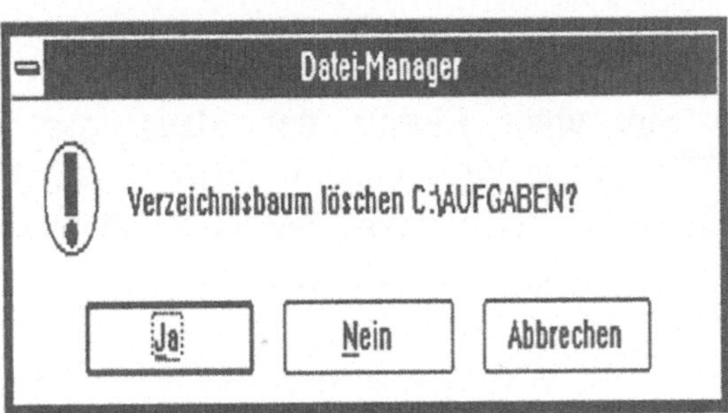

Abb. 5-17: Das Dialogfeld des Verschieben-Befehls

Sie werden daraufhin mit dem Warnhinweis konfrontiert, ob Sie das Verzeichnis NOTIZEN löschen wollen. Lassen Sie sich nicht irritieren: indem Sie das Verzeichnis NOTIZEN in das Verzeichnis C:\WINDOWS bewegen, wird natürlich auch der Verzeichnisinhalt (Dateien und Unterverzeichnisse) mitbewegt.

- Bestätigen Sie also mit *Ja*. Bestätigen Sie auch die Frage, ob Sie das Verzeichnis NOTIZEN löschen wollen, mit *Ja*.

Abb. 5-18: Sicherheitsabfrage

Im Ergebnis gibt es kein vom Verzeichnis C:\AUFGABEN aus verzweigendes Unterverzeichnis NOTIZEN mehr, dafür aber ein vom Verzeichnis C:\WINDOWS aus verzweigendes Unterverzeichnis NOTIZEN.

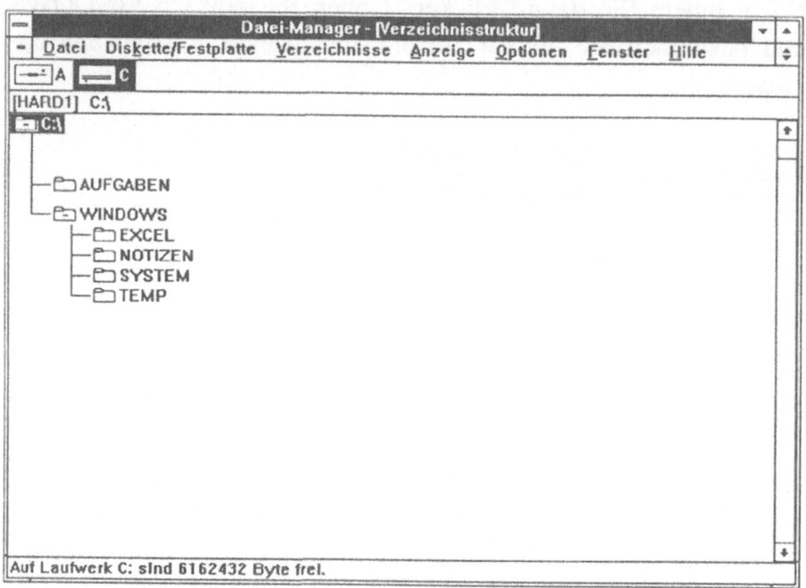

Abb. 5-19: Die geänderte Verzeichnistruktur

Eine einfachere Möglichkeit, Verzeichnisse zu verschieben, bietet sich unter Einsatz der Maus. Sie zeigen einfach mit dem Mauszeiger auf das zu verschiebende Verzeichnis, klicken, halten die Maustaste gedrückt und ziehen das Verzeichnis in das Zielverzeichnis.

Aufgabe: Verschieben Sie, unter Einsatz der Maus, das Verzeichnis C:\AUFGABEN in das Verzeichnis C:\WINDOWS. Verschieben Sie anschließend das Verzeichnis C:\WINDOWS\NOTIZEN zum Verzeichnis C:\WINDOWS\AUFGABEN.

VORGEHEN: Verzeichnisse mit der Maus verschieben

- Klicken Sie das Verzeichnis AUFGABEN an und halten Sie die Maustaste gedrückt.

- Ziehen Sie den Verzeichnisordner auf das Verzeichnis WINDOWS und lassen Sie die Maustaste los.

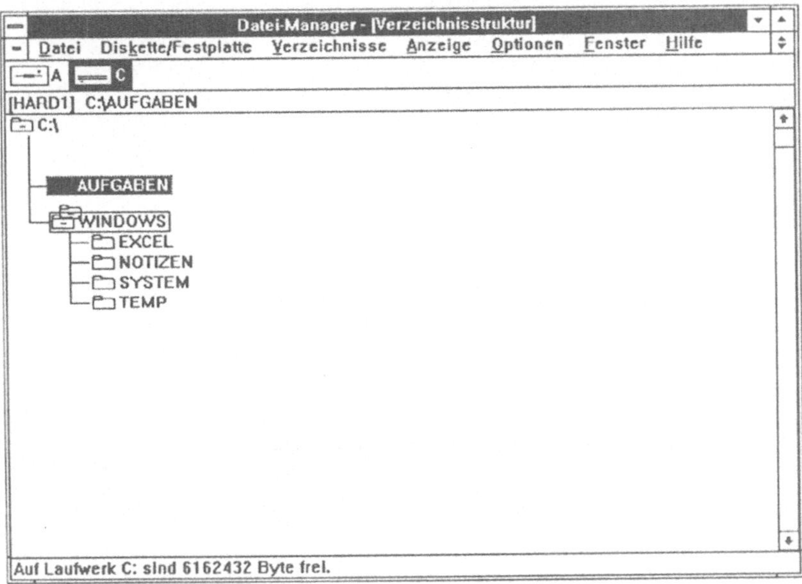

Abb. 5-20: Der Ordner Aufgaben wird zum Verzeichnis WINDOWS geschoben.

- Bestätigen Sie das Verschieben der Datei in dem erscheinenden Dialogfeld.

- Verschieben Sie nun das Verzeichnis NOTIZEN zum Verzeichnis AUFGABEN, indem Sie es mit gedrückter Maustaste auf das Zielverzeichnis ziehen.

- Bestätigen Sie jeweils mit *Ja* das Verschieben der Dateien sowie das Löschen des Verzeichnisbaumes.

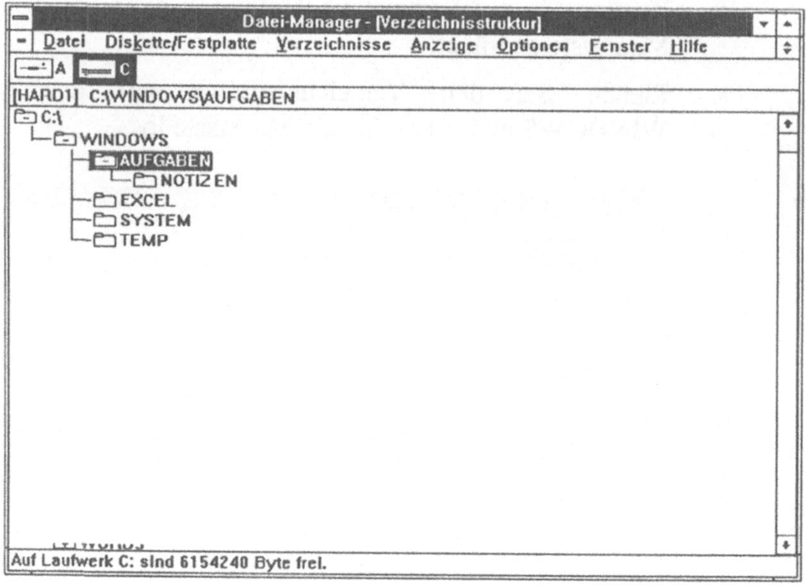

Abb. 5-21: Die neue Verzeichnisstruktur

5.3   Dateien umbenennen und löschen

Oft ist es in der Praxis sinnvoll, eine einmal unter einem bestimmten Namen
erstellte Datei nach Vorlage veränderter fachlicher Zusammenhänge
umzubenennen. Dazu steht im *Datei*-Menü des *Datei*-Managers der Befehl
Umbenennen zur Verfügung. Wie beim Kopieren oder Verschieben wird
zunächst die umzubenennende Datei durch Anklicken markiert und dann der
Befehl aufgerufen. Der neue Name ist in das eingeblendete Dialogfeld
einzutragen und die Aktion durch Anklicken der Befehlsschaltfläche
Umbenennen erneut zu bestätigen.

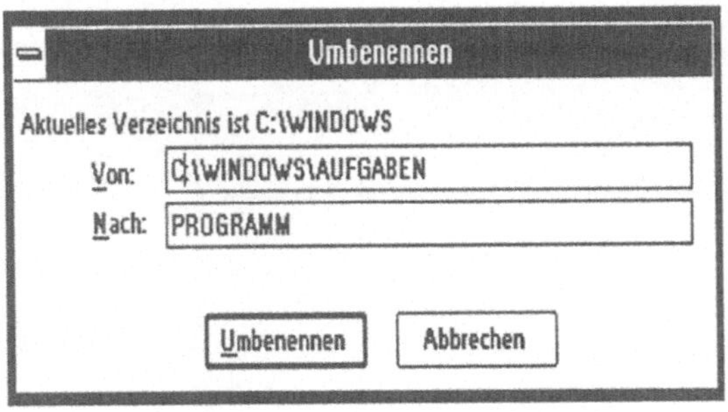

Umbenennen

Aktuelles Verzeichnis ist C:\WINDOWS

Von: C:\WINDOWS\AUFGABEN

Nach: PROGRAMM

Umbenennen   Abbrechen

Abb. 5-22: Dialogfeld des Umbennen-Befehls

Wie Dateien können auch Verzeichnisse umbenannt werden.

Aufgabe: Benennen Sie das Verzeichnis, in dem Sie die Programme zusammengestellt haben, mit denen Sie übungshalber arbeiten (\WINDOWS\Aufgaben) um in \WINDOWS\Programm.

VORGEHEN: Verzeichnis umbenennen

- Markieren Sie durch Anklicken im Verzeichnisfenster von Windows das Verzeichnis Aufgaben.

- Aktivieren Sie im *Datei*-Menü den Befehl *Umbenennen*.

  Das markierte Unterverzeichnis ist im Dialogfeld bereits im Eingabefeld *Von*: eingetragen.

- Geben Sie im Eingabefeld *Nach* ein: Programm und bestätigen Sie durch Anklicken der Schaltfläche *Umbenennen*.

Im Verzeichnisfenster von \WINDOWS sehen Sie, daß nunmehr ein Unterverzeichnis namens Programm vorhanden ist.

Wenn Sie in das Verzeichnisstruktur-Fenster zurückgehen und dort den Aktenordner von Windows anklicken, können Sie die nunmehr eingerichteten Verzweigungen bzw. Benennungen in der Übersicht sehen.

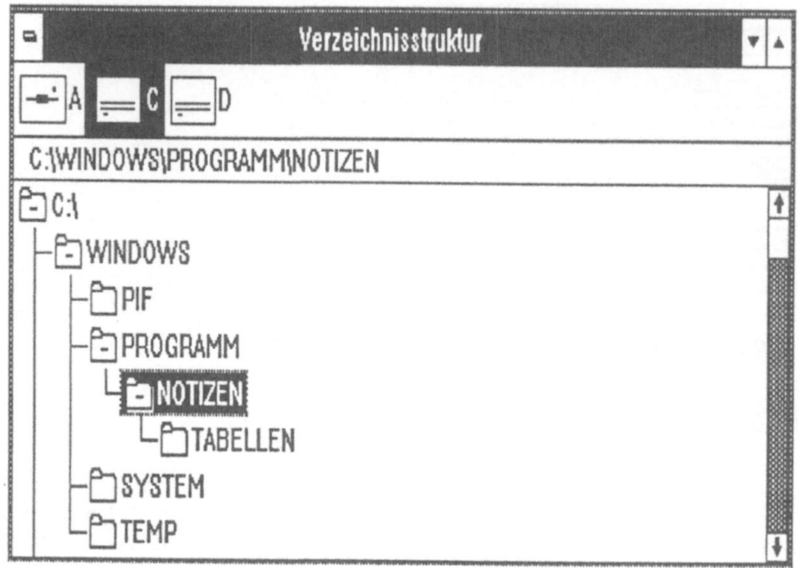

Abb. 5-23: Verzeichnis-Verzweigungen im Verzeichnis WINDOWS

Um Dateien vom Datei-Manager aus zu löschen wird der *Löschen*-Befehl im *Datei*-Menü herangezogen. Auch in diesem Fall wird die betroffene Datei vorher markiert und die Aktion muß im Dialogfeld des Löschen-Befehls sicherheitshalber bestätigt werden.

> Eine Reihe von Anwenderprogrammen (so zum Beispiel WORD) verfügen über programmeigene Löschbefehle. Durch diese können dann die entsprechenden Datendateien vom Programm aus gelöscht werden.

Verzeichnisse werden vom Datei-Manager aus auf dieselbe Weise wie Dateien gelöscht. Hier ist jedoch zu beachten: Sie können ein Verzeichnis nur dann löschen, wenn es keine Dateien mehr enthält, bzw. nachdem Sie alle Dateien dieses Verzeichnisses gelöscht haben. Sind zwar keine Dateien aber noch Unterverzeichnisse vorhanden, werden diese nach Bestätigung mitgelöscht.

Aufgabe: Löschen Sie das Unterverzeichnis Tabellen.

VORGEHEN: Verzeichnisse löschen

- Markieren Sie das Unterverzeichnis Tabellen. Dazu doppelklicken Sie im Verzeichnisfenster von \Windows das Unterverzeichnis Programm. Im Unterverzeichnis \Programm doppelklicken Sie das Unterverzeichnis Notizen. Darin schließlich wird das Unterverzeichnis Tabellen einfach angeklickt.

- Klicken Sie nun im *Datei*-Menü des Datei-Managers den Befehl *Löschen* an. Im Dialogfeld bestätigen Sie Ihre Absicht, indem Sie die Befehlsschaltfläche *Löschen* anklicken.

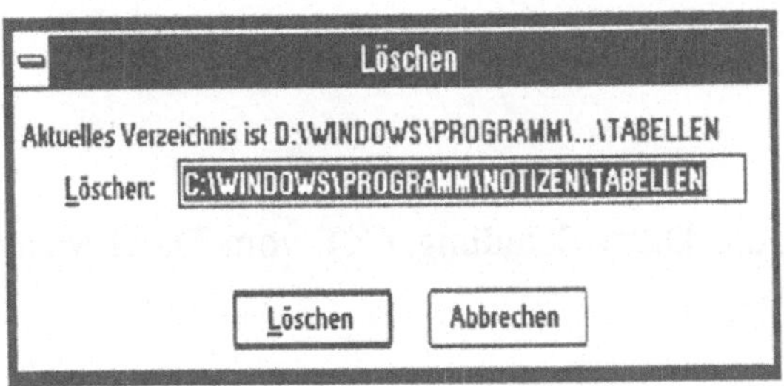

Abb. 5-24: Dialogfeld des Löschen-Befehls

- In einem weiteren Dialogfeld müssen Sie nun noch einmal mit Anklicken der Befehlsschaltfläche *Ja* eine Sicherheitsabfrage beantworten.

Abb. 5-25: Sicherheitsabfrage nach Bestätigung des Löschen-Befehls

5.4 Daten-Datei vom Datei-Manager aus starten

Sie haben vorhin Ihre erste Daten-Datei erstellt, die Notizblock-Datei Schulung.txt. Wenn Sie nun in das Fenster der Verzeichnisstruktur zurückgehen, werden Sie die Datei nicht entdecken, da hier bekanntlich nur Verzeichnisse angezeigt werden. Wenn Sie Ihre Datei wiederfinden wollen aber das Verzeichnis nicht mehr erinnern, in dem sie abgelegt wurde, können Sie sich einer hilfreichen Einrichtung von Windows bedienen: es handelt sich um den Befehl *Suchen* im *Datei*-Menü des Datei-Managers.

5.4.1 Datei suchen

Aufgabe: Lassen Sie die Datei Schulung.TXT vom Datei-Manager suchen und anzeigen.

VORGEHEN: Datei suchen

- Aktivieren Sie den Befehl *Suchen* im *Datei*-Menü des Datei-Managers. Eingeblendet wird Ihnen ein Dialogfeld.

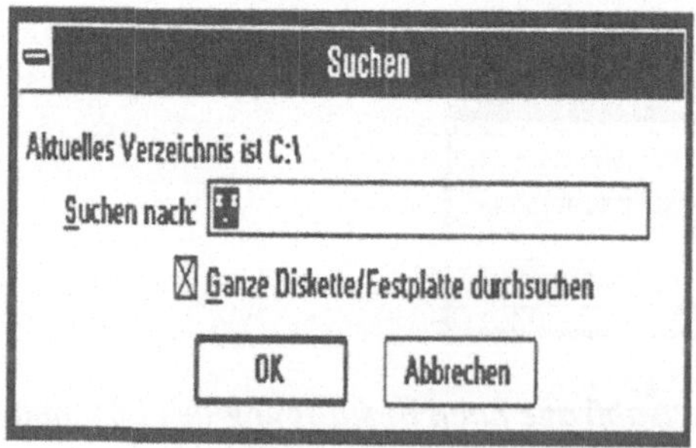

Abb. 5-26: Das Dialogfeld des Suchen-Befehls Im Datei-Menü des Datei-Managers

- Geben Sie den Namen der gesuchten Datei ein: Schulung.txt. Die standardmäßig im Eingabefeld eingeblendeten Stellvertreterzeichen werden überschrieben.

- Kreuzen Sie durch Anklicken des Kästchens nun die Option *Ganze Diskette/Festplatte durchsuchen* an. Das ist wichtig, damit Windows nicht nur im aktuellen Verzeichnis sucht. Bestätigen Sie abschließend mit *ok*.

Das Suchergebnis wird Ihnen mit Angabe des Pfades angezeigt.

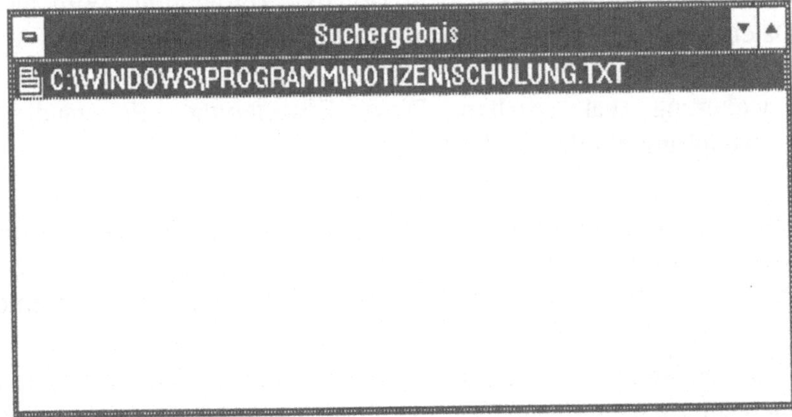

Abb. 5-27: Geöffnetes Fenster mit dem Suchergebnis

Auf die beschriebene Weise kann ebenfalls nach einer Programm-Datei oder nach einem Verzeichnis gesucht werden.

5.4.2 Daten-Datei starten

Eine Daten-Datei wird immer im Rahmen und mit Hilfe des Befehlsvorrates eines bestimmten Anwenderprogramms erstellt. Um sie erneut zu laden und zu bearbeiten, muß demzufolge auch das Programm gestartet sein, mit dem sie erstellt wurde. Unter dem Betriebssystem DOS ist es daher nicht möglich, Daten-Dateien direkt zu starten. Es müssen die Programm-Dateien (erkenntlich an der .EXE oder .COM-Erweiterung) geladen werden und dann erst kann über den *Laden*-Befehl des jeweiligen Programms die Daten-Datei zur Bearbeitung in den Arbeitsspeicher des Computer geholt werden.

Windows vereinfacht das Verfahren. Mit dieser Betriebssystemerweiterung können problemlos auch Daten-Dateien direkt geladen werden. Windows "erkennt" nämlich, mit welchem Anwenderprogramm die Dateien erstellt wurden und lädt dieses gleich mit. Voraussetzung dafür ist jedoch, daß die Datei mit einer entsprechenden Erweiterung versehen ist:

Wie Sie gesehen haben, wird für Notizen automatisch die Erweiterung .txt vergeben. Standardmäßig verbindet Windows Dateien, die über diese Erweiterung verfügen, mit dem Notizblockprogramm. Wird also eine .txt-Datei gestartet, wird das Notizblockprogramm mitgeladen. Weiter unten werden Sie sehen, daß Dateien, die im Windows-Kalender erstellt werden, die Erweiterung .cal erhalten. Diese Erweiterung gilt standardmäßig als Verknüpfung mit dem Kalenderprogramm.

Dateien, die durch ihre Erweitertung mit einem Programm verbunden sind, werden im Datei-Manager mit Textzeichen im Dokumentensymbol versehen. Das Symbol für nicht verbundene Dateien ist eine leere Dokumentenseite.

Über den Befehl *Verknüpfen* des Datei-Menüs im Datei-Manager können Sie auch für Dateien, denen Sie eine abweichende Erweiterung vergeben haben, die Verknüpfung zu dem gewünschten Programm herstellen. Sie markieren die entsprechende Datei, klicken den Befehl *Verknüpfen* an und geben im dann eingeblendeten Dialogfeld den vollständigen Namen der Programm-Datei ein, mit der die Daten-Datei verknüpft werden soll.

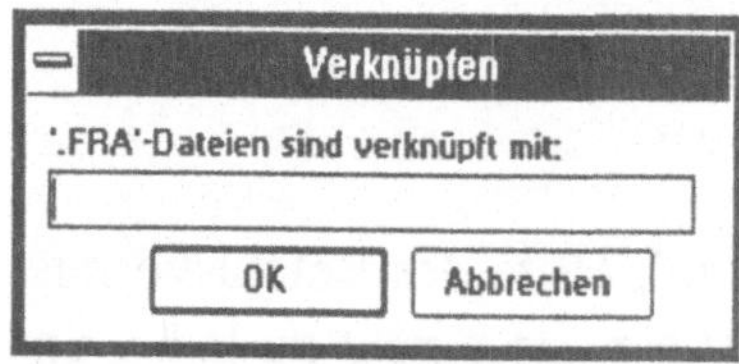

Abb. 5-28: Das Dialogfeld des Verknüpfen

Aufgabe: Laden Sie die Datei Schulung.txt vom Datei-Manager aus in den Arbeitsspeicher des Computers.

VORGEHEN: Daten-Datei laden

- Bewegen Sie den Mauszeiger auf die gesuchte und im Fenster Suchergebnis angezeigte Datei Schulung.txt und doppelklicken Sie.

- Die Datei wird sofort und mit ihr das Anwenderprogramm Notizblock geladen. Dasselbe Ergebnis hätten Sie erzielt, wenn Sie zunächst das Unterverzeichnis

  c:\WINDOWS\Programm\Notizen aufgerufen und im Fenster dieses Unterverzeichnisses mit dem Doppelklickverfahren die Datei angeklickt hätten.

- Verlassen Sie nun das Notizblockprogramm wieder, indem Sie das Steuerungsfeld anklicken und den Befehl *Schließen* auslösen.

Damit wird das Fenster geschlossen und das Notizblock-Programm sowie die Datei Schulung.txt aus dem Arbeitsspeicher des Computers gelöscht. Nicht jedoch von der Festplatte, auf der sie solange gespeichert bleibt, bis Sie sie vom Datei-Manager aus löschen. Da Sie nichts an der Datei verändert haben, brauchten Sie auch nicht den Speicherbefehl des Datei-Menüs auszulösen, um eine durch etwaige Korrekturen, Erweiterungen usw. veränderte Fassung der Datei zu sichern.

6 Laufwerks- und Diskettenverwaltung

Dieses Kapitel

- *zeigt, welche Möglichkeiten der Datei-Manager zur Verwaltung von Disketten und Laufwerken zur Verfügung stellt*
- *erläutert die Notwendigkeit der Datensicherung*

Auch wenn heute eine Festplatte im PC fast schon Standard ist und für die Nutzung einer Reihe von Anwenderprogrammen dieser externe Datenträger gar Voraussetzung ist, kommt man um die Arbeit mit Disketten nicht herum:

- Programme werden auf Disketten geliefert, und von den teuren Originalen sollten vorsichtshalber Sicherungskopien auf andere Disketten gezogen werden;

- aus Gründen der Datenpflege muß auch die größte Festplatte einmal bereinigt werden - nicht mehr aktuelle Dateien, die gleichwohl nicht gelöscht werden sollen, können auf Disketten ausgelagert werden;

- Disketten sind mobil - Dateien, die zum Beispiel von einer anderen Abteilung im Betrieb weiterbearbeitet werden sollen, können auf Disketten kopiert und andernorts in einen anderen PC geladen werden;

- und letztlich gebietet es die Datensicherheit, von Zeit zu Zeit Sicherungskopien von der Festplatte auf Disketten zu ziehen. Trotz hoher Betriebssicherheit heutiger PC's sind plötzliche Ausfälle und Festplattenfehler nicht auszuschließen. Daraus resultierende Datenverluste werden minimiert, wenn regelmäßig Datensicherung betrieben wird.

Windows stellt eine Reihe von Möglichkeiten zur Verfügung, die die Arbeit mit und die Vorbereitung von Disketten gegenüber den Befehlsprozeduren von DOS vereinfachen. Diese Möglichkeiten können über Befehle des Menüs Diskette/Festplatte im Datei-Manager genutzt werden.

Abb. 6-1: Das Diskette/Festplatte-Menü im Datei-Manager

6.1 Disketten formatieren

Im Gegensatz zu einer leeren Tonbandkassette, auf der ohne große Vorbereitung Musik oder Texte gespeichert werden können, muß eine fabrikneue Diskette zunächst präpariert werden. Erst dann kann das Betriebssystem des Computers Daten auf sie übertragen. Diese Vorbereitung nennt man Formatieren: Die Diskette wird beim Formatierungsvorgang in konzentrische Spuren (englisch: Tracks) und Sektoren eingeteilt. Anhand dieser Ordnungsstruktur erkennt das Betriebssystem, welche Daten an welcher Stelle der Diskette physisch gespeichert sind. Damit ist das Betriebssystem in der Lage, diese Daten bei Bedarf wieder aufzufinden und erneut in den Arbeitsspeicher des Computers einzulesen.

Zugleich überprüft das Betriebssystem während der Formatierung, ob die Diskette fehlerhafte Stellen aufweist. Sektoren, in denen solche Stellen ausgemacht wurden, werden markiert, damit dort keine Daten abgelegt werden können.

Neue Disketten müssen in jedem Fall formatiert werden, bereits benutzte Disketten können erneut formatiert werden - allerdings werden dadurch sämtliche zuvor gespeicherten Daten gelöscht.

Aufgabe: Formatieren Sie eine Leerdiskette.

VORGEHEN: Diskette formatieren

- Aktivieren Sie den Datei-Manager.

- Klicken Sie das Menü *Diskette/Festplatte* an und darin den Befehl *Diskette formatieren.*

- Wenn Sie mehrere Diskettenlaufwerke haben, können Sie nun im eingeblendeten Dialogfeld dasjenige bestimmen, in das die zu formatierende Diskette eingelegt werden soll.

- Bestätigen Sie anschließend durch Anklicken von *ok.*

- Bekräftigen Sie Ihre Formatierungsabsicht, indem Sie die Befehlsschaltfläche *Formatieren* im Dialogfenster des Warnhinweises anklicken.

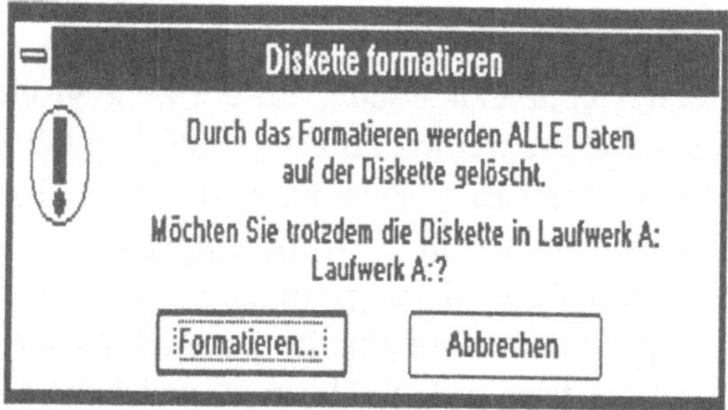

Abb. 6-2: Warnhinweis

- Legen Sie nun die Leerdiskette in das ausgewählte Laufwerk. Vergewissern Sie sich, daß Sie eine der Kapazität des Diskettenlaufwerks entsprechende Diskette zur Verfügung haben. (Für den Fall, daß Sie versehentlich entweder die Laufwerksverriegelung nicht geschlossen oder eine unformatierte Diskette eingelegt haben, erhalten Sie eine Fehlermeldung.)

- Im Dialogfeld des Formatieren-Befehls die können Sie zwischen der Einrichtung einer System-Diskette und der einfachen Formatierung zu wählen. Kreuzen Sie die Option *Systemdiskette erstellen* nicht an.

- Übernehmen Sie die Standardoption Hohe Dichte, wenn Ihr 5 1/4-
  oder 3 1/2 Zoll-Laufwerk für High-Density-Disketten ausgelegt
  ist. Bei Laufwerken, die für Disketten mit 360 KB Speicherkapazität bzw. 720 KB angelegt sind, müssen Sie das Kreuzchen für
  Hohe Dichte wegklicken.

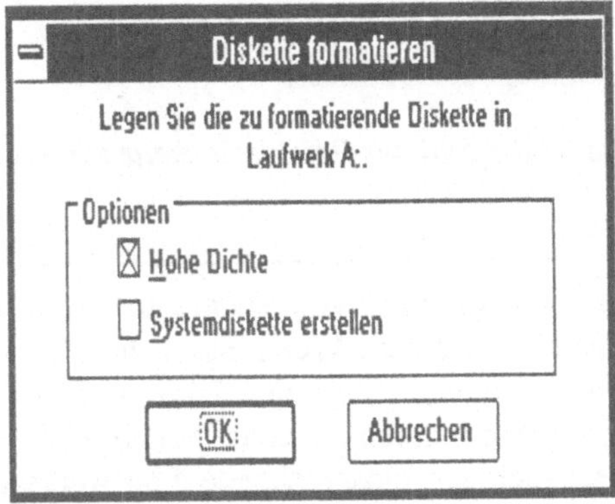

Abb. 6-3:   Dialogfeld des Formatieren-Befehls

Bestätigen Sie mit *ok*.

Der Verlauf des Formatierungsprozesses wird Ihnen durch Angaben darüber, wieviel Prozent der Formatierung erreicht ist, angezeigt. Auch zu diesem Zeitpunkt haben Sie noch die Möglichkeit,
durch *Abbrechen* den Vorgang zu stoppen. Allerdings ist eine Diskette, für die der Formatierungsprozess begonnen wurde, anschließend unbrauchbar. Sie kann erst nach einem vollständigen
Formatiervorgang verwendet werden.

Ein letztes Dialogfeld bietet durch die Option *Ja* die Möglichkeit,
sofort eine weitere Diskette zu formatieren.

- Wählen Sie *Nein*.

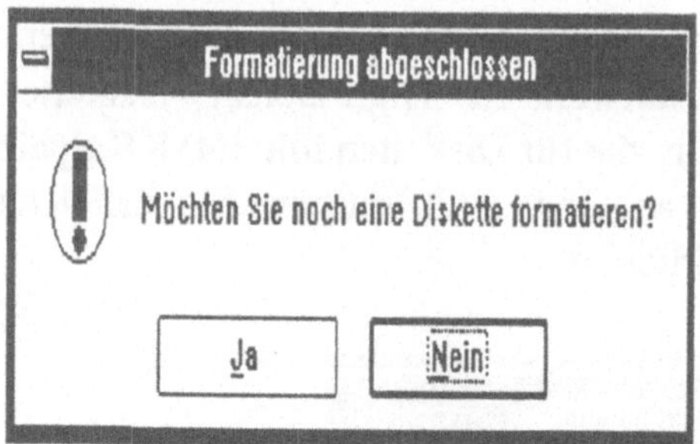

Abb. 6-4: Das letzte Dialogfeld des Befehls Diskette formatieren

Der Formatierungsbefehl kann nur von einem anderen als dem aktuellen Laufwerk ausgelöst werden. Wenn Sie sich zum Beispiel im Laufwerk A: befinden, können Sie keine Diskette in eben diesem Laufwerk formatieren. Sie müßten zunächst zurück in Laufwerk C:, indem Sie zum Beispiel das entsprechende Laufwerkssymbol anklickten. Dann könnten Sie den Befehl *Diskette formatieren* im Menü *Diskette/Festplatte* aktivieren.

6.2 Disketten benennen

Zur Identifizierung einer Diskette (oder auch der Festplatte) kann es hilfreich sein, ihr einen Namen zu vergeben. Dieser Name kann bis zu 11 Zeichen umfassen und wird im Datei-Manager angezeigt, wenn die Diskette eingelegt und das entsprechende Laufwerk aktiviert wurde.

Aufgabe: Geben Sie der eben formatierten Diskette den Namen "Übungen".

VORGEHEN: Diskette benennen

- Lassen Sie die formatierte Diskette im Diskettenlaufwerk und aktivieren Sie durch Anklicken des entsprechenden Laufwerkssymbols das Laufwerk A:.

- Lösen Sie im Menü *Diskette/Festplatte* den Befehl *Diskette/Festplatte benennen* aus.

- Tragen Sie im Eingabefeld *Datenträgerbezeichnung* des Dialogfeldes ein: ÜBUNGEN und bestätigen Sie durch Anklicken von
ok.

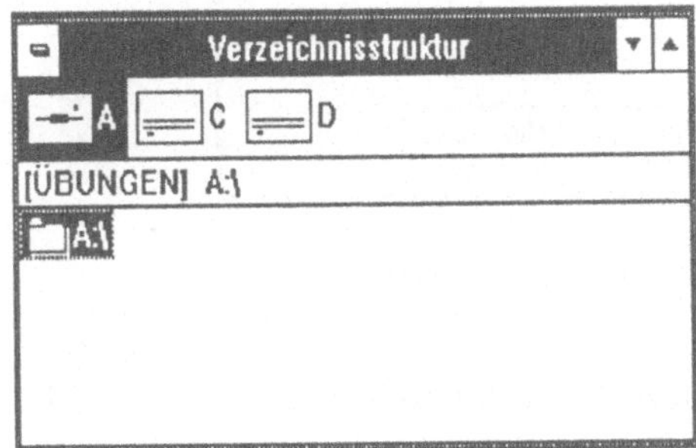

Abb. 6-5: Name der Diskette, angezeigt im Verzeichnisstruktur-Fenster

Aufgabe: Kopieren Sie Ihre Übungsdatei SCHULUNG.TXT auf die
Diskette Übungen

VORGEHEN: Datei von der Festplatte auf eine Diskette kopieren

- Aktivieren Sie Laufwerk C (die Festplatte) durch Anklicken des
Laufwerkssymbols.

- Klicken Sie im Verzeichnisstruktur-Fenster das Verzeichnis
WINDOWS an, damit dessen Unterverzeichnisse angezeigt werden.

- Klicken Sie nun das Unterverzeichnis PROGRAMM an und doppelklicken Sie daraufhin das Unterverzeichnis NOTIZEN.

- Markieren Sie durch Anklicken im nun geöffneten Verzeichnis-
Fenster von NOTIZEN die Datei SCHULUNG.TXT.

- Rufen Sie im *Datei*-Menü des Datei-Managers den Befehl *Kopieren* auf.

- Geben Sie im Dialogfeld als Zieladresse Laufwerk A an.

        A:

und bestätigen Sie mit *ok*.

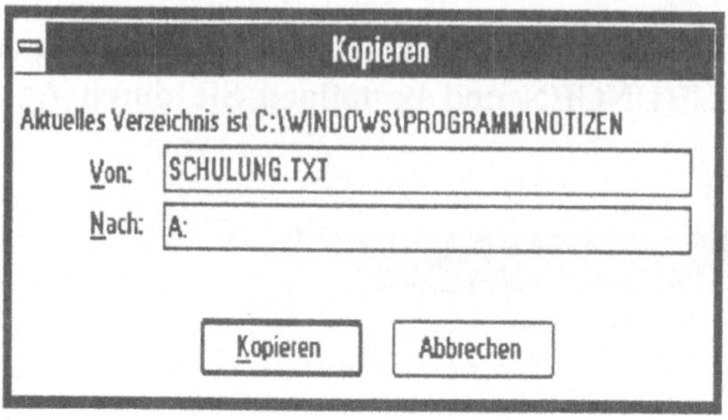

Abb. 6-6:   Dialogfeld des Kopieren-Befehls

Die Datei ist nun auf die Diskette kopiert worden. Sie können das überpüfen, indem Sie durch Anklicken des entsprechenden Laufwerkssymbols Laufwerk A aktivieren: angezeigt wird Ihnen das Verzeichnis A:. Wenn Sie dieses doppelklicken, wird Ihnen der Inhalt des Verzeichnisses (z.Zt. die Datei SCHULUNG.TXT) angezeigt.

Wenn Sie einmal eine Datei kopieren, die auf dem Ziellaufwerk bereits vorhanden ist, werden Sie aufgefordert, Ihre Absicht zu bestätigen. Das ist eine manchmal sehr nützliche Hürde, da Dateien gleichen Namens und gleicher Erweiterung unweigerlich durch die Kopie überschrieben würden.

6.3   Systemdisketten einrichten und Disketten kopieren

Bereits im Zusammenhang mit dem Formatierungsbefehl hatten Sie die Option, eine Systemdiskette zu erstellen. Das bedeutet, daß die Diskette nicht nur formatiert wird, sondern zugleich Betriebssystem-Dateien übertragen werden. Dadurch wird es möglich, den Computer von der Diskette aus zu starten.

Windows hält neben der entsprechenden Option im Rahmen des Formatierungs-Befehls des *Diskette/Festplatte*-Menüs noch einen extra Befehl zum Erstellen einer Systemdiskette bereit. Um ihn erfolgreich einzusetzen, muß dasjenige Laufwerk aktiv sein, auf dem sich die Betriebssystem-Dateien befinden

- in der Regel die Festplatte, also Laufwerk C. Alsdann ist im Menü *Diskette/Festplatte* der Befehl *Systemdiskette erstellen* anzuklicken und in einem Dialogfeld das Ziellaufwerk auszuwählen. Nach einer Sicherheitsabfrage werden die System-Dateien kopiert. Voraussetzung für die erfolgreiche Erstellung einer Systemdiskette ist, daß es sich um keine "gebrauchte" Diskette handelt, auf der sich schon Dateien befinden.

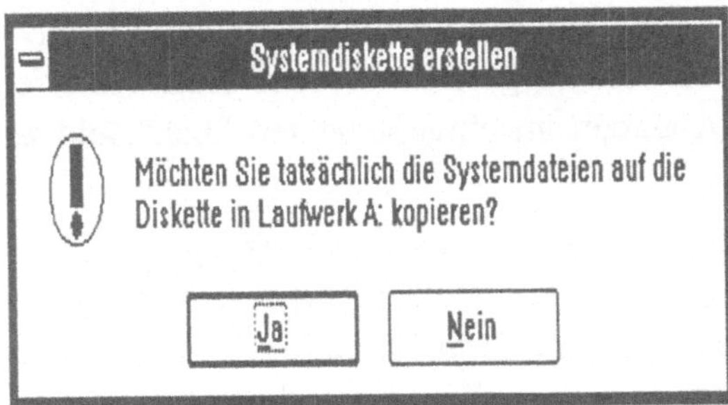

Abb. 6-7: Sicherheitsabfrage des Befehls Systemdiskette erstellen

Mit der Notwendigkeit, eine ganze Diskette zu kopieren, wird man meist schon beim Kauf einer Software konfrontiert. Es empfiehlt sich, von den teuren Programm-Disketten eine Sicherungskopie anzufertigen. Das Betriebssystem DOS bietet dafür den Befehl *DISKCOPY* an.

Windows vereinfacht auch dieses Verfahren. Im *Diskette/Festplatte*-Menü steht dafür der Befehl *Diskette kopieren* zur Verfügung. Voraussetzung für den Einsatz dieses Befehls ist, daß die Quell- und die Zieldiskette über die gleiche Speicherkapazität verfügen.

Wenn Sie zwei Laufwerke haben, legen Sie Quell- und Zieldiskette ein. Dann klicken Sie das Symbol desjenigen Laufwerks an, von dem aus kopiert werden soll. Anschließend lösen Sie den Befehl *Diskette kopieren* aus und folgen im weiteren Verlauf den Eingabeanforderungen der eingeblendeten Dialogfelder. Haben Sie nur ein Diskettenlaufwerk, wird zunächst die Quelldiskette eingelegt. Anschließend wird der Befehl ausgelöst und nach Aufforderung im Dialogfeld die Zieldiskette im Laufwerk plaziert.

> ☞ Die Zieldiskette muß nicht unbedingt formatiert sein. Die Formatierung erfolgt automatisch bei ihrer Einrichtung als Systemdiskette.

6.4 Verbindung zu einem Netzwerk herstellen

Über das *Diskette/Festplatte*-Menü kann mit dem Befehl *Netzlaufwerk verbinden* die Verbindung zu einem Netzwerk hergestellt werden. Nach Aktivierung des Befehls sind detaillierte Angaben im eingeblendeten Dialogfeld zu machen.

Die entsprechenden Eingaben abhängig sind von individuellen Gegebenheiten (Bezeichnung des Laufwerks innerhalb des Netzes, Netzwerkpfad, gegebenenfalls Passwort). Daher macht es wenig Sinn, an dieser Stelle das Verfahren im Rahmen einer Übungsaufgabe vorzustellen. Erkundigen Sie sich bei Ihrem Netzwerk-Verwalter, welche Eingaben für Sie zutreffen.

Mit dem Befehl *Netzlaufwerk abtrennen* wird eine Netzwerk-Verbindung wieder gelöst.

7 Datentransfer zwischen Anwendungsprogrammen unter Nutzung der Zwischenablage

Dieses Kapitel

- *führt ein in Möglichkeiten des Datentransfers zwischen unterschiedlichen Programmen*

- *macht mit Funktion und Handhabung der Zwischenablage von Windows bekannt*

- *wiederholt Datei-Operationen wie Laden und Speichern von Dateien*

- *stellt das Windows-Programm Kalender vor*

Ein immer wieder auftretendes Problem bei der Arbeit mit unterschiedlichen Anwendungsprogrammen ist der Datentransfer. Man hat zum Beispiel zu Präsentationszwecken ein Tabelle erstellt und möchte diese in einen mit einem Textverarbeitungsprogramm erstellten Text integrieren. Dieser Datenaustausch ist oftmals nicht möglich.
Mit Windows können diese Probleme meistens gelöst werden. Zwischen solchen Anwendungsprogrammen, die ausdrücklich für Windows konzipiert sind, ist der Austausch problemlos. Vorausgesetzt, das Anwendungsprogramm ist in der Lage, die Daten zu verarbeiten. So kann beispielsweise eine mit dem Zeichenprogramm PAINTBRUSH erstellte Grafik in das Textverarbeitungprogramm WRITE eingelesen werden. Umgekehrt ist es jedoch nicht möglich, einen mit WRITE erstellten Text in das Zeichenprogramm PAINTBRUSH zu transferieren.
Aber auch der Datenaustausch zwischen nicht für Windows konzipierten Anwendungsprogrammen ist möglich. Hier ist jedoch Voraussetzung, daß diese Programme unter Windows lauffähig sind. Außerdem bestehen in Abhängigkeit von der Hardwareausstattung unterschiedliche Möglichkeiten.

Der Datenaustausch erfolgt im wesentlichen in drei Schritten:

1. Die zu transferierenden Daten werden markiert und anschließend kopiert oder ausgeschnitten. Kopieren oder Ausschneiden bedeutet, die Daten werden in eine für diese Zwecke zur Verfügung stehenden Zwischenablage übertragen und können bei Bedarf von dort wieder entnommen werden.

2. Das Programm, in das die Daten übertragen werden sollen, wird aufgerufen. Dabei ist es egal, ob Sie das vorherige Programm vollständig verlassen oder nur deaktivieren.

3. Die kopierten oder ausgeschnittenen Daten werden aus der Zwischenablage in die Zielanwendung an einer bestimmten Stelle eingefügt.

7.1 Datentransfer zwischen Windows-internen Anwendungsprogrammen

Das Beispiel eines Datenaustausches zwischen den Programmen NOTIZ-BLOCK und KALENDER zeigt, wie vorzugehen ist.

7.1.1 Notizblocktext in Kalender einfügen

Aufgabe: Aus dem Notiztext der Datei SCHULUNG.TXT sollen Termin und Ort der Windows-Schulung in die Zwischenablage kopiert werden.

VORGEHEN: Text in der Zwischenablage ablegen.

- Laden Sie die Notizblock-Datei SCHULUNG.TXT in den Arbeitsspeicher des Computers.(vgl.5.4.2)

  Das Termin-Stichwort und der Ort:"Windows-Schulung bei BI-TEF" sind die zu transferierenden Daten.

- Markieren Sie in dem Notiz-Text das Termin-Stichwort und den Ort: "Windows-Schulung bei BITEF". Dazu wird der Mauszeiger auf den Beginn des Wortes Windows gesetzt und bei gedrückter Maustaste zum Ende des Wortes BITEF gezogen. (Das kann anfangs etwas schwierig werden. Wenn Sie Falsches markiert haben, einfach die Maustaste an beliebiger Zeigerposition klicken - damit verschwindet die Markierung.

- Klicken Sie den Befehl *Kopieren* im *Bearbeiten*-Menü des Notizblocks an. Sofort wird der markierte Text in die Zwischenablage kopiert.

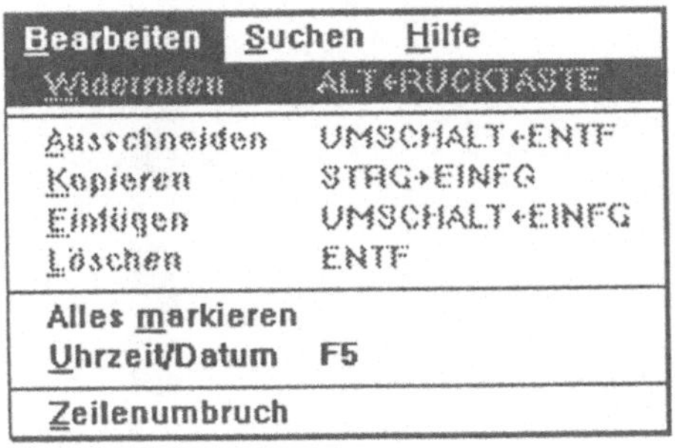

Abb. 7-1: Das Bearbeiten-Menü des Notizblock-Programms

Aufgabe: Termin und Ort der Windows-Schulung sollen in den Windows-Kalender eingetragen werden.

VORGEHEN: Text aus der Zwischenablage einlesen

- Rufen Sie das Programm Kalender auf. Dazu aktivieren Sie den Programm-Manager und doppelklicken im Fenster der Programmgruppe Zubehör das Kalender-symbol.

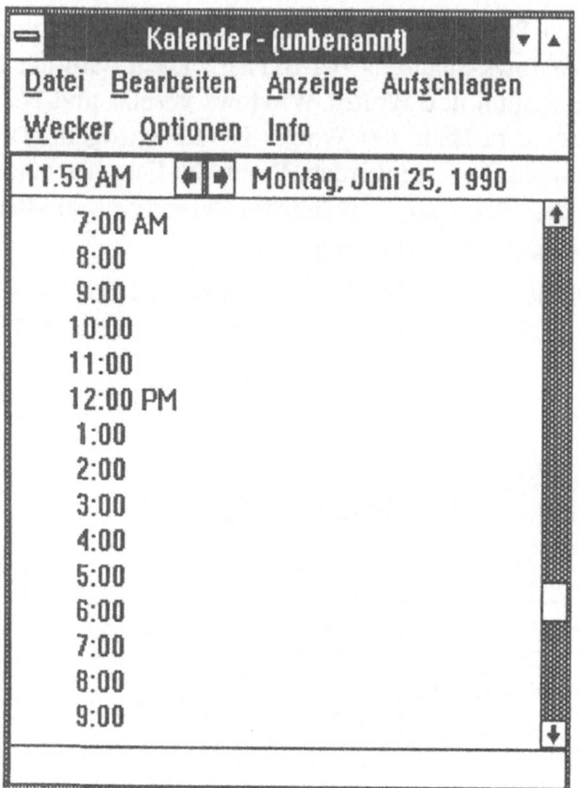

Abb. 7-2: Der Kalender von Windows

- Das erste Kalenderblatt zeigt Ihnen das aktuelle Datum und nach Stunden unterteilt einen Terminplan. Rufen Sie das Datum 2.8.90 auf, indem Sie das *Aufschlagen*-Menü anklicken und den Befehl *Datum* aufrufen.

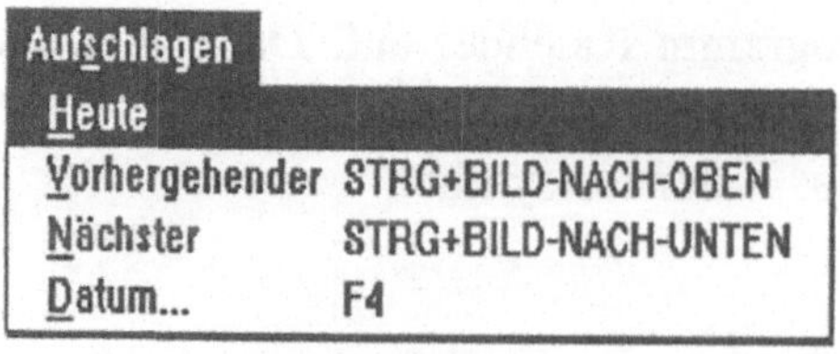

Abb.7-3: Das Menü Aufschlagen des Kalenderprogramms

- Geben Sie im Dialogfeld ein: 2.8.90 und bestätigen Sie mit *ok*.

- Klicken Sie auf dem jetzt eingeblendeten Terminplan des 2.8.90 das Datum 10:00 Uhr an.

- Rufen Sie das Menü *Bearbeiten* auf und klicken Sie den Befehl *Einfügen* an: Aus der Zwischenablage wird der abgelegte Text: "Windows-Schulung bei BITEF" an der markierten Position eingefügt.

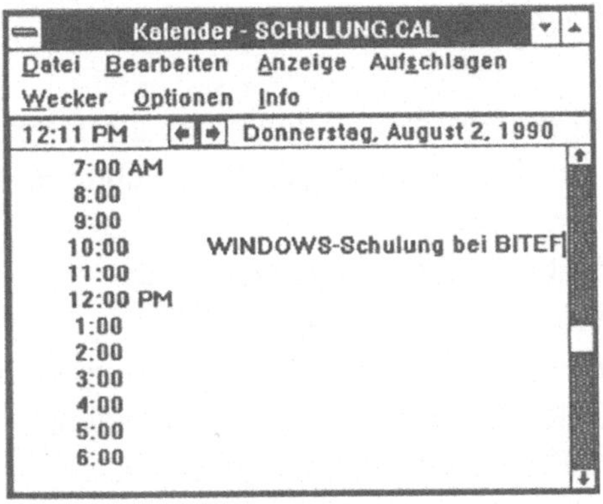

Abb.7-4: *Aus der Zwischenablage übernommener Texteintrag im Kalender, der in der Datei Schulung.CAL gespeichert wurde*

Aufgabe: Sichern Sie den Termin-Eintrag, indem Sie den Kalender in einer Datei namens Schulung im Unterverzeichnis C:\WINDOWS\PROGRAMM\NOTIZEN speichern.

VORGEHEN: Daten-Datei im Kalender-Programm speichern

- Rufen Sie das *Datei*-Menü des Kalenders auf, und wählen Sie den Befehl *Speichern*.

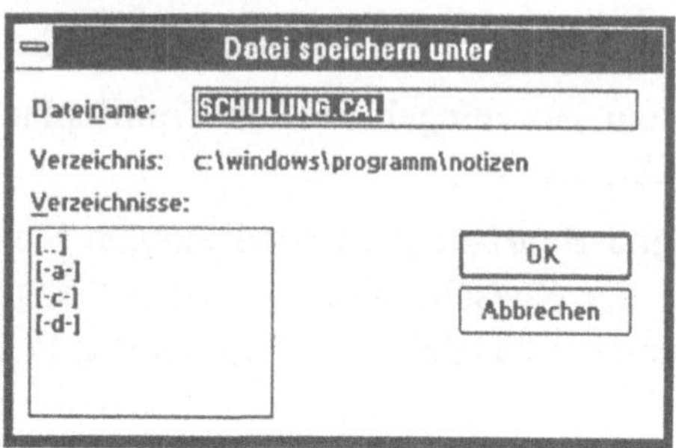

Abb.7-5:   Das Dialogfeld des Befehls Speichern

- Geben Sie im Eingabefeld des Dialogfeldes als Dateinamen ein: Schulung. Rufen Sie in der Liste der Verzeichnisse durch Doppelklicken das Unterverzeichnis

  C:\WINDOWS\PROGRAMM\NOTIZEN auf.

  Bestätigen Sie abschließend mit *ok*.

  Ihr Kalender -und somit auch die Eintragung vom 2.8.90- ist nun in der Datei Schulung.CAL im Verzeichnis C:\Windows\Programm\Notizen gespeichert.

Wenn Sie künftig in diesem Kalender weitere Eintragungen vornehmen, werden diese mit dem *Speichern*-Befehl in der Datei Schulung.cal gesichert.

Selbstverständlich können Sie auch andere Kalender unter anderen Namen in Dateien speichern, z.B. einen Kalender für Privattermine, einen für Geschäftstermine usw.

Da das Kalender-Programm einer Datei automatisch die Erweiterung .CAL vergibt, konnten Sie problemlos den schon zuvor im Notizblock vergebenen Dateinamen Schulung wählen. Wenn Sie ansonsten zwei Dateien gleichen Namens (und gleicher Erweiterung) in einem Verzeichnis ablegen wollten, würde mit der zuletzt gespeicherten Datei die erste überschrieben. Allerdings gibt Windows in solchen Fällen eine Sicherheitsabfrage aus.

Der Kalender von Windows

Standardmäßig eingeblendet wird das Kalenderblatt des aktuellen Tages, aufgeteilt in Stundenintervalle. Durch Anklicken der Pfeile zwischen Uhrzeit- und Datumsangabe können Sie tageweise blättern: mit dem nach rechts gerichteten Pfeil zum nächsten, mit dem Pfeil nach links zum vorherigen Tag.

Unterhalb des Terminbereichs können bis zu drei Zeilen Notizen eingefügt werden, wenn der Cursor durch Klicken mit der Maus dort positioniert wird.

Mit dem Befehl *Monat* im Menü *Ansicht* können Sie sich ein Monats-Kalenderblatt einblenden lassen; geblättert mit Hilfe der Pfeile wird in dem Fall monatlich.

Abb. 7-6: Der Monatskalender

Wichtige Tage können in dieser Monatsübersicht durch Symbole markiert werden. Welche Symbole für den aktuell angezeigten Tag in der Monatsübersicht gelten sollen, kann über den Befehl *Markieren* im *Optionen*-Menü bestimmt werden.

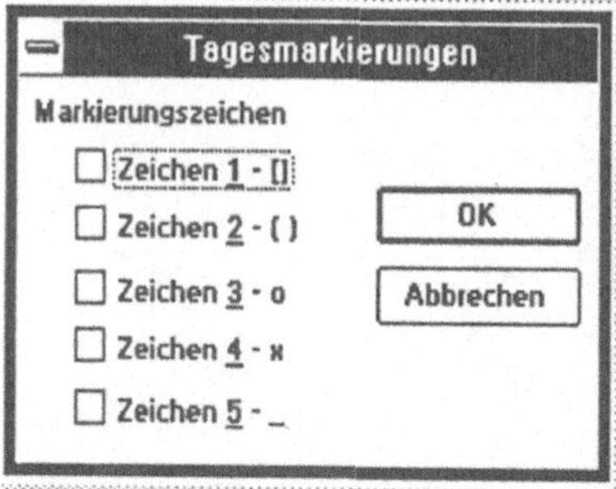

Abb.7-7:   Dialogfeld des Befehls Markieren im Optionen-Menü des Kalenders

In diesem Menü befinden sich auch Befehle zur individuellen Einstellung der Tageskalenderblätter: mit dem Befehl *Besondere Zeit* kann an der Mauszeigerposition eine bestimmte Zeit eingegeben werden, über den Befehl *Tageseinstellungen* können Zeitformat und Zeitaufteilung im Kalenderblatt verändert werden.

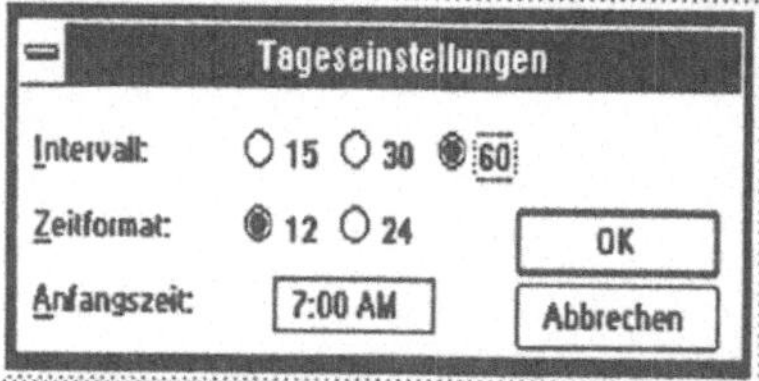

Abb.7-8:   Dialogfeld des Befehls Tageseinstellungen im Optionen-Menü

Der Befehl *Datum* im *Aufschlagen*-Menü erspart langwieriges Blättern mit den Pfeilen, wenn ein bestimmter Tag gesucht wird. In ein Dialogfeld kann der gesuchte Tag eingetragen und mit *ok* bestätigt werden. Das entsprechende Kalenderblatt erscheint umgehend auf dem Bildschirm.

Auf wichtige Tagestermine kann mit Hilfe der Befehle im Menü *Wecker* aufmerksam gemacht werden. Für die mit dem Mauszeiger markierte Zeit wird durch den Befehl *Stellen* ein visuelles und akkustisches Alarmzeichen eingestellt. Der Befehl *Optionen* in diesem Menü hält Optionen parat, den Alarmhinweis vorzeitig -vor dem eigentlichen Termin- auszulösen oder auch auf das akkustische Signal zu verzichten.

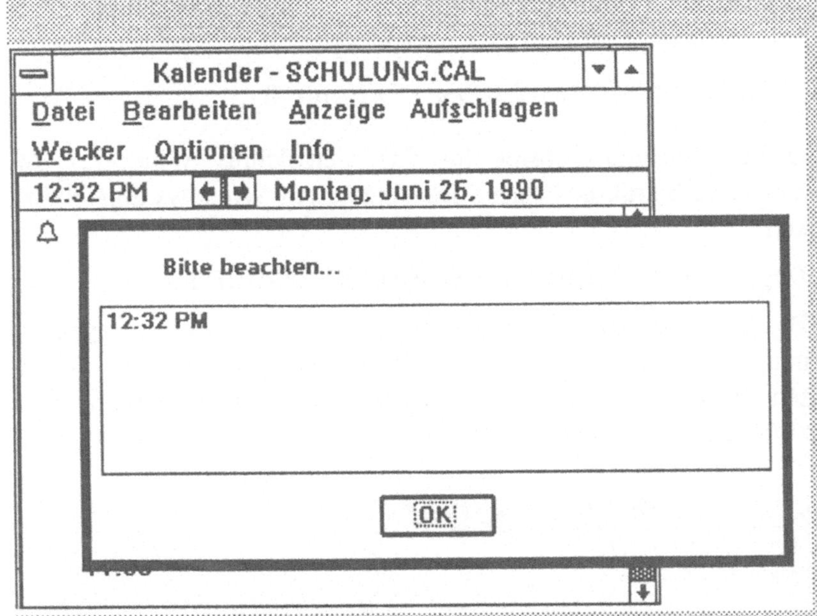

Abb. 7-9: Der visuelle Alarmhinweis im Kalender

Die Menüs *Datei* und *Bearbeiten* umfassen den gleichen Befehlsvorat, wie er Ihnen schon vom Notizblock her bekannt ist. Hinzu kommt im *Bearbeiten*-Menü der Befehl *Löschen*: damit können Sie Termineintragungen für einen bestimmten Zeitraum "radieren".

7.1.2   Das Programm Zwischenablage

Bei der Texttransfer-Aktion im vorigen Abschnitt haben Sie die Zwischenablage von Windows genutzt, ohne sie eigentlich zu sehen oder zu bemerken. Auch die Zwischenablage ist ein Programm, das vom Datei-Manager aus aufgerufen werden kann.

Aufgabe: Laden Sie im Datei-Manager das Programm Zwischenablage

VORGEHEN: Programm-Datei CLIPBRD.EXE aufrufen

- Öffnen Sie ein Fenster für das Verzeichnis Windows. (Im Verzeichnisstruktur-Fenster das Verzeichnis Windows doppelklikken).

- Doppelklicken Sie die Programm-Datei CLIPBRD.EXE.

  Das Zwischenablage-Programm wird in einem Fenster angezeigt und Sie sehen -wenn Sie zwischenzeitlich nicht Windows verlassen haben- den in die Zwischenablage ausgelagerten Text "Windows-Schulung bei BITEF"..

Abb. 7-10: Die Zwischenablage

In die Zwischenablage beförderte Daten gehen dort unweigerlich verloren, sobald Sie entweder neue Daten "zwischenlagern" oder Windows verlassen. Um Daten, die Sie öfter in unterschiedlichen Programmen oder innerhalb eines Programms verwenden, dauerhaft über die Zwischenablage abrufbar zu machen, müssen Sie sie im Programm Zwischenablage speichern.

Aufgabe: Speichern Sie im Programm Zwischenablage den Text "Windows-Schulung bei BITEF" als Datei mit dem Namen Termin im Verzeichnis C:\Windows\Programm\Notizen.

VORGEHEN: Daten in einer Zwischenablage-Datei speichern

- Klicken Sie im *Datei*-Menü der Zwischenablage den Befehl *Speichern als* an.

- Im Dialogfeld des Befehls geben Sie als Dateinamen ein: Termin. Nun doppelklicken Sie in der Verzeichnisliste das Unterverzeichnis Programm, dann das nun eingeblendete Verzeichnis Notizen. Bestätigen Sie mit *ok*.

Diesen Text können Sie nun jederzeit wieder in die Zwischenablage laden, indem Sie im *Datei*-Menü der Zwischenablage den Befehl *Öffnen* anklicken. Im Dialogfeld des *Öffnen*-Befehls rufen Sie das Verzeichnis \Windows\Programm\Notizen auf und daraufhin den eingeblendeten Dateinamen TERMIN.CLP. Die Erweiterung .CLP wurde automatisch vergeben.

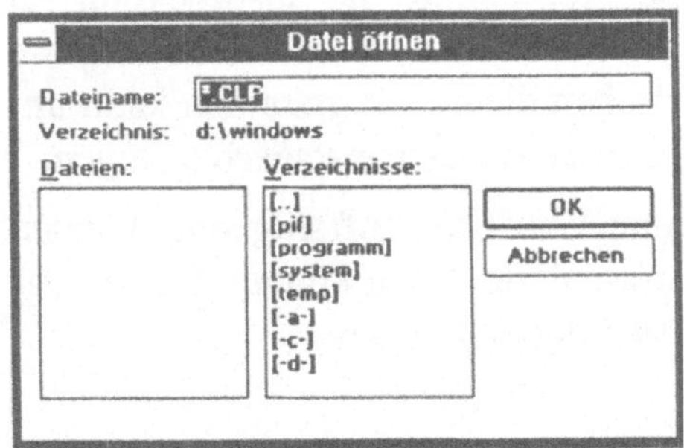

Abb. 7-11: Dialogfeld des Befehls Öffnen im Datei-Menü der Zwischenablage

Sie werden schon bemerkt haben, daß Texte nicht direkt in die Zwischenablage eingegeben werden können.

Im Menü *Bearbeiten* der Zwischenablage haben Sie lediglich eine Option, nämlich den Text zu löschen. Das Menü *Anzeige* eröffnet die Möglichkeit, unterschiedliche Datenformate anzeigen zu lassen.

Wollen Sie eine Zwischenablage-Datei laden, ist das nicht direkt über Anklikken der Datei im Datei-Manager möglich. Statt dessen muß in diesem Fall das Zwischenablage-Programm geladen sein und Sie können von da mit dem Befehl *Öffnen* des *Datei*-Menüs die gewünschte Datei laden.

> Das Programm Zwischenablage kann übrigens auch vom Programm-Manager aus aufgerufen werden, indem das entsprechende Symbol im Fenster der Hauptgruppe mit dem Doppelklick-Verfahren ausgerufen wird.

7.2 Datentransfer zwischen für Windows konzipierten Anwendungen und "fremden" Programmen

Unter Windows können nicht nur solche Programme, die ausdrücklich für Windows konzipiert sind, sondern auch viele nicht für Windows konzipierte Programme ausgeführt werden. Auch zwischen diesen Programmen kann unter Nutzung der Zwischenablage von Windows ein Datenaustausch erfolgen.

Windows-fremde Programme, die aber unter Windows lauffähig sind, können Sie genauso starten wie jede Windows-Anwendung. Dazu können Sie im Datei-Manager den Namen der Programm-Datei doppelklicken.

Es besteht auch die Möglichkeit, daß bei der Installation von Windows Ihre bisher installierten Programme in der Gruppe "Andere Anwendungen" zusammengefaßt wurden. Sie können dann im Programm-Manager das Gruppenfenster öffnen und durch Doppelklicken auf dem entsprechenden Programm-Symbol die Anwendung starten.

Normalerweise benutzen windowsfremde Programme den gesamten Bildschirm und Windows lagert sich bis zum Verlassen der Anwendung aus. In der Betriebsart für 386er PCs können auch diese Programme in einem Fenster ausgeführt werden. Und nur in dieser Betriebsart stehen Ihnen uneingeschränkt die Möglichkeiten des Datenaustausches über die Zwischenablage zur Verfügung. (Weitere Informationen über Betriebsarten und ihre Voraussetzung erhalten Sie in Kapitel 11 im Anhang dieses Buches).

Im Realmodus und im Standardmodus ist der Datenaustausch zwischen Anwendungsprogrammen im Grunde nur in einer Richtung akzeptabel: von einem windowsinternen zu einem windowsfremden Programm. Aber auch hier ist auf eine Einschränkung hinzuweisen: Alle Formatierung gehen bei der Übertragung verloren.

☞

> Beim Datentransfer von einer oder zu einer windowsfremden Anwendung ist nur die Übertragung von Text möglich. Grafiken sind nicht transferierbar.

7.2.1 Datentransfer von Excel nach Word

Der Datentransfer zwischen einem für Windows konzipierten und einem nur unter Windows lauffähigen Programm soll am Beispiel der Tabellenkalkulation EXCEL und des Textverarbeitungsprogramms WORD 5.0 beschrieben werden.

Ausgangssituation ist eine mit EXCEL erstellte und in Abb. 7-12 dargestellte Tabelle.

```
Microsoft Excel - VEREIN.XLS                                    ▼ │ ◆
Datei  Bearbeiten  Formel  Format  Daten  Optionen  Makro  Fenster        ?
     F16            =E16/E16
         A              B            C            D            E          F          G
 4              VEREINS - RECHNUNG
 5              ============  ============  ============
 6
 7                           EINNAHMEN
 8
 9
10               Januar       Februar      März        Summe
11
12 Spenden        200,00 DM    180,00 DM    340,00 DM    720,00 DM     40,41%
13 Veranstaltungen 156,50 DM   120,75 DM    145,80 DM    423,05 DM     23,74%
14 Info-Verkauf    88,80 DM     50,00 DM     70,00 DM    208,80 DM     11,72%
15 Beitrag        200,00 DM    170,00 DM    230,00 DM    600,00 DM     33,67%
16 Summe          645,30 DM    350,75 DM    785,80 DM  1.781,85 DM    100,00%
17
18
19
20
Bereit
```

Abb. 7-12: Excel-Tabelle

☞

> Wie bereits erwähnt, gehen alle Formatierungen bei der Datenübertragung
> verloren. Wir haben das Beispiel trotzdem gewählt, um das grundsätzliche
> Vorgehen aufzuzeigen.

Aufgabe: Der Transfer einer im Programm Excel erstellten Tabelle in das
Textverarbeitungsprogramm Word soll vorbereitet werden.

VORGEHEN: Datentransfer zwischen einer für Windows konzipierten Anwendung und einer Nicht-Windows-Anwendung vorbereiten

- Die zu übertragenden Daten, in diesem Fall die gesamte Tabelle,
  werden markiert und anschließend in die Zwischenablage kopiert.
  Zu diesem Zweck ist das Menü *Bearbeiten* zu aktivieren.

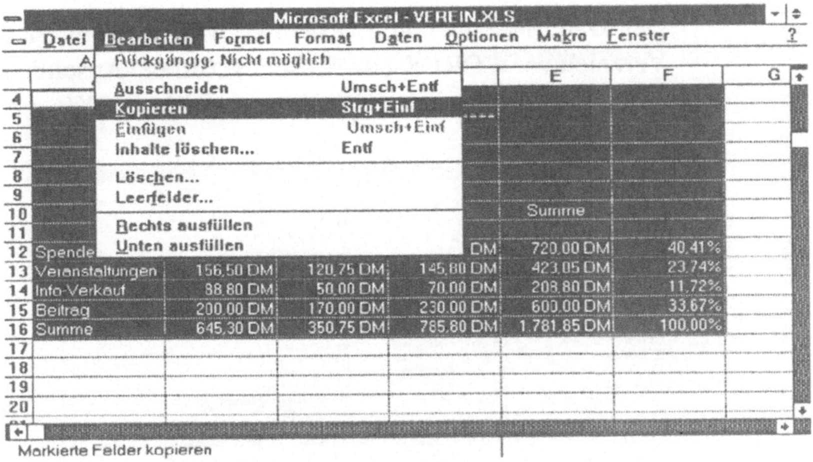

Abb. 7-13: Die markierte Tabelle und das geöffnete Menü Bearbeiten

- Aktivieren Sie den Befehl *Kopieren.*

Die Tabelle befindet sich nun in der Zwischenablage und kann von dort entnommen werden.

Aufgabe: Eine in die Zwischenablage von Windows kopierte Excel-Tabelle soll in das Textverarbeitungsprogramm Word übernommen werden.

VORGEHEN: Daten unter Windows in eine nicht für Windows konzipierte Anwendung übernehmen

- Starten Sie das Textverarbeitungsprogramm WORD. Das Beispiel geht davon aus, daß sich die Programmdatei im Unterverzeichnis WORD5 befindet.

Der Datei-Manager von Windows wird aufgerufen und für das Verzeichnis WORD5 ein Fenster geöffnet. Anschließend erfolgt ein Doppelklick auf dem Dateinamen WORD.EXE.

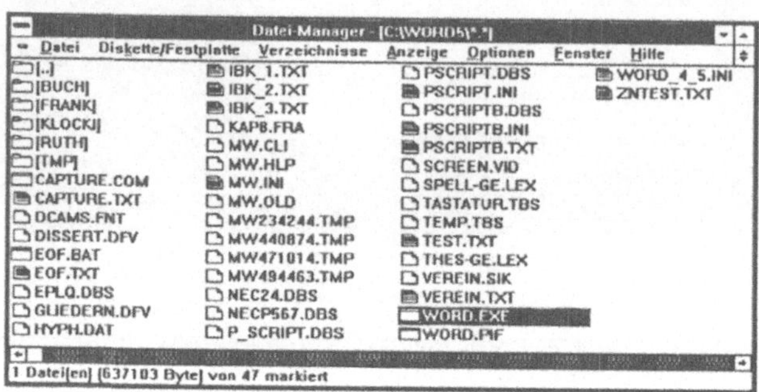

Abb. 7-14: Das Fenster des Verzeichnisses WORD5

Das Programm WORD erscheint auf dem Bildschirm.

- Betätigen Sie die Tastenkombination *<Alt><Esc>*.

Damit ist es möglich, zur Windows-Oberfläche zurückzugelangen, ohne WORD zu verlassen. Sie erkennen es daran, daß das Symbol für WORD am unteren Bildschirmrand erscheint.

Microsoft Word

Abb. 7-16: Das Anwendungssymbol für WORD

- Das Programm erscheint als Anwendungssymbol am unteren Bildschirmrand.

Klicken Sie das Symbol an, um das *Steuerungs*-Menü zu aktivieren.

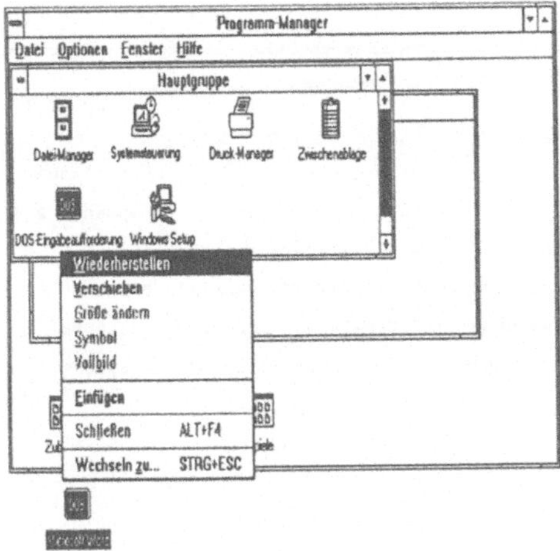

Abb. 7-17: Das Symbol-Steuerungsmenü

- Nun wird der Befehl *Einfügen* markiert und mit der *<Return>*-Taste aktiviert.

Das Resultat: Die Tabelle wird zeichenweise nach Word übernommen, als ob Sie sie selbst eingeben würden. Allerdings sind alle Formatierungen verloren gegangen.

```
VEREINS-RECHNUNG                        -   -   -

EINNAHMEN                    -  -----                    Januar

Februar März Summe                         Spenden   200,00

DM  180,00DM  340,00DM   720,00DM  40,41%Veranstaltungen   156,50

DM  120,75DM  145,80DM   423,05DM  23,74%Info-Verkauf  88,80DM   5

0,00DM   70,00DM   208,80DM  11,72%Beitrag  200,00DM  170,00DM   2

30,00DM  600,00DM   33,67%Summe    645,30DM  350,75DM  785,80DM   1

.781,85DM  100,00%

*
```

```
BEFEHL: Ausschnitt Bibliothek Druck Einfügen Format Gehezu Hilfe Kopie
        Löschen Muster Quitt Rückgängig Suchen Übertragen Wechseln Zusätze
Bearbeiten Sie bitte Ihren Text oder unterbrechen Sie zum Hauptbefehlsmenü!
Sel Spl           ()                              Microsoft Word
```

Abb. 7-17: Die nach Word übernommene Tabelle

7.2.2   Datentransfer in der Betriebsart für 386er PCs zwischen nicht für Windows konzipierten Anwendungen

Am Beispiel eines Datentransfers zwischen dem Tabellenkalkulationsprogramm LOTUS 1-2-3 und dem Textverarbeitungsprogramm WORD wird gezeigt, wie Daten in der Betriebsart für 386er PCs zwischen zwei nicht für Windows konzipierten Programmen ausgetauscht werden können.

In dieser Betriebsart ist Windows in der Lage, nicht für Windows konzipierte Programme in einem Fenster auszuführen. Die Fenstergröße ist jedoch auf etwa zweidrittel der Bildschirmgröße beschränkt. Innerhalb dieses Bereichs kann das Fenster in seiner Größe und Position verändert werden. Weiterhin fehlen außer dem *Steuerungs*-Menü und der Titelleiste sämtliche Fensterelemente.

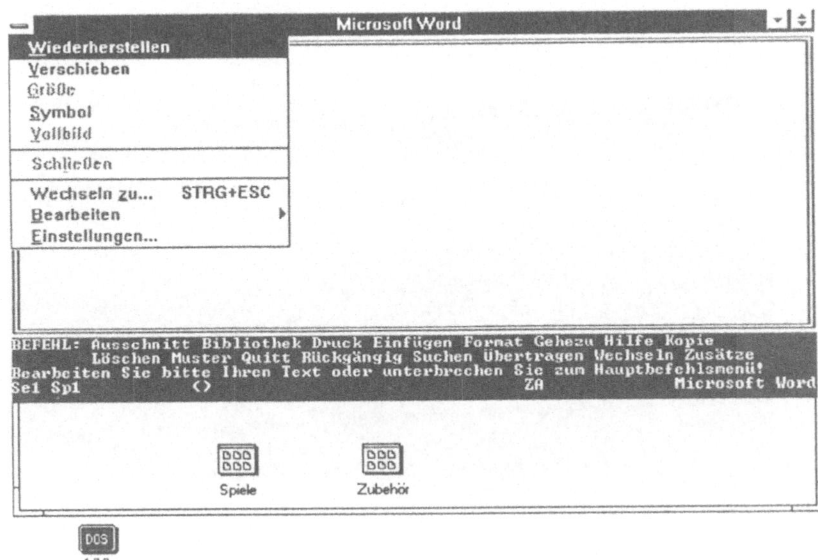

Abb. 7-18: Ein windowsexternes Programm (Word) in einem Fenster.

Aufgabe: Eine einfache Einnahmeübersicht eines Vereins, die mit Lotus 1-2-3 erstellt wurde, soll zu WORD transferiert werden.

VORGEHEN: Datentransfer in der Betriebsart für 386er PCs zwischen zwei nicht für Windows konzipierten Anwendung

- Starten Sie Lotus 1-2-3.

  Wenn 1-2-3 einer Programmgruppe zugeordnet ist, können Sie das Programm von dort aus starten. Andernfalls müssen Sie in das Verzeichnis wechseln, in dem es sich befindet und dort den Dateinamen 1-2-3.COM oder LOTUS.COM doppelklicken.

  Nach dem Start erscheint 1-2-3 als Vollbild auf dem Bildschirm.

- Erstellen Sie die in Abbildung 7-19 dargestellte Tabelle oder laden Sie eine Tabelle Ihrer Wahl.

- Drücken Sie *<Alt><Leertaste>*, um in die Fensterdarstellung umzuschalten.

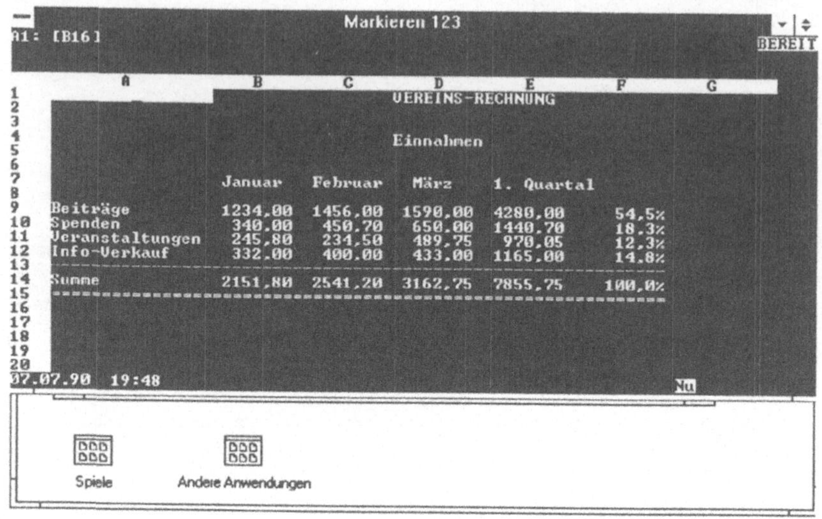

Abb. 7-19: Das Windows-Fenster für Lotus 1-2-3

- Markieren Sie die Tabelle.

Dazu positionieren Sie den Mauszeiger in einer Ecke der Tabelle und ziehen Sie ihn mit gedrückter Maustaste zu der Diagonalen.

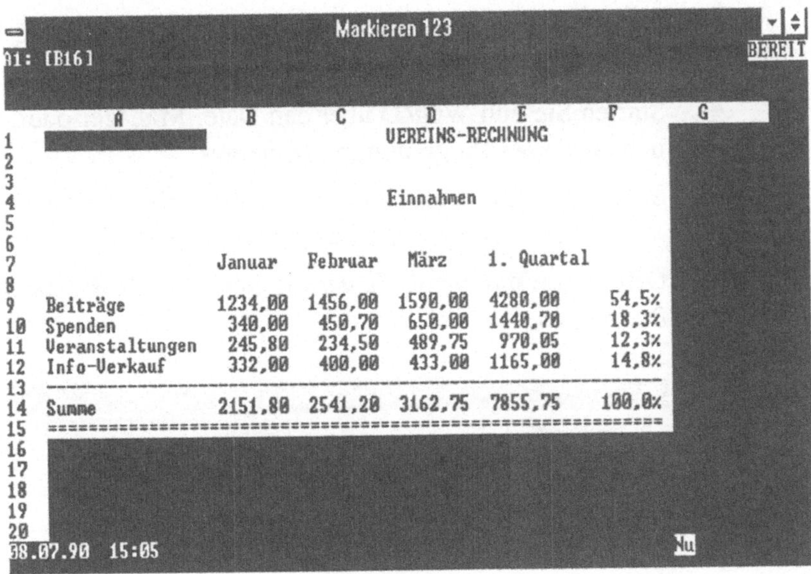

Abb. 7-20: Die markierte Lotus-Tabelle

- Öffnen Sie das Menü *Steuerung* und klicken Sie auf dem Befehl *Bearbeiten*.

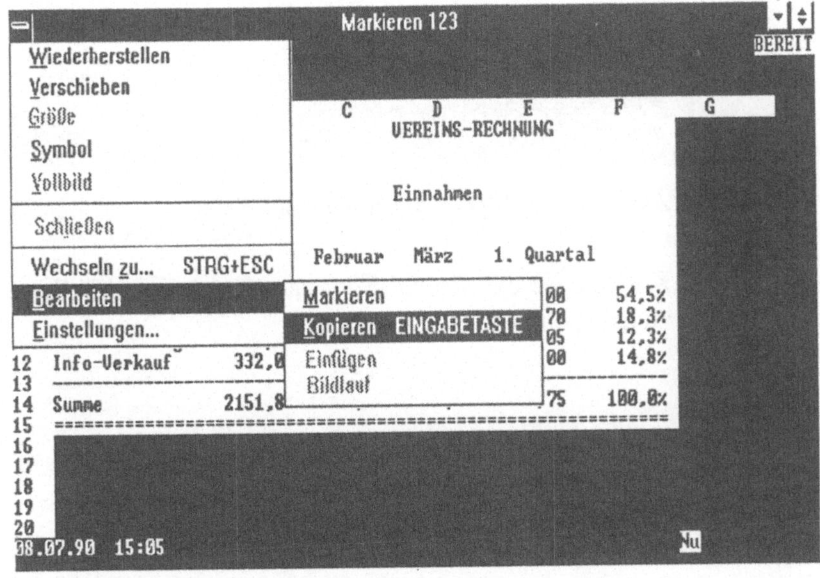

Abb. 7-21: Das Menü Steuerungsmenü und das Menü Bearbeiten.

- Klicken Sie den Befehl *Kopieren* an, um die Tabelle in die Zwischenablage zu übertragen.

- Starten Sie nun WORD über den Datei-Manager oder, wenn möglich, aus einer Programmgruppe heraus.

- Schalten Sie anschließend mit der Tastenkombination *<Alt><Leertaste>* in die Fensterdarstellung.

- Öffnen Sie das Menü *Steuerung* und klicken Sie auf dem Befehl *Bearbeiten*.

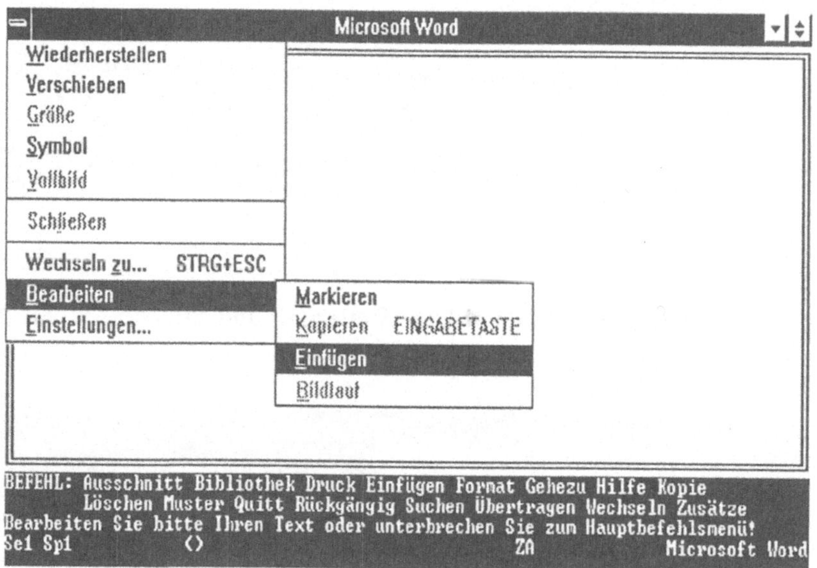

Abb. 7-21: WORD in einem Windows-Fenster

- Klicken Sie den Befehl *Einfügen* an, um die Tabelle nach WORD zu übernehmen.

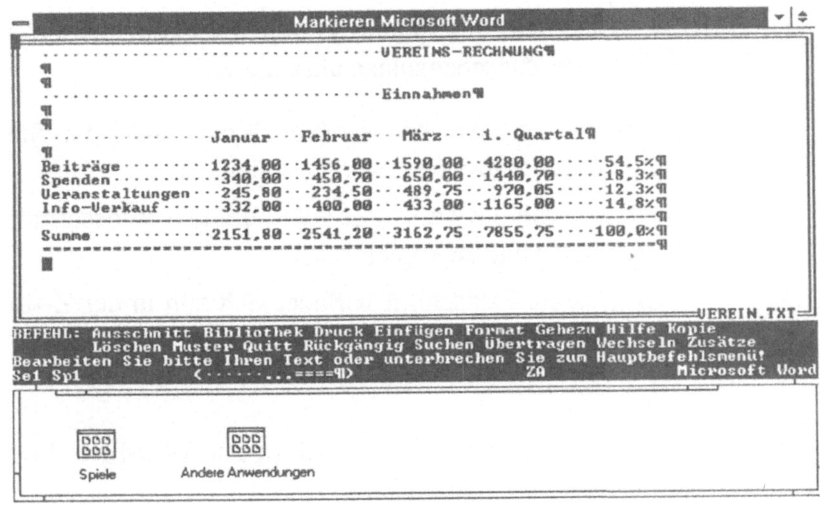

Abb. 7-22: Die nach WORD transferierte Tabelle

7.2.3 Daten aus einer nicht für Windows konzipierten Anwendung in die Zwischenablage übertragen

Nachfolgend wird beschrieben, wie Daten aus einer nicht für Windows konzipierten Anwendung in die Zwischenablage übertragen werden kann.

Wollen Sie Daten aus einer nicht für Windows konzipierten Anwendung in die Zwischenablage übertragen, so kann nur der gesamte Bildschirm nicht aber einzelne Daten in die Zwischenablage übertragen werden.

Einen Bildschirm kopieren Sie in die Zwischenablage mit der Taste *<Druck>* bzw. der Tastenkombination *<Alt><Druck>*, wenn Sie nicht über eine erweiterte Tastatur (101 Tasten) verfügen.

VORGEHEN: Daten aus einer nicht für Windows konzipierten Anwendung
           in die Zwischenablage übertragen

- Starten Sie die Anwendung (z.B. Word) und laden Sie die Datei,
  deren Daten transferiert werden sollen.

- Betätigen Sie die Taste *<Druck>*, um den Bildschirminhalt in die
  Zwischenablage zu kopieren.

  Der gesamte Bildschirm befindet sich nun in der Zwischenablage
  und kann von dort entnommen werden.

7.2.4   Probleme beim Starten von nicht für Windows konzipierten Anwendungsprogrammen

Wenn Sie ein nicht für Windows konzipiertes Anwenderprogramm unter
Windows starten, lagert sich Windows bis auf einen kleinen Rest, der im Arbeitsspeicher verbleibt, auf die Festplatte aus.

Wenn die Speicherkapazität der Festplatte inzwischen so gering ist, daß die
Daten nicht mehr aufgenommen werden können, startet Windows die Anwendung nicht. Sie bekommen dann eine Fehlermeldung.

Sie müssen dann Platz auf Ihrer Festplatte schaffen, indem Sie nicht mehr
benötigt Dateien löschen.

Wenn Sie nicht mit den Windows-Anwendungen wie WRITE, PAINT-
BRUSH usw. arbeiten, können Sie diese von der Festplatte entfernen.

8 Organisation von WINDOWS gemäß individuellen Arbeitsschwerpunkten und persönlichem Arbeitsstil

Dieses Kapitel

- *zeigt, wie im Programm-Manager Gruppen zusammengestellt werden;*

- *erklärt, wie man Dateien unmittelbar vom Programm-Manager aus aufrufen kann;*

- *erläutert Möglichkeiten, sowohl im Programm-Manager als auch im Datei-Manager Einstellungen vorzunehmen, die der individuellen Arbeitsweise Rechnung tragen;*

- *führt ein in das windows-interne Anwenderprogramm Kartei.*

Wie Sie in den vorangegangenen Kapiteln gesehen haben, bietet Windows mit seinem Datei-Manager ein breites Spektrum von Möglichkeiten, Ordnung und Übersicht in Ihren Datenbestand zu bringen.

Während im Datei-Manager die Organisation der Dateien in Verzeichnissen erfolgt, ordnet der Programm-Manager verfügbare Programme in Gruppen, aus denen sie direkt aufgerufen werden können. Die Zusammenstellung einiger Gruppen hat Windows bei der Installation zunächst einmal automatisch vorgenommen.

Jedoch nicht für jeden Anwender ist diese Zusammenstellung die optimale. Wird zum Beispiel vorwiegend mit den Programmen EXCEL und WRITE gearbeitet, dann ist es sinnvoll, diese beiden Programme in einer Gruppe beim Einschalten von Windows sogleich zum Aufruf parat zu haben. Änderungen der Gruppen können auch dann nötig werden, wenn Sie ein neues Programm erworben haben und dieses unter Windows aufrufen und anwenden wollen.

In den nachfolgenden Übungen soll eine Programm-Gruppe zusammengestellt werden, die aus den windows-internen Anwendungen KARTEI und KALENDER sowie aus einem bisher noch nicht in Windows eingebundenen Textprogramm (in unserem Beispiel Word 5.0) besteht.

8.1 Gruppen-Fenster anlegen

Aufgabe: Erstellen Sie im Programm-Manager von Windows eine neue Gruppe mit dem Namen SEKRETARIAT.

VORGEHEN: Gruppen-Fenster anlegen

- Klicken Sie im *Datei*-Menü des Programm-Managers den Befehl *Neu* an.

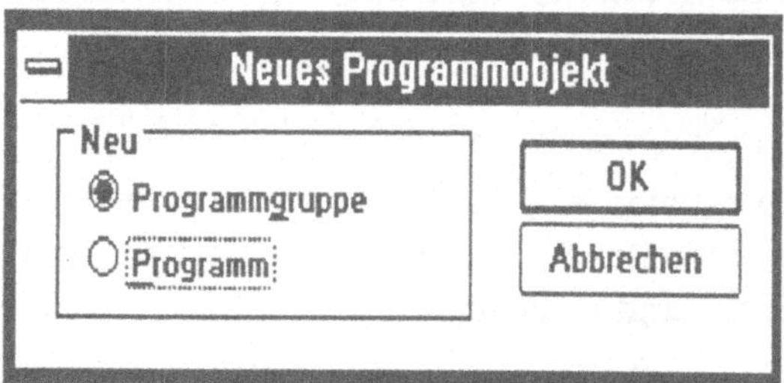

Abb. 8-1: Dialogfeld des Befehls Neu im Datei-Menü

- Im eingeblendeten Dialogfeld *Neues Programmobjekt* klicken Sie auf die Option *Programmgruppe*. Schließlich wollen Sie derzeit eine neue Gruppe und nicht einen neuen Programm-Punkt innerhalb einer bestehenden Gruppe definieren.

- Bestätigen Sie mit *ok*.

- In dem nunmehr auf dem Bildschirm angezeigten Dialogfeld *Programmgruppeneigenschaften* geben Sie im Eingabefeld *Beschreibung* ein: SEKRETARIAT.

- Im Eingabefeld *Gruppendatei* geben Sie ein:

  C:\WINDOWS\PROGRAMM\SEKRETAR.

- Bestätigen Sie mit *ok*.

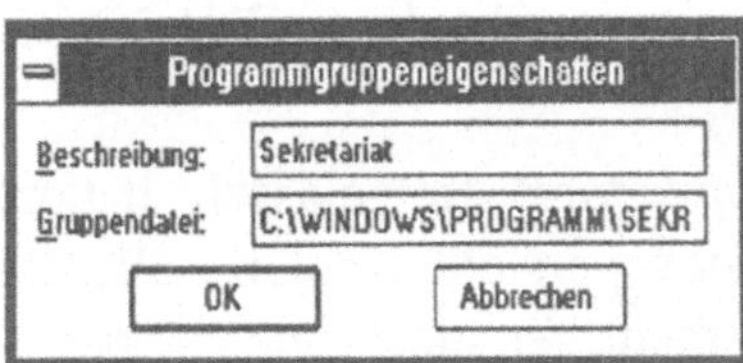

Abb. 8-2: Dialogfeld Programmgruppeneigenschaften

Sofort wird Ihnen das neue Gruppenfenster eingeblendet.

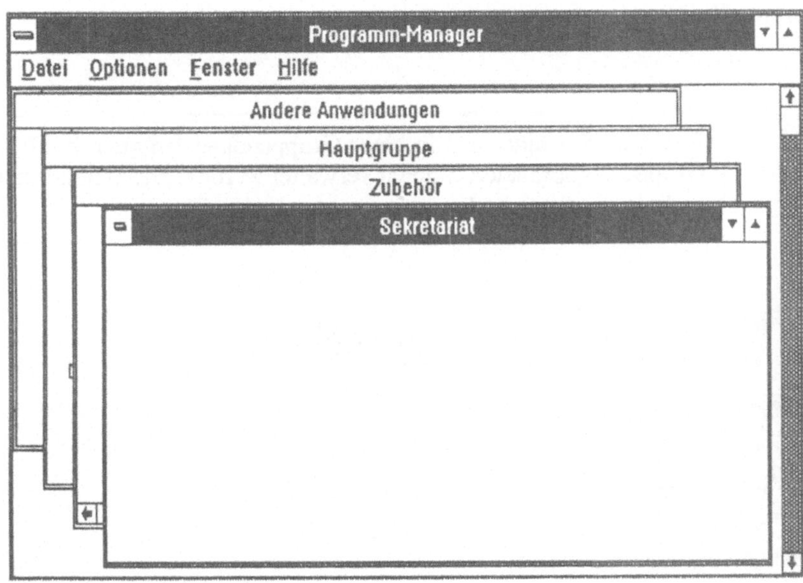

Abb. 8-3: Das neue Gruppenfenster

Im Eingabefeld Beschreibung haben Sie mit der Bezeichnung
"SEKRETARIAT" den Namen des Gruppenfensters definiert, den Sie nun in
der Titelleiste sehen können.

Mit der Eingabe im Feld *Gruppendatei* verhält es sich folgendermaßen: auch ein Gruppenfenster bzw. ein Gruppensymbol ist eine Datei, die mit der Vergabe eines Namens und unter Benennung des Ortes, wo sie abgelegt werden soll, gespeichert wird. Als Ort haben Sie das WINDOWS-Unterverzeichnis PROGRAMM bestimmt, als Dateinamen, der aus bis zu acht Zeichen bestehen darf, SEKRETAR. Windows vergibt dieser Datei automatisch die Erweiterung .GRP für "Gruppe".

Wenn Sie das Eingabefeld *Gruppendatei* freigelassen hätten, wäre die Gruppendatei automatisch von Windows erstellt worden - allerdings dann im Verzeichnis C:\WINDOWS und nicht in dem von Ihnen bestimmten Unterverzeichnis.

Prüfen Sie das Ergebnis, indem Sie den Datei-Manager aufrufen und im Verzeichnisstruktur-Fenster das Windows-Unterverzeichnis PROGRAMM doppelklicken.

Beachten Sie bitte, daß in einer Gruppendatei lediglich die Pfade der der Gruppe zugeordneten Dateien verwaltet werden. Die Dateien selbst werden nicht in die Gruppendatei umgesetzt oder kopiert.

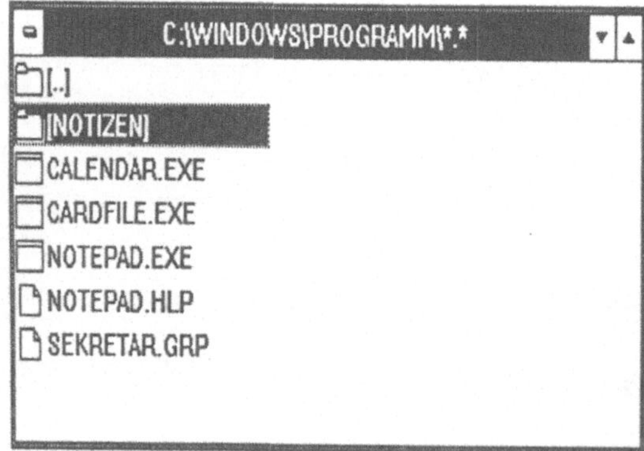

Abb. 8-4 : Gruppen-Datei im Verzeichnis C:\WINDOWS\PROGRAMM

8.2 Gruppen zusammenstellen

Eine Gruppe kann beliebig viele ausgewählte Programm-Dateien und Daten-Dateien beinhalten. Ihre Zusammenstellung hängt von den fachlichen Aufgabenstellungen und Bedürfnissen des Anwenders ab. Die vorwiegend benutzten Programme sollten in einer Gruppe zusammengefaßt werden, so daß Sie sogleich nach Laden von Windows auf dem Startbildschirm erscheinen und abrufbar sind.

8.2.1 Dateien umgruppieren

Um Dateien, die in anderen Gruppen-Fenstern bereits angezeigt werden, in die neue Gruppe zu integrieren, haben Sie zum einen mehrere befehlsorientierte Möglichkeiten.

- Sie können das entsprechende Programm-Symbol markieren und es in die neue Gruppe unter Verwendung des Befehls *Kopieren* im *Datei*-Menü kopieren.

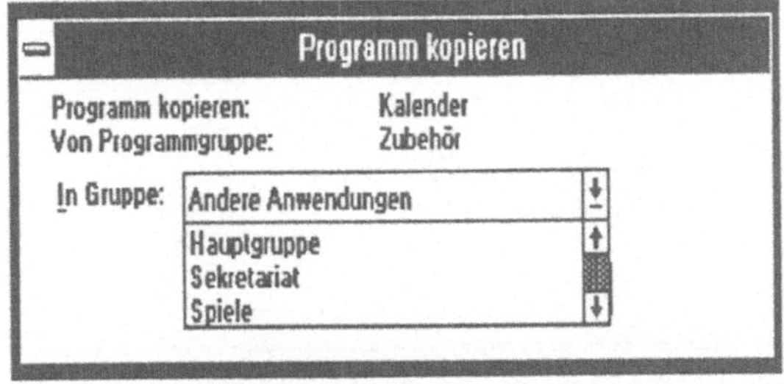

Abb. 8-5 : Dialogfeld des Kopieren-Befehls im Datei-Menü des Programm-Managers

- Wollen Sie das Programm ersatzlos aus der alten Gruppe in die neue befördern, dann wählen Sie im Dateimenü den Befehl *Verschieben*.

Einfacher geht es auch hier mit der Maus. Sie können ein Programm-Symbol mit gedrückter Maustaste von einem Gruppenfenster in ein anderes verschieben. Wollen Sie es kopieren, drücken Sie außer der Maustaste noch die *<Strg>*-Taste. Dabei ist es egal, ob die Zielgruppe in einem Fenster oder als Symbol ausgeführt wird.

Aufgabe: Kopieren Sie das Programm-Symbol Kalender mit Hilfe der Maus in die neue Programm-Gruppe.

VORGEHEN: Kopieren eines Programm-Symbols in eine Gruppe.

- Verkleinern Sie das Gruppenfenster SEKRETARIAT auf Symbolgröße.

- Aktivieren Sie das Fenster der Gruppe *Zubehör*.

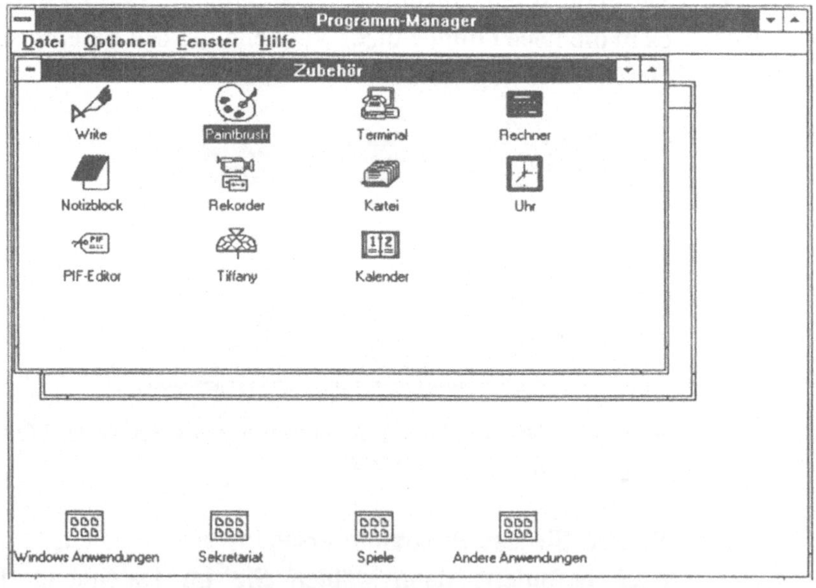

Abb. 8-6: Das neue Gruppensymbol und das geöffnete Fenster der Gruppe Zubehör.

- Drücken Sie die Taste <*Strg*>, und halten Sie diese fest. Klicken Sie nun das Programm-Symbol *Kalender* an. Halten Sie die Maustaste fest, und ziehen Sie das Programm-Symbol auf das Gruppensymbol *Sekretariat*.

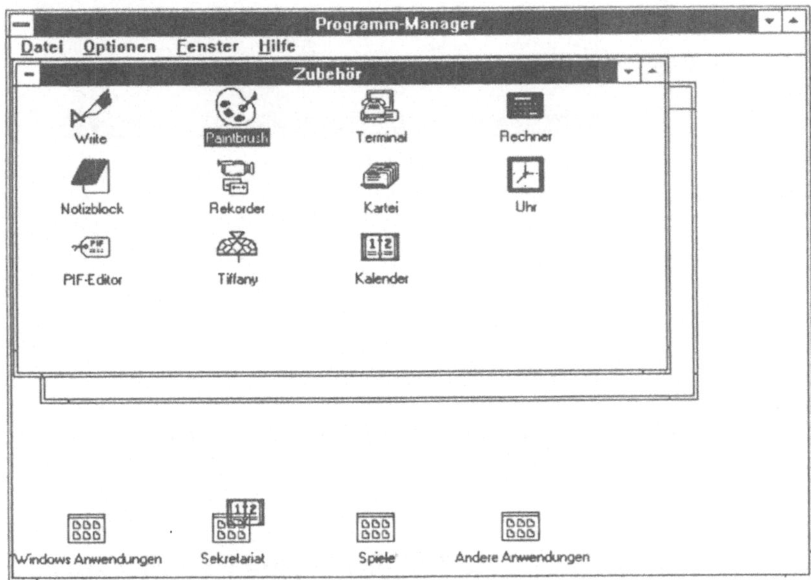

Abb. 8-7: Kopieren des Kalender-Symbols

- Öffnen Sie nun wieder das Fenster für die Gruppe *Sekretariat*, indem Sie das Symbol doppelklicken.

Wie zu sehen ist, existiert das Programmsymbol für den Kalender sowohl in der Gruppe Zubehör als auch in der Gruppe Sekretariat.

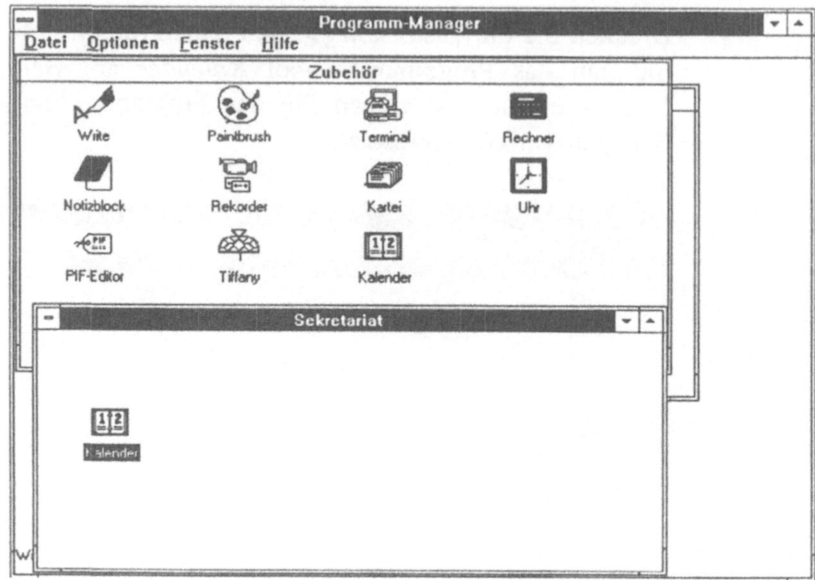

Abb. 8-8: *Die Gruppe Sekretariat, erweitert um das Programm Kalender.*

8.2.2 Nicht zugeordnete Dateien in eine Programm-Gruppe aufnehmen

In unserem Beispiel soll das Textverarbeitungsprogramm WORD 5.0 der Programm-Gruppe Sekretariat zugeordnet werden.

Auch wenn Sie über dieses Programm nicht verfügen, kann dieser Abschnitt dennoch für Sie von Interesse sein. Dann nämlich, wenn Sie ein neues Programm installiert haben, das Sie einer bestimmten Programm-Gruppe im Programm-Manager zuordnen und von dort aus starten wollen. Voraussetzung dafür ist, daß solche Programme zusammen mit Windows eingesetzt werden können.

Es wird im Beispiel davon ausgegangen, daß das nun in die Gruppe einzugliedernde Programm bisher noch keiner Gruppe zugeordnet ist.

Zunächst sollte bekannt sein, in welchem Verzeichnis auf der Festplatte und unter welchem Namen die Programm-Datei abgelegt ist. In unserem Beispiel befindet sich die Textverarbeitung im Verzeichnis C:\WORD5 und die Programm-Datei heißt WORD.EXE.

Aufgabe: Ordnen Sie die Textverarbeitung WORD 5.0 der Programmgruppe
Sekretariat zu.

VORGEHEN: Ein neues Programmobjekt in eine Programmgruppe
aufnehmen

- Die Ziel-Gruppe, in unserem Fall *Sekretariat,* muß aktiv sein.
  Klicken Sie das Sekretariatsfenster an.

- Wählen Sie im *Datei*-Menü den Befehl *Neu.*

- Im Dialogfeld *Neues Programmobjekt* klicken Sie die Option
  Programm an und bestätigen mit *ok.*

- Im nun eingeblendeten Dialogfeld *Programmeigenschaften* geben
  Sie als *Beschreibung* (Benennung des Programm-Symbols) ein:
  Word 5.0. Im Eingabefeld *Befehlszeile* wird nun der vollständige
  Pfad eingegeben:

  C:\WORD5\WORD.EXE.

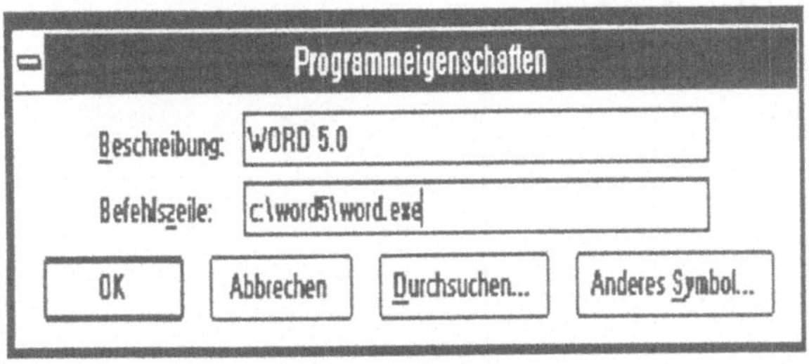

Abb. 8-9: Das Dialogfeld Programmeigenschaften

Sollten Sie den Pfad doch nicht genau wissen, können Sie durch Anklicken
des Feldes *Durchsuchen* Windows veranlassen, nach vorhandenen
Programmdateien zu suchen. Es wird eine Liste der Verzeichnisse und
Dateien ausgegeben. Aus dieser wird dann das gewünschte Verzeichnis/die
gewünschte Datei durch Anklicken abgerufen, und abschließend mit *ok* bestätigt.

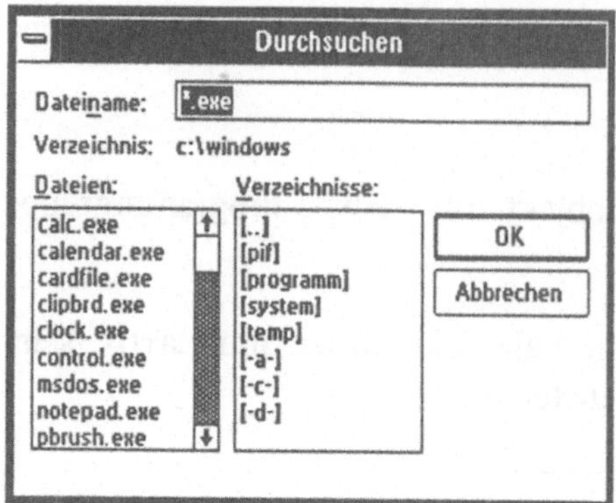

Abb. 8-10: Das Dialogfenster Durchsuchen

Sie können das Programm nun aus dem Gruppenfenster heraus starten, indem Sie eines der möglichen Verfahren zum Starten von Programmen auf das Programm-Symbol anwenden. Nach Verlassen des Programms gelangt man wieder zurück in den Programm-Manager von Windows.

Abb. 8-11: Programm-Symbol im neuen Gruppenfenster

8.2.3   Daten-Dateien in Gruppen aufnehmen

Es können nicht nur Programm-Dateien, sondern auch die mit einem jeweiligen Programm bearbeiteten Datendateien in die Gruppe mit aufgenommen werden. Das macht Sinn, wenn diese Dateien oft bearbeitet werden, wie beispielsweise eine Adressenkartei. Handelt es sich dabei um mit Programmenverknüpfte Dateien, kann durch Anklicken des Datendatei-Symbols das Programm zusammen mit der Datendatei geladen werden.

Am Beispiel einer Datei des Programms KARTEI soll dieses Verfahren
erläutert werden. Dazu ist es notwendig, zunächst einmal eine Übungsdatei im
Karteiprogramm zu erstellen.

Aufgabe: Beschriften Sie eine Karteikarte im Kartei-Programm
entsprechend Abbildung 8-12 und speichern Sie die dann zunächst
die aus dieser einen Karteikarte bestehende Kartei im Verzeichnis
C:\WINDOWS\PROGRAMM\NOTIZEN. Geben Sie der Datei
den Namen ADRESSEN.

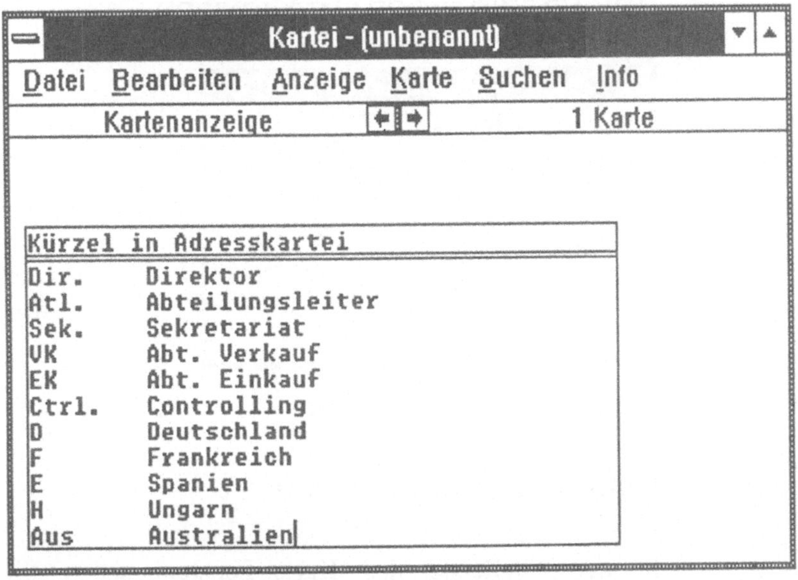

Abb. 8-12: Übungstext im Kartei-Programm

VORGEHEN: Karteikarte anlegen

- Doppelklicken Sie im Zubehör-Gruppenfenster das Kartei-
  Symbol.

- Geben Sie den Übungstext ein: Betätigen Sie dabei jeweils nach
  Eingabe der Abkürzung die *<Tab>*-Taste. Schalten Sie am Ende

jeder Eintragszeile mit <Return> einen Absatz, um für den nächsten Eintrag wieder zum Zeilenbeginn zu gelangen.

*   Doppelklicken Sie nun die leere Kopfzeile der Karteikarte. Es wird ein Dialogfeld eingeblendet, in dem Sie ein Stichwort bzw. einen Titel für die Karte eingeben: "Kürzel in Adresskartei".

*   Bestätigen Sie mit *ok*.

*   Klicken Sie nun im *Datei*-Menü den Befehl *Speichern* an.

*   Geben Sie im *Dateinamen*-Eingabefeld des Dialogfeldes ein:

    ADRESSEN

*   Rufen Sie anschließend in der Verzeichnisliste das Verzeichnis C:\WINDOWS\PROGRAMM\NOTIZEN auf.

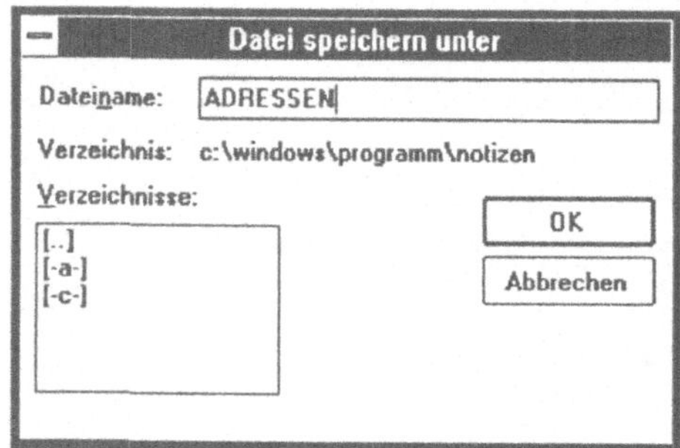

Abb. 8-13: Speichern der Kartei

*   Bestätigen Sie schließlich mit *ok*.

In der Titelleiste des Kartei-Fensters sehen Sie nun den Dateinamen eingeblendet, ergänzt durch die automatisch vergebene Erweiterung .CRD

*   Verlassen Sie das Kartei-Programm, indem Sie den Befehl *Ende* im Datei-Menü anklicken.

Im Programm-Manager aktivieren Sie nun Ihr neues Gruppenfenster *Sekretariat*, in das die Adressen-Datei als aufrufbares Symbol aufgenommen werden soll.

Aufgabe: Bestimmen Sie als Programmpunkt, der in die Programm-Gruppe *Sekretariat* integriert werden soll, die Kartei-Datei ADRESSEN.CRD.

VORGEHEN: Daten-Datei als Programm-Punkt in eine Gruppe aufnehmen

- Verkleinern Sie das Gruppenfenster *Sekretariat* auf Symbolgröße.

- Starten Sie den Datei-Manager und öffnen Sie das Verzeichnis:

  C:\WINDOWS\PROGRAMM\NOTIZEN

- Ziehen Sie die Datei ADRESSEN.CRD mit der Maus auf das Gruppensymbol *Sekretariat*.

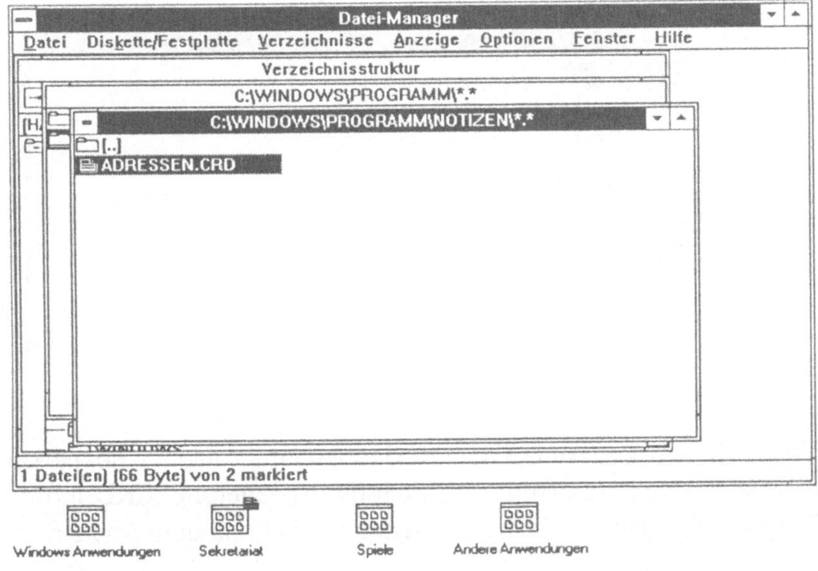

Abb. 8-14: Aufnehmen der Adressenkartei in die Gruppe Sekretariat

- Schließen Sie den Datei-Manager.

- Öffnen Sie das Fenster für die Gruppe *Sekretariat*.

  Wie Sie sehen, ist die Datei in die Gruppe aufgenommen, wobei der Dateiname als Symbolbezeichnung fungiert.

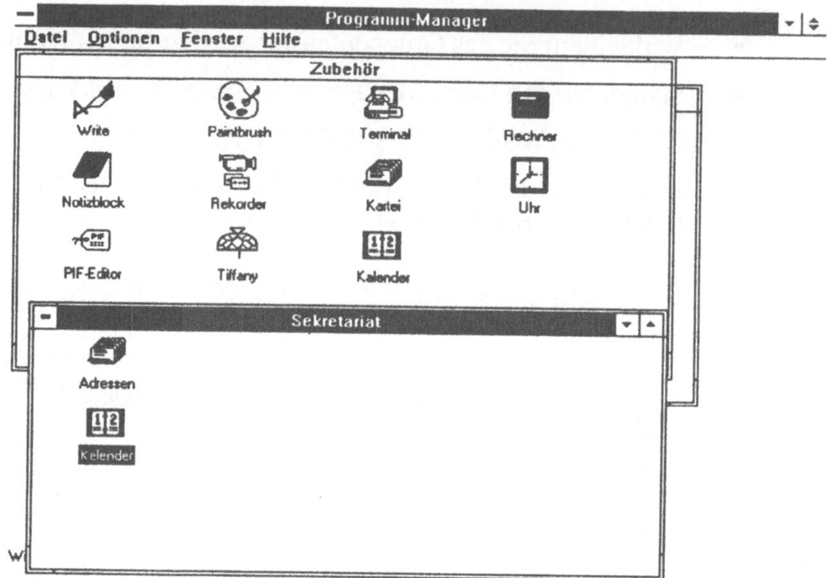

Abb. 8-15: Die um eine Adressendatei erweiterte Gruppe Sekretariat

Wenn Sie nun das Symbol mit der Bezeichnung Adressen doppelklicken, wird die Daten-Datei Adressen, die durch die Erweiterung .CRD mit dem Kartei-Programm verbunden ist, zusammen mit dem Programm geladen.

Das Karteiprogramm von Windows

Das Prinzip des Kartei-Programms entspricht dem eines Karteikastens, in dem Karteikarten geordnet und nach Stichworten auffindbar abgelegt werden.

Karteikarten anlegen und bearbeiten

In Ihrer Übungsaufgabe haben Sie in der Kartei, die Sie unter dem Namen ADRESSEN.CAL gespeichert haben, eine erste Karte mit dem Stichwort "Kürzel in Adresskartei" angvelegt. Um der Kartei weitere Karten hinzuzufügen, wird im *Karte*-Menü der Befehl *Hinzufügen* angeklickt. Damit wird eine leere Karte über die vorhandene(n) gelegt und kann nun sogleich über ein Dialogfeld mit einem Kopfzeilen-Stichwort versehen und anschließend beschriftet werden.

Abb. 8-16: Das Karte-Menü des Karteiprogramms

Die jeweils oberste Karte kann bearbeitet oder mit dem Befehl *Löschen* des *Karte*-Menüs gelöscht bzw. mit dem Befehl *Duplizieren* kopiert werden. Der Befehl *Wählsystem* ist für Anwender von Interesse, die ihren Computer über ein Modem an das Telefonnetz gekoppelt haben.

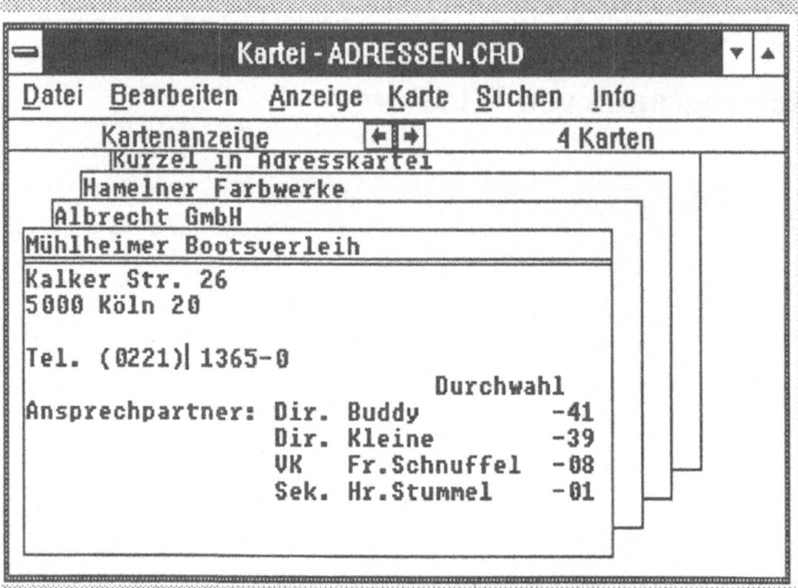

Abb. 8-17: Karteikasten

Um eine Karte in die vordere Position zu bringen, kann entweder durch Anklicken der Pfeile unterhalb der Menü-Leiste geblättert oder die gewünschte Karte angeklickt werden. Eine Karte bzw. Textstellen auf dieser Karte, kann auch mit Befehlen des *Suchen*-Menüs gezielt gesucht werden.

Der Befehl *Gehezu* im Suchen-Menü durchsucht die Kopfzeilen der Karteikarten, nachdem in ein Dialogfeld die gesuchte Zeichenfolge eingegeben wurde. Diejenige Karte wird in die vordere Position geholt, in deren Kopfzeile diese Zeichenfolge gefunden wurde.

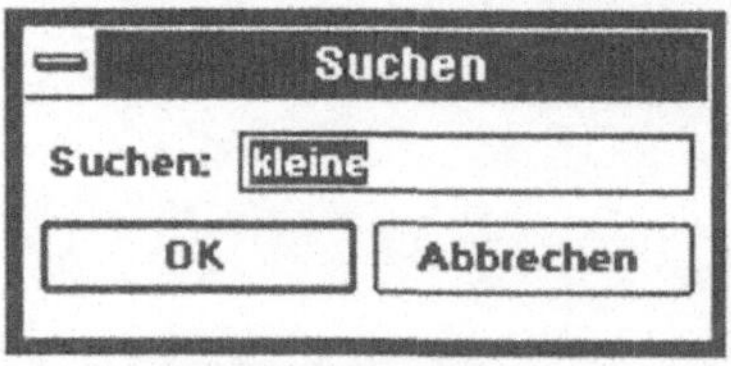

Abb. 8-18: Das Dialogfeld des Gehezu-Befehls

Der *Suchen*-Befehl löst nach Eingabe der gesuchten Zeichenfolge in einem Dialogfeld die Suche im Karteikartentext aus. Wiederum wird die Karte, auf der eine solche Zeichenfolge gefunden wurde, in die vordere Position geholt und das Suchergebnis markiert dargestellt.

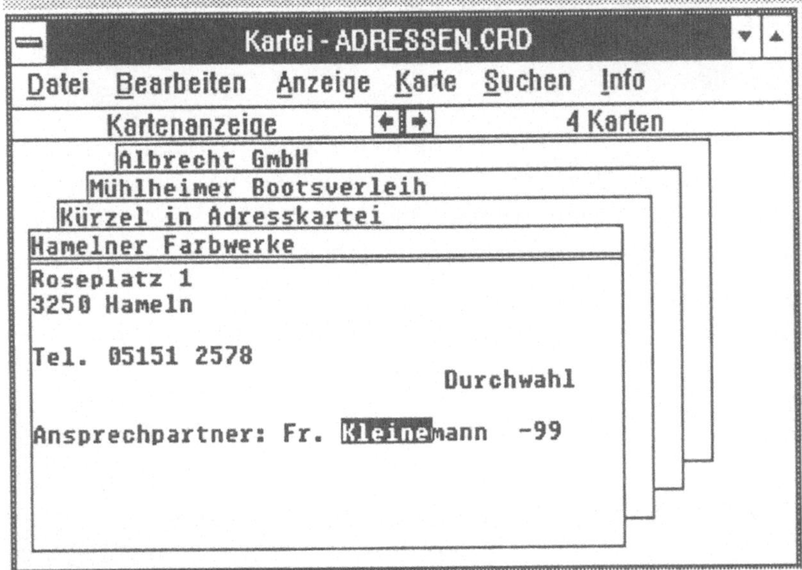

Abb. 8-19: Suchergebnis

Mit dem Befehl *Weitersuchen* wird die gesuchte Zeichenfolge/Textstelle erneut gesucht: Nach Auslösen des Befehls *Gehezu* in den Kopfzeilen, nach Aktivierung des Befehls *Suchen* im Kartentext.

Die meisten Befehle des Bearbeiten-Menüs kennen Sie bereits vom Notizblock-Programm her. Darüber hinausgehende Bearbeitungs-Befehle des Kartei-Programms sind:

- der Befehl *Stichwort*, über den für die oberste Karte ein neues Stichwort in der Kopfzeile eingegeben werden kann;
- der Befehl *Wiederherstellen*, mit dem für die oberste Karte sämtliche noch nicht gespeicherten Änderungen rückgängig gemacht werden;
- die Optionen *Text* bzw. *Bild*, mit denen der Textmodus bei der Texteingabe bzw. der Bildmodus zum Beispiel bei der Übernahme von Grafiken aus anderen Programmen gewählt werden kann.

Auf eine Karteikarte können bis zu 11 Textzeilen eingetragen werden, von denen jede bis zu 40 Zeichen enthalten darf. Für den Fall, daß dieser Platz für gewünschte Eintragungen nicht ausreicht, muß eine zweite Karte angelegt werden. Um sie der ersten zuzuordnen empfiehlt sich, in der Kopfzeile dasselbe Stichwort und zusätzlich eine -2- (bzw. bei weiteren Folgekarten eine -3- usw.) zu vermerken.

Kartenliste erstellen

Standardmäßig wird eine Kartei wie ein Karteikasten mit hintereinander angeordneten Karteikarten angezeigt. Mit der Option *Liste* des *Ansicht*-Menüs kann das geändert werden: damit werden sämtliche Kopfzeilen-Stichworte in alphabetischer Reihenfolge auf den Bildschirm gebracht.

```
Kartei - ADRESSEN.CRD
Datei  Bearbeiten  Anzeige  Karte  Suchen  Info
Listenanzeige                          4 Karten
Albrecht GmbH
Hamelner Farbwerke
Kürzel in Adresskartei
Mühlheimer Bootsverleih
```

Abb. 8-20: Karteikarten-Liste

Eine solche Liste kann mit dem Befehl *Alles drucken* des Datei-Menüs auch ausgedruckt werden. Hat man in der Stichwortzeile zum Beispiel außer Namen auch noch Telefonnummern eingetragen, erhält man auf diese Weise eine Telefonliste.

Dateien zum Ausdruck vorbereiten

Nahezu alle Befehle des *Datei*-Menüs im Kartei-Programm sind Ihnen schon vom Notizblock-Programm her bekannt:
- Mit *Neu* kann eine neue Datei angelegt werden;
- mit *Öffnen* wird eine bestimmte Datei geladen;
- mit *Speichern* wird eine Datei gesichert;
- mit *Speichern unter...* kann eine Datei unter einem anderen Namen oder in einem anderen Verzeichnis abgelegt werden.
- Auch der *Layout*-Befehl und der *Druckerinstallation*-Befehl werden analog zum Notizblock-Programm eingesetzt und angewandt.

Einen Unterschied gibt es beim Befehl *Drucken*. Damit wird nämlich nicht die gesamte Datei, sondern nur die Karte in vorderster Position ausgedruckt. Soll die gesamte Datei Karte für Karte zu Papier gebracht werden, muß der Befehl *Alles Drucken* ausgelöst werden.

Ein weiterer gegenüber dem Notizblock-Programm neuer Befehl im *Datei*-Menü ist der Befehl *Zusammenführen*. Dieser ermöglicht es, die aktuelle Datei mit einer anderen Datei zu verbinden.

8.2.4 Gruppen-Definitionen verändern

Durch Auslösen des Befehls *Eigenschaften* im *Datei*-Menü des Programm-Managers haben Sie die Möglichkeit, die Programmgruppen-Datei zu bearbeiten.

Abb. 8-21: Dialogfeld des Befehls Eigenschaften im Datei-Menü

Das Dialogfeld des *Eigenschaften*-Befehls hält verschiedene Optionen parat. Sie betreffen sowohl den Titel (die Beschreibung) eines Gruppen-fensters/eines Programm-Symbols als auch den Namen der Datei, in der das Gruppenfenster bzw. der Programm-Punkt abgelegt ist. Voraussetzung ist jeweils, daß das zu ändernde Objekt (entweder das Programmgruppen-Fenster oder ein Programm-Symbol innerhalb des Fensters) zuvor durch durch Anklicken markiert worden ist.

Auch wenn Ihnen zum Beispiel das Symbol, das Windows automatisch für den neuen Programm-Punkt ausgewählt hat, nicht gefällt, können Sie das über den Befehl *Eigenschaften* ändern. Markieren Sie das entsprechende Symbol, und klicken Sie im Dialogfeld die Befehlsschaltfläche *Symbol ändern* an. In einem weiteren Dialogfeld können Sie dann nacheinander alle verfügbaren Symbole anzeigen lassen und das von Ihnen ausgewählte mit *ok* bestätigen.

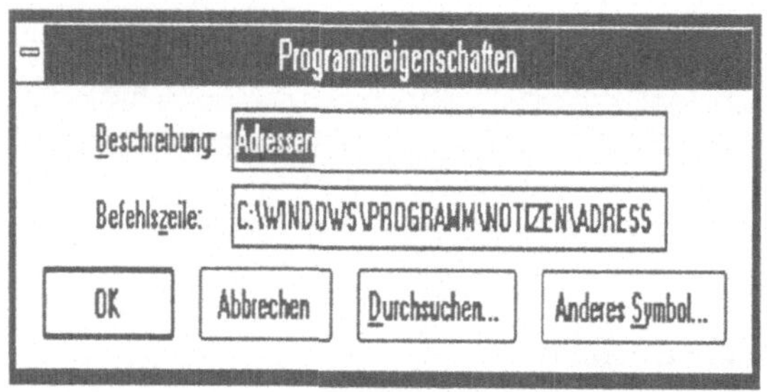

Abb. 8-22: Das Dialogfeld Programmeigenschaften

☞ | Neue Symbole können für Programm-Dateien von Windows (z.B. Paint, Write, Kartei usw.) gar nicht oder nur eingeschränkt ausgewählt werden.

Aufgabe: Ändern Sie die Symbol-Bezeichnung Ihrer Kartei-Datei um in "Karteikasten" und wählen Sie für diese Datei ein neues Symbol aus.

VORGEHEN: Gruppeneigenschaften ändern

• Markieren Sie durch Anklicken das Symbol *Adressen*.

- Rufen Sie im *Datei*-Menü den Befehl *Eigenschaften* auf. Im Dialogfeld dieses Befehls sehen Sie die Daten des markierten Symbols eingeblendet.

- Positionieren Sie den Mauszeiger auf dem Beginn des Eingabefeldes *Beschreibung* und verankern Sie dort durch Anklicken den Cursor.

- Geben Sie ein:

     KARTEIKASTEN

  und löschen Sie den ursprünglichen Eintrag mit der *<Entf>*-Taste.

- Klicken Sie die Befehlsschaltfläche *Symbol ändern* an. Im nun erscheinenden Dialogfeld können Sie so oft die Schaltfläche *Nächstes Symbol* anklicken, bis ein Ihnen zusagendes Symbol angezeigt wird.

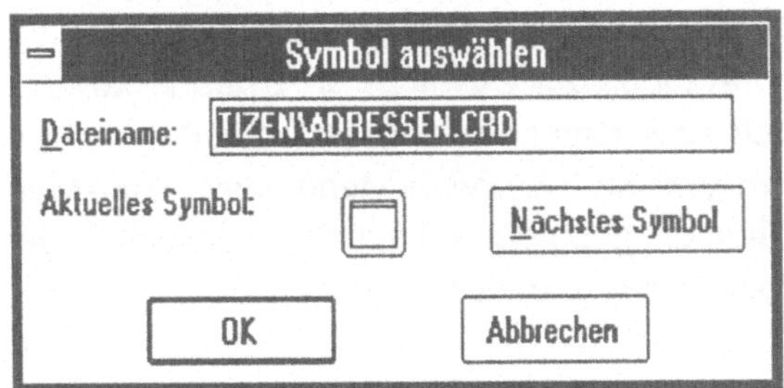

Abb. 8-23: Dialogfeld Symbol auswählen

- Bestätigen Sie die Auswahl mit *ok*.

- Im Dialogfeld des *Eigenschaften*-Befehls bestätigen Sie wiederum mit *ok* und gelangen so in das Sekretariat-Fenster zurück. Dort können Sie die Veränderungen begutachten.

8.3 Optionen im Programm- und im Datei-Manager

Neben den Möglichkeiten, durch eigene Definition von Gruppen Ihren individuellen Erfordernissen Rechnung zu tragen, kann Ihre Arbeitsweise auch durch gezielten Einsatz von Optionen im Programm- bzw. im Datei-Manager unterstützt werden.

8.3.1 Optionen im Datei-Manager

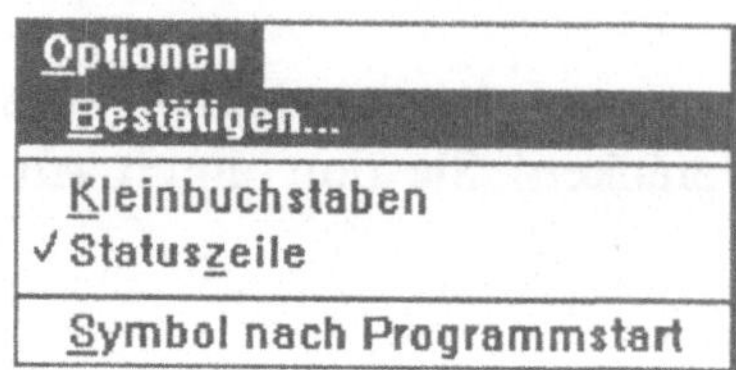

Abb. 8-24: Das Optionen-Menü des Datei-Managers

Sie werden bereits bemerkt haben, daß zahlreiche Aktionen von Sicherheitsabfragen begleitet werden. Das ist sicherlich von Vorteil für Anwender, die noch geringe Erfahrung mit Windows haben. Durch die in den Sicherheitsabfragen verlangte Bestätigung von Aktionen kann die Wahrscheinlichkeit von Fehlern (wie zum Beispiel das versehentliche Löschen einer Datei) minimiert werden. Bei Zuwachs an Routine können solche Sicherheitsabfragen jedoch auch störend wirken und den Arbeitsfluß verzögern. Mit dem Befehl *Bestätigen* im *Optionen*-Menü des Datei-Managers wird Ihnen daher die Möglichkeit geboten, solche Sicherheitsabfragen, die Ihrer Ansicht nach für Sie überflüssig sind, auszuschalten.

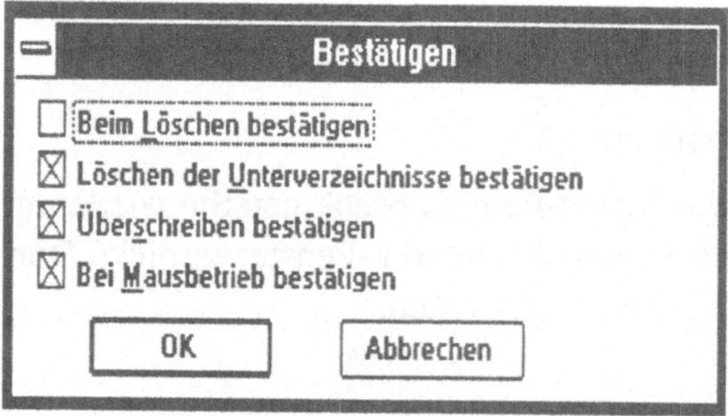

Abb. 8-25: Dialogfeld des Befehls Bestätigen im Optionen-Menü des Datei-Managers

Im Dialogfeld dieses Befehls können Sie die aufgelisteten Sicherheitsabfragen durch Anklicken ausschalten oder durch erneutes Anklicken wieder aktivieren.

Zwei weitere Befehle des *Optionen*-Menüs im Datei-Manager dienen individuellen Sichtgewohnheiten:

- Durch Anklicken des Befehls *Kleinbuchstaben* kann für Datei- und Verzeichnisnamen im Datei-Manager eine durchgängige Kleinschreibung bestimmt werden. Durch erneutes Anklicken dieses Befehls wird die Versalien-Schreibweise wieder eingeführt.

- Die Status-Zeile am unteren Rand des Datei-Managers kann über den Befehl *Statuszeile* ein- bzw. ausgeblendet werden.

Mehr Übersichtlichkeit und zugleich sparsameren Umgang mit der vorhandenen Kapazität des Arbeitsspeichers bewirkt die Aktivierung des Befehls *Symbol nach Programmstart* im Optionen-Menü des Datei-Managers.

Durch Anklicken dieser Option wird nämlich veranlaßt, daß das Fenster des Datei-Managers geschlossen und am unteren Bildschirmrand als Symbol angezeigt wird, sobald ein Anwenderprogramm vom Datei-Manager aus gestartet wurde. Der Vorteil besteht darin, daß der Datei-Manager leicht auffindbar und aufzurufen ist und sich nicht hinter geöffneten Fenstern verbirgt. Zudem verbraucht der zum Symbol geschlosene Datei-Manager deutlich weniger Platz im Arbeitsspeicher des Computers.

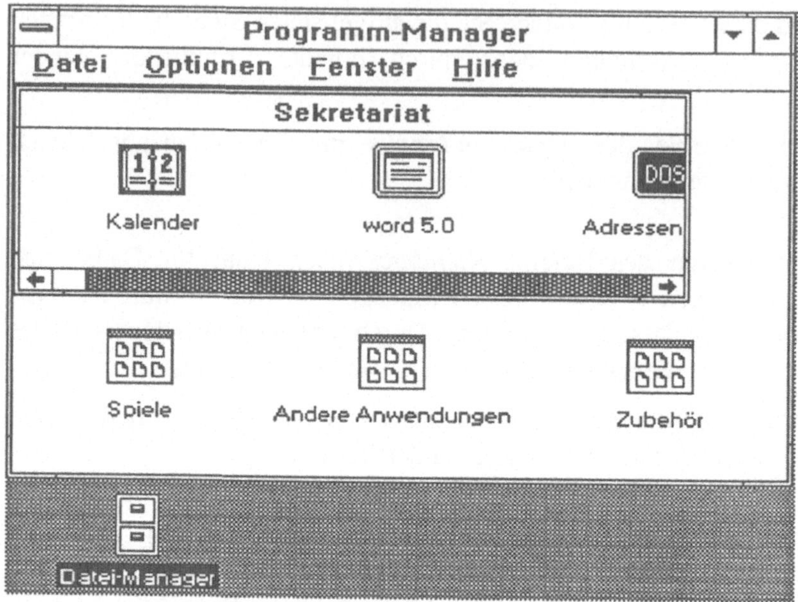

Abb. 8-26: Datei-Manager als Symbol abgelegt

8.3.2   Programm-Manager-Optionen

Die gleiche Option (*Symbol nach Programmstart*) kann auch für den
Programm-Manager über den entsprechenden Befehl des Optionen-Menüs
aktiviert werden. Sobald ein Programm-Symbol in einem Programmgruppen-
Fenster aufgerufen wird, wird dann der Programm-Manager auf Symbolgröße
verkleinert und am unteren Bildschirmrand dargestellt.

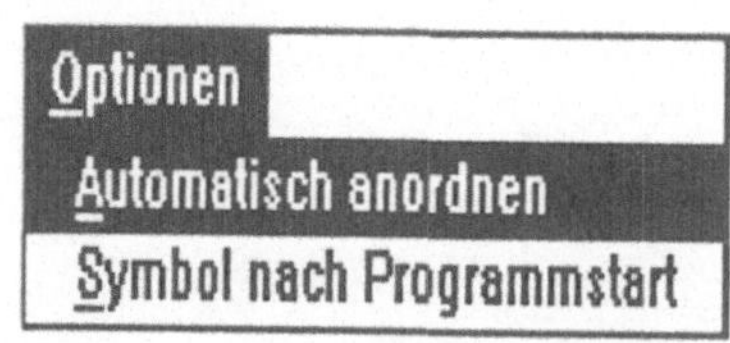

Abb. 8-27: Das Optionen-Menü des Programm-Managers

Der im gleichen Menü (*Optionen*) verfügbare Befehl *Automatisch anordnen* bewirkt, daß Windows bei jeder Veränderung der Fenstergröße im Programm-Manager die Programm-Symbole arrangiert. Dabei wird sichergestellt, daß die höchstmögliche Anzahl von Symbolen sichtbar bleibt.

Beide Befehle des *Optionen*-Menüs können durch erneutes Anklicken wieder rückgängig gemacht werden. Durch ein Häkchen wird jeweils angezeigt, daß sie gerade aktiviert sind.

9 Systemsteuerung

In diesem Kapitel lernen Sie,

- *die farbliche Darstellung der Fensterelemente zu ändern*
- *Schriftarten hinzuzufügen und zu löschen*
- *die Datenübertragungsanschlüsse zu konfigurieren*
- *die Maus zu konfigurieren*
- *Art und Aussehen des Desktop-Hintergrundes zu bestimmen*
- *einen Drucker zu installieren, zu konfigurieren und einen installierten Drucker zu löschen*
- *länderspezifische Einstellungen vorzunehmen*
- *die Tastatur zu konfigurieren*
- *Datum und Uhrzeit des Systems einzustellen*

Mit den Optionen der Systemsteuerung ist es möglich, die Systemkonfiguration zu ändern. Einige der zur Verfügung stehenden Optionen setzen eine bestimmte Hardwareausstattung voraus (z. B. einen Farbbildschirm). Wenn Sie nicht über die erforderliche Hardwareausstattung verfügen, überspringen Sie die betreffenden Punkte. Sie können Ihnen ggf. zu einem späteren Zeitpunkt hilfreich sein.

9.1   Starten der Systemsteuerung

Das Programm *Systemsteuerung* können Sie aus der Hauptgruppe des Programm-Managers aufrufen. Ist der Programm-Manager nicht aktiv, schalten Sie durch Aktivierung des Befehls *Wechseln zu* im Steuerungsmenü zur Task-Liste. Dort können Sie den Programm-Manager aufrufen.

Aufgabe: Starten Sie das Programm Systemsteuerung

VORGEHEN: Starten der Systemsteuerung

*   Öffnen Sie das Fenster *Hauptgruppe* und doppelklicken Sie das Symbol *Systemsteuerung*.

    Daraufhin erscheint das Fenster *Systemsteuerung*.

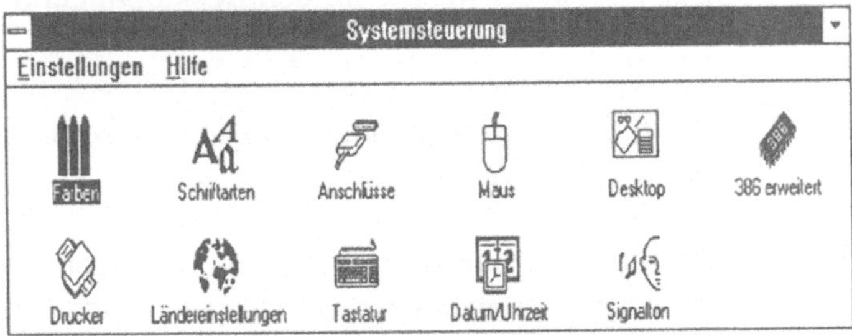

Abb. 9-1: Das Fenster Systemsteuerung.

Die Symbole repräsentieren Funktionen, mit deren Hilfe verschiedene Systemeinstellungen verändert werden können. Das geschieht durch Doppelklicken des entsprechenden Symbols oder durch Auswahl des entsprechenden Befehls im Menü *Einstellungen*.

Die folgende Aufstellung enthält eine Kurzbeschreibung der zur Verfügung stehenden Optionen und deren Funktion.

Symbol	Funktion
Farben	Festlegen der Farben für den Desktophintergrund und für die Desktopelemente.
Schriftarten	Hinzufügen und Löschen von Schriftarten.
Anschlüsse	Bestimmen der Datenübertragungsparameter für serielle Schnittstellen.
Maus	Anpassen der Maus- und Klickgeschwindigkeit.
Desktop	Bestimmen der Muster für den Desktophintergrund.
Drucker	Installation und Konfiguration von Druckern. Löschen eines installierten Druckers.
Ländereinstellungen	Bestimmen länderspezifischer Einstellungen. Dazu gehören unter anderem das Maßsystem, das Tastaturlayout und das Datums- und Zeitformat.
Tastatur	Anpassen der Tastaturgeschwindigkeit
Datum/Uhrzeit	Einstellen des Systemdatums und der Uhrzeit.
Signalton	Ein-/Ausstellen eines Warntons.

9.2 Einstellen der Desktop-Farben

Diese Option bietet Ihnen die Möglichkeit, die Farben des Desktop Ihren Vorstellungen entsprechend anzupassen. Die farbliche Gestaltung der einzelnen Fensterelemente (Titelleiste, Fensterrand, usw.) können Sie aus mehreren Schemata auswählen. Farben können auch selbst definiert und als neue Schemata gespeichert werden.

Aufgabe: Rufen Sie die Option Farben auf

VORGEHEN: Auswahl einer Option

- Doppelklicken Sie das Symbol Farben.

  Oder wählen Sie im Menü Einstellungen den entsprechenden Befehl aus.

9.2.1 Ändern der Desktop-Farben durch Wahl eines anderen Farbschemas

Eine Möglichkeit, die Desktop-Farben zu ändern, ist die Auswahl eines anderen Farbschemas. Der Desktop wird dann gemäß den in diesem Schema gespeicherten Einstellungen dargestellt.

Aufgabe: Wählen Sie das Farbschmema "Arizona" aus.

VORGEHEN: Auswahl eines vorhandenen Farbschemas

- Im Dialogfeld *Farben* sehen Sie das Listenfeld *Farbschema*. In diesem ist der Name des aktuellen Farbschemas angezeigt. Der Musterbildschirm präsentiert die diesem Schema zugeordnete Farbeinstellung.

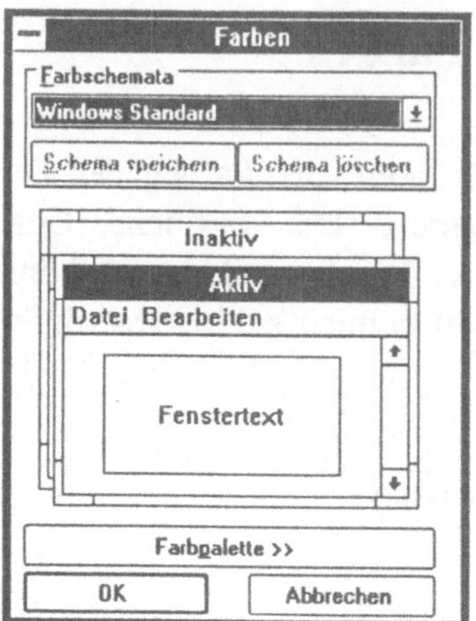

Abb. 9-2:   Das Dialogfeld Farben.

- Klicken Sie auf den nach unten weisenden Pfeil im Listenfeld *Farbschemata*.

- Markieren Sie das zu ändernde Schema, (hier: Arizona).

> Sie können die in den Schemata gespeicherten Einstellungen auf dem Musterbildschir im Farben-Dialogfeld betrachten, ohne das Listenfeld zu öffnen. Betätigen Sie dazu die Tasten <Pfeil oben> bzw. <Pfeil unten>.

Bestätigen Sie mit *ok*, um das neue Schema zu aktivieren, oder wählen Sie *Abbrechen*, wenn Sie die alte Einstellung behalten möchten.

9.2.2   Ändern eines vorhandenen Farbschemas

Durch Zuordnen von Farben zu den verschiedenen Bildschirmelementen kann die Einstellung in einem vorhandenen Farbschema individuell bestimmt werden. Dabei können Sie entscheiden, ob diese neue Einstellung nur für diese eine Arbeitssitzung mit Windows gelten oder ob sie dauerhaft gespeichert werden soll.

Aufgabe: Im Farbschema "Windows Standard" sind für einige Fensterelemente neue Farbeinstellungen vorzunehmen: Titelleiste (aktiv) = rot, Titelleiste (inaktiv) = grün, Menüleiste = gelb. Anschließend soll dieses neue Schema unter dem Namen "Neu" gespeichert werden.

VORGEHEN: Ändern eines vorhandenen Farbschemas

- Wählen Sie das Symbol *Farbe* aus dem Fenster *Systemsteuerung*.

- Markieren Sie aus der Liste das Farbschema, das Sie ändern wollen (hier das Schema: *Windows Standard*).

- Klicken Sie die Schaltfläche *Farbpalette* an.

Das Dialogfeld *Farben* wird um das Listenfeld *Bildschirmelement*, eine Palette mit den zur Verfügung stehenden Grundfarben sowie die Palette *Selbstdefinierte Farben* erweitert.

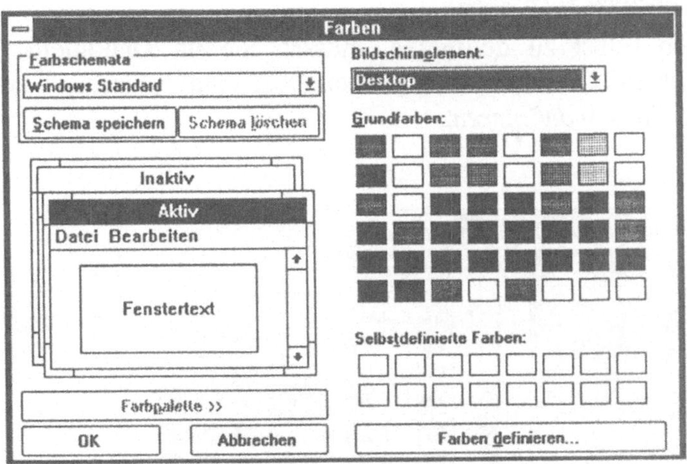

Abb. 9-3: Das erweiterte Dialogfeld Farben

- Klicken Sie die Menüleiste im Musterbildschirm an

Klicken Sie in der Palette mit den Grundfarben auf das Feld mit der gewünschten Farbe (hier: Gelb).

Das Bildschirmelement erscheint in der gewählten Farbe.

Ändern Sie jetzt die Farben für die aktive Titelleiste (rot) und inaktive Titelleiste (grün) gemäß obiger Aufgabenstellung.

Dazu wird jeweils das Element im Musterbildschirm angeklickt, dessen Farbe bestimmt werden soll. Anschließend wird die Farbe gewählt.

- Klicken Sie die Schaltfläche *Schema speichern* an und geben Sie für das Schema einen Namen ein (hier: NEU).

- Bestätigen Sie mit *ok*, wenn Sie das Schema speichern wollen. Oder klicken Sie *Abbrechen*.

9.2.3   Eigene Definition von Farben

Zusätzlich zu den Grundfarben können Sie bis zu 16 selbstdefinierte Farben in den Farbschemata verwenden.

Um Farben selbst zu definieren, müssen Sie im Dialogfeld *Farben* die Schaltfläche *Farben definieren* klicken. Auf dem Bildschirm erscheint das Dialogfeld *Farben definieren*.

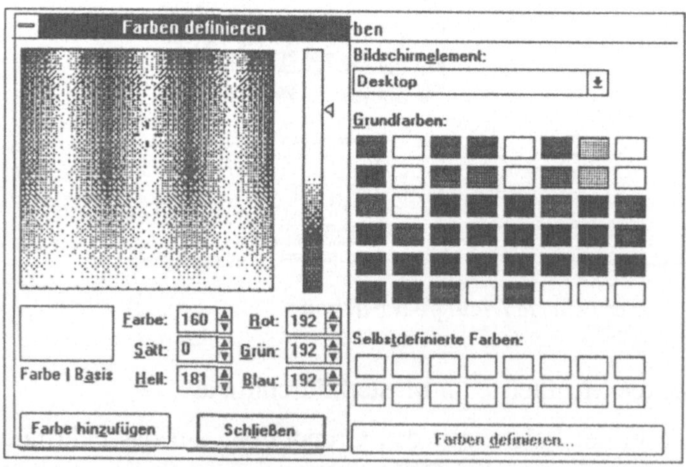

Abb. 9-5: Das Dialogfeld Farben definieren

Es gibt zwei Methoden zum Definieren von Farben:

1. Der Pfeil neben der Farbskala kann bei gedrückter Maustaste an die gewünschte Position geschoben werden.

2. Die Werte für Farbe, Sättigung und Helligkeit oder des relativen Anteils an Rot, Grün und Blau können in die entsprechenden Eingabefelder eingetragen werden.

Die Farbnummer ergibt sich aus der Position der Farbe im angezeigten Farbspektrum. Der Wert der Sättigung bestimmt die Farbreinheit, ausgehend von grau bis zur reinen Farbe. Der Helligkeitswert bestimmt die Intensität der Farbe, auf einer Sklala von weiß bis schwarz.

☞

> Da Helligkeit über Sättigung und Sättigung über Farbe dominiert, müssen Sie bei der Farbeinstellung zuerst die Farbe, dann die Sättigung und zuletzt die Helligkeit auswählen.

Aufgabe: Definieren Sie eine Farbe mit folgenden Werten: Farbe: 125, Sätt: 150, Hell: 140

VORGEHEN: Farben selbst definieren

- Klicken Sie die Schaltfläche *Farbpalette* im Dialogfeld *Farben* an.

  Das Dialogfeld *Farben definieren* erscheint.

- Positionieren Sie den Zeiger für die Farbeinstellung ungefähr in der Mitte des angezeigten Farbspektrums. Dazu zeigen Sie mit dem Mauspfeil auf den Zeiger und ziehen ihn bei gedrückter Maustaste auf die gewünschte Position.

- Klicken Sie zur Feinbestimmung der Farbe im Farbnummern-Feld auf den nach unten bzw. nach oben zeigenden Pfeil, je nachdem, ob der angezeigte Wert erhöht oder vermindert werden soll.

  Oder geben Sie den Wert in das Feld ein. Dazu müssen Sie dieses Feld anklicken. Als Cursor erscheint ein senkrechter Strich und Sie können den Wert eingeben.

In dem Feld *Farbe Basis* erscheint links die definierte Farbe und rechts die Basis, also die "reine" Farbe.

Als nächstes ist die selbstdefinierte Farbe der Palette hinzuzufügen.

- Klicken Sie auf ein Feld der Palette für selbstdefinierte Farben. Das Feld wird von einer gepunkteten Linie umrahmt.

- Nun klicken Sie die Schaltfläche *Farbe hinzufügen* an, um die selbstdefinierte Farbe der Palette hinzuzufügen.

- Um zum Dialogfeld Farben zurückzukehren, klicken Sie auf die Schaltfläche *Schließen*.

  Neben den Farben aus der Grundfarbenpalette steht Ihnen nun auch diese Farbe zur Darstellung der Fensterelemente zur Verfügung.

- Klicken Sie die Schaltfläche *Schließen* an, um in das Dialogfeld *Farben* zurückzukehren.

9.3 Hinzufügen und Löschen von Schriftarten

Bei der Installation eines Druckers werden die von Windows für diesen Drucker zur Verfügung stehenden Schriftarten automatisch mit installiert. Wenn Sie nachträglich Schriftarten erwerben, müssen Sie diese hinzufügen, damit Windows beim Drucken darauf zugreifen kann.

Für jede im Lieferumfang von Windows enthaltene Schriftart gibt es eine sogenannte Bildschirmschriftart, mit deren Hilfe Text auf dem Bildschirm so dargestellt wird, wie er später auf dem Papier erscheint. Steht keine Bildschirmschriftart zur Verfügung, benutzt Windows eine ähnliche.

9.3.1 Hinzufügen einer Schriftart

Aufgabe: Zu den vorhandenen Schriftarten soll eine weitere hinzugefügt werden.

VORGEHEN: Hinzufügen einer Schriftart

- Das Symbol *Schriftart* im Fenster *Systemsteuerung* wird doppelgeklickt.

- Im erscheinenden Dialogfeld *Schriftarten* werden alle bereits installierten Schriftarten aufgeführt. Im unteren Teil ist ein Beispiel für die momentan markierte Schriftart zu sehen.

Abb. 9-6: Das Dialogfeld Schriftart

- Die Schaltfläche *Hinzufügen* wird angeklickt.

  Im Dialogfeld *Schriftartdatei hinzufügen* ist nun der Name der Schriftart-Datei im Eingabefeld *Schriftartdateiname* anzugeben. Gegebenenfalls müssen Sie den Pfad mit angeben oder aus der Verzeichnisliste auswählen.

  Abschließend wird mit *ok* bestätigt.

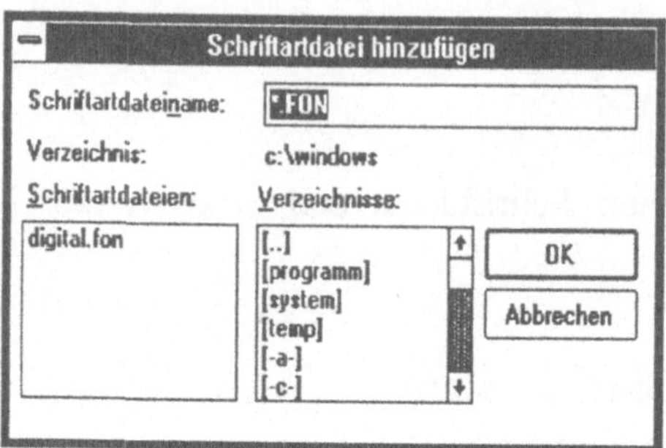

Abb. 9-7: Das Dialogfeld Schriftartdatei hinzufügen

9.3.2   Schriftarten löschen

Nicht mehr benötigte Schriftarten sollten Sie löschen, da diese unnötig Speicherplatz auf dem externen Speicher belegen.

> Die Schriftart Helv dürfen Sie nicht löschen. Diese Schriftart wird von Windows in den Dialogfeldern verwendet. Der Text würde dann schwer lesbar werden.

VORGEHEN: Schriftarten löschen

- Das Symbol Schriftart im Fenster Systemsteuerung wird aufgerufen.

- Die Schriftarten, die gelöscht werden sollen, werden im Feld *Installierte Schriftarten* markiert.

- Die Schaltfläche *Löschen* wird angeklickt.

  In einem Dialogfeld erscheint die Aufforderung zur Bestätigung des Löschbefehls.

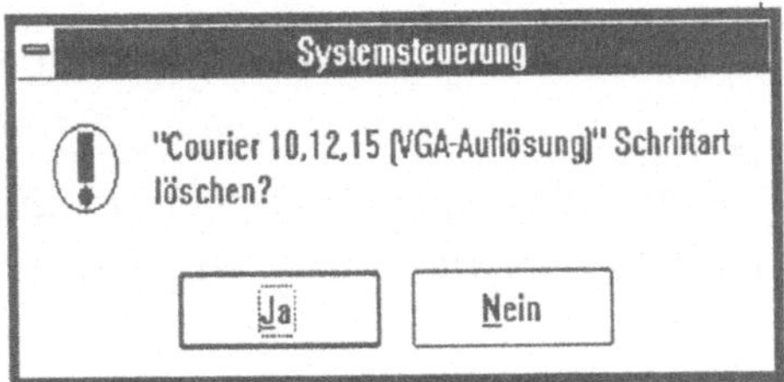

Abb. 9-8: Dialogfeld zum Löschen einer Schriftart

- Bestätigen Sie Ihre Arbeit, indem Sie im Dialogfeld *ja* anklicken.

9.4 Konfigurieren der Datenübertragungsanschlüsse

Mit der Option *Anschlüsse* ist es möglich, die Datenübertragungseinstellungen für serielle Anschlüsse zu konfigurieren. Dies kann zum Beispiel notwendig sein, wenn Sie einen Drucker mit einem seriellen Anschluß installiert haben.

VORGEHEN: Konfigurieren der Datenübertragungsanschlüsse

- Das Symbol *Anschlüsse* wird aufgerufen.

  Im Dialogfeld *Anschlüsse* erscheinen die vier möglichen seriellen Anschlüsse symbolisiert.

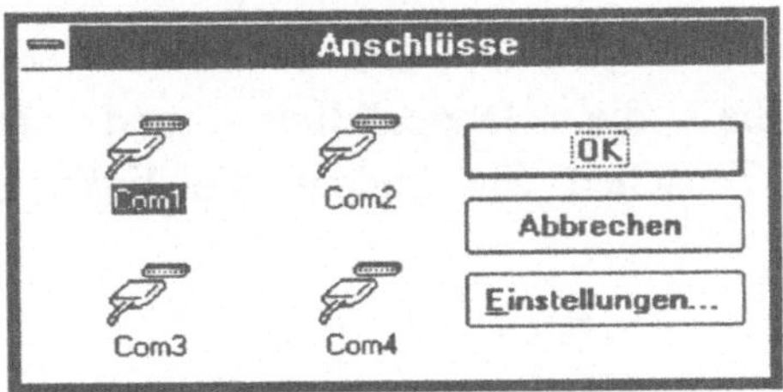

Abb. 9-9: Dialogfeld zur Auswahl eines seriellen Anschlusses

- Das Symbol, dessen Einstellungen geändert werden sollen, wird doppelgeklickt.

- Im nun eingeblendeten Dialogfeld *Anschlüsse- Einstellungen* müssen die gewünschten Werte durch Anklicken ausgewählt werden.

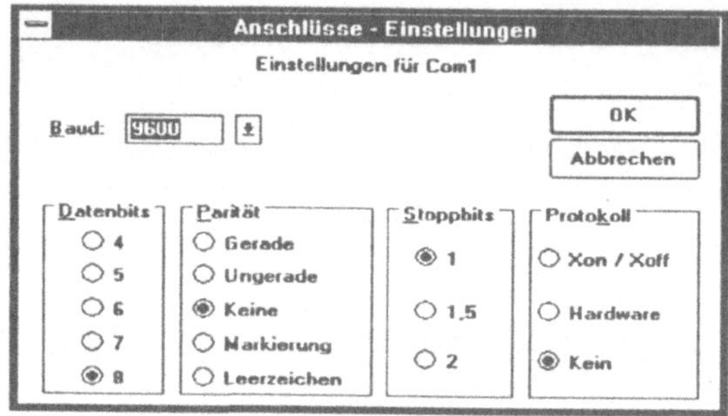

Abb. 9-10: Dialogfeld zum Einstellen der seriellen Anschlüsse

- Abschließend wird mit *ok* bestätigt.

9.5 Konfigurieren der Maus

Mit der Option Maus im Fenster Systemsteuerung haben Sie die Möglichkeit, die Mauszeigergeschwindigkeit, die Doppelklickgeschwindigkeit und die Belegung der Maustasten auf Ihre Bedürfnisse hin anzupassen.

Aufgabe: Verlangsamen Sie die Doppelklick- und Mauszeigergeschwindigkeit. Tauschen Sie zudem die linke und rechte Maustaste.

VORGEHEN: Konfigurieren der Maus

- Wählen Sie die Option *Maus* im Fenster *Systemsteuerung*.
  Das Dialogfeld *Maus* erscheint.

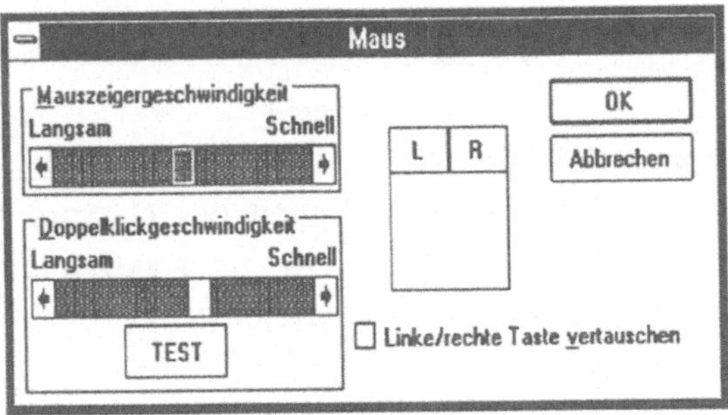

Abb. 9-11: Das Dialogfeld Maus

- Klicken Sie im Feld *Mauszeigergeschwindigkeit* mehrere Male auf den nach links weisenden Pfeil.

- Verfahren Sie analog im Feld *Doppelklickgeschwindigkeit*.

- Doppelklicken Sie, um zu überprüfen, ob Sie schnell genug klicken. Wenn Sie schnell genug klicken, wird die Farbe des Testfeldes invertiert.

- Kreuzen Sie das Kästchen im Feld *Linke/rechte Taste vertauschen* an.

  Damit haben Sie die linke Maustaste zur rechten und die rechte zur linken gemacht.

> Diese Einstellung wird sofort wirksam: Geklickt werden muß daher ab sofort mit der rechten Maustaste. Es sei den, Sie entfernen das Kreuz wieder.

- Bestätigen Sie mit *ok* oder wählen Sie *Abbrechen*, um zu den alten Einstellungen zurückzukehren.

9.6 Auswahl von Desktop-Optionen

Mit den Desktop-Optionen können Sie den Hintergrund des Windows-Bildschirms bestimmen, die Blinkgeschwindigkeit des Cursors ändern, den Symbolabstand festlegen. Zudem können Sie ein Gitter aktivieren, das Ihnen die Anordnung der Symbole auf dem Desktop erleichtert.

9.6.1 Individuelle Definition eines Desktop-Musters für den Desktop-Hintergrund

Abweichend von dem voreingestellten Hintergrund ist es möglich, ein anderes Muster oder Bild anzeigen zu lassen. Dafür kann entweder ein vorhandenes Muster ausgewählt oder ein neues Muster selbst definiert werden.

Aufgabe: Für den Hintergrund soll ein bogenförmiges Muster erstellt und unter dem Namen Bogen abgelegt werden.

VORGEHEN: Erstellen eines Desktop-Musters

- Wählen Sie die Option Desktop im Systemsteuerungsfenster. Es erscheint das gleichnamige Dialogfeld.

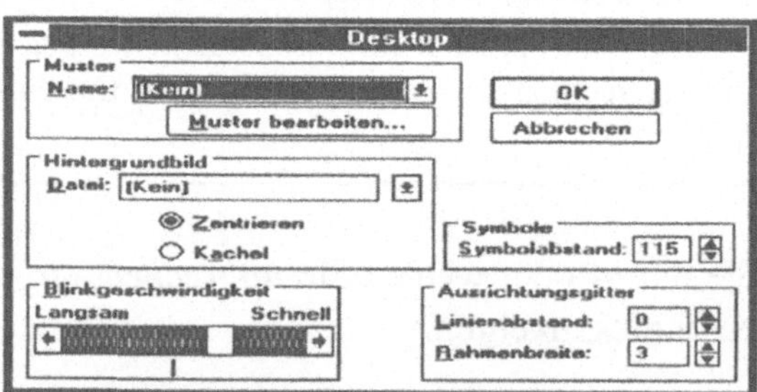

Abb. 9-12: Das Dialogfeld Desktop.

Im Listenfeld *Name* können Sie sich die Namen der vorhandenen Muster anzeigen lassen, indem Sie auf den Pfeil nach oben (oder unten) klicken.

Sie können ein bestehendes Muster bearbeiten, indem Sie den Musternamen markieren und anschließend die Schaltfläche *Muster bearbeiten* wählen. Durch Wahl des Musternamens "(Kein)" wird eine leere Bearbeitungschablone vorgegeben.

- Markieren Sie als Namen des Musters "(Kein)" und klicken Sie anschließend die Schaltfläche *Muster bearbeiten*.

Das Dialogfeld Desktop - Muster bearbeiten wird angezeigt. Das größere Feld dient als Schablone zur Mustererstellung. Das Feld links daneben zeigt das Muster bezogen auf den gesamten Bildschirm.

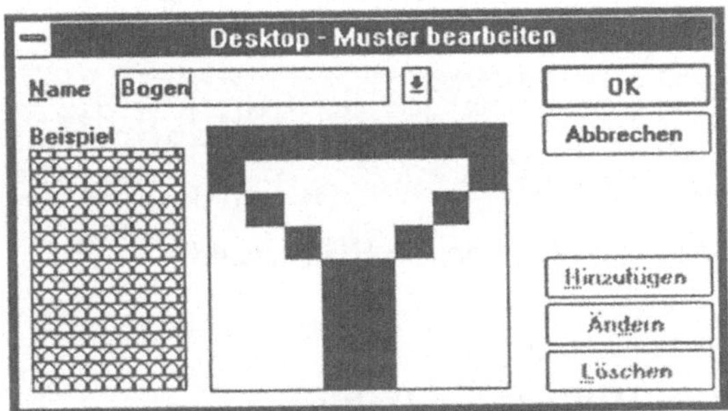

Abb. 9-13: Das Dialogfeld Desktop - Muster bearbeiten

- Geben Sie im Feld *Name* den Namen für das neue Muster ein. Hier: Bogen.

- Erstellen Sie das in Abb. 9-13 abgebildete Muster. Ein Punkt wird gesetzt, indem Sie an der gewünschten Stelle in der Schablone klicken. Erneutes Klicken auf einem gesetzten Punkt entfernt diesen.

- Nach Fertigstellung des Musters wählen Sie die Schaltfläche *Hinzufügen* und anschließend die Schaltfläche *ok*, um das Muster in die Liste aufzunehmen.

- Markieren Sie den Namen des neuen Musters im Listenfeld *Name* und bestätigen Sie mit *ok*. Damit wird Ihr Muster für den Desktop-Hintergrund ausgewählt.

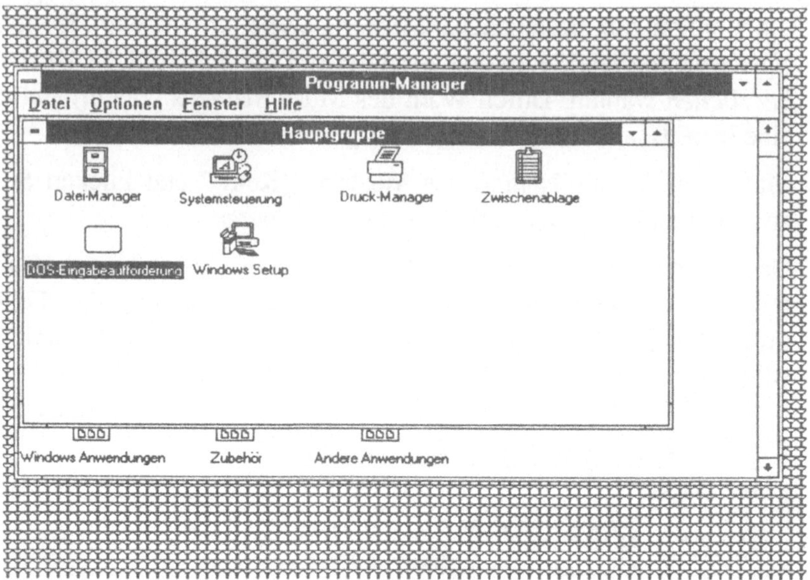

Abb.9-14: Der Windows-Bildschirm mit neuem Hintergrund

9.6.2   Verwenden von Hintergrundbildern

Eine weitere Möglichkeit den Bildschirmhintergrund zu verändern besteht
darin, eine Bitmap-Datei zu verwenden. Das ist ein in einzelne Rasterpunkte
zerlegtes und in einer Datei gespeichertes Bild. Windows benutzt für diese
Dateien die Erweiterung .BMP.

> Zum Erstellen eigener Hintergrundbilder können Sie jedes Programm
> verwenden, das Bitmaps erstellen kann (z. B. das mit Windows
> mitgelieferte Zeichenprogramm PAINTBRUSH).

Aufgabe: Als Desktop-Hintergrund soll die vorhandene Bitmap-Datei PYRAMID verwendet werden.

VORGEHEN: Verwenden von Hintergrundbildern für das Desktop

- Wählen Sie das Symbol Desktop aus dem Fenster Systemsteuerung.

  Das Dialogfeld *Desktop* erscheint.

- Klicken Sie im Feld *Hintergrundbild* auf den Pfeil. In der erscheinenden Dateiliste suchen Sie durch Anklicken des Bildrollpfeils nach der Datei PYRAMID.BMP. Markieren Sie diese Datei.

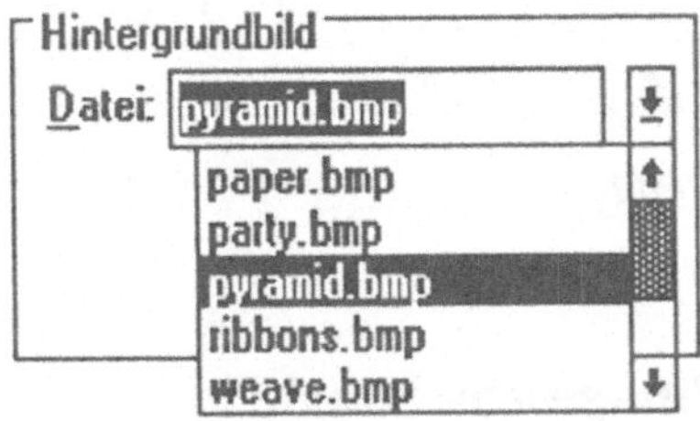

Abb.9-15: Dateiliste zur Auswahl des Hintergrundbildes

Mit den Optionen *Zentrieren* bzw. *Kachel* können Sie bestimmen, ob das Bitmap in der Mitte des Desktop erscheint, oder sooft wiederholt wird, bis es das gesamte Desktop ausfüllt.

- Markieren Sie die Option *Kachel*, um den gesamten Desktop-Hintergrund auszufüllen.

- Wählen Sie *ok*.

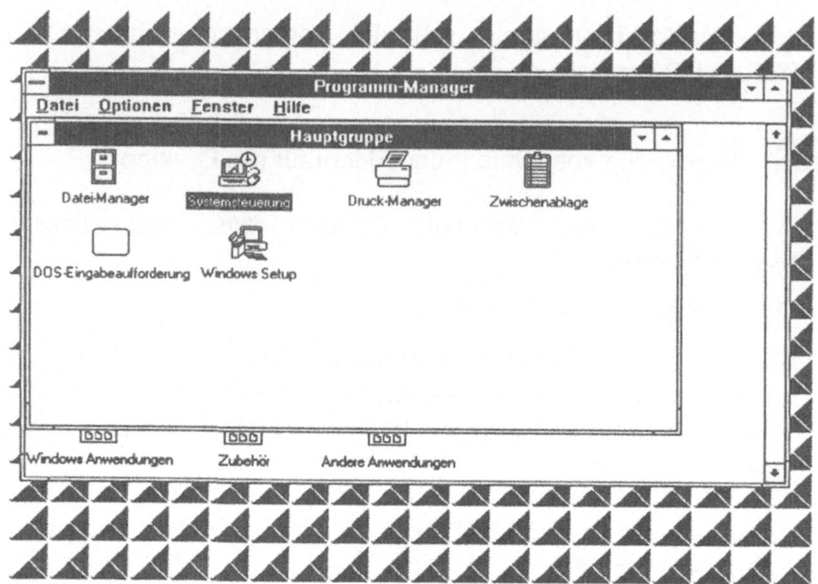

Abb.9-15b: Desktop mit Hintergrundbild

9.6.3   Anpassen der Cursorblinkgeschwindigkeit

Möchten Sie, daß der Cursor schneller bzw. langsamer blinken soll, so können Sie auch dies für sich anpassen.

VORGEHEN: Anpassen der Cursorblinkgeschwindigkeit

- Aktivieren Sie im Fenster Systemsteuerung die Option *Desktop*.

- Verschieben Sie im Feld *Blinkgeschwindigkeit* das Bildlauffeld in die gewünschte Richtung.

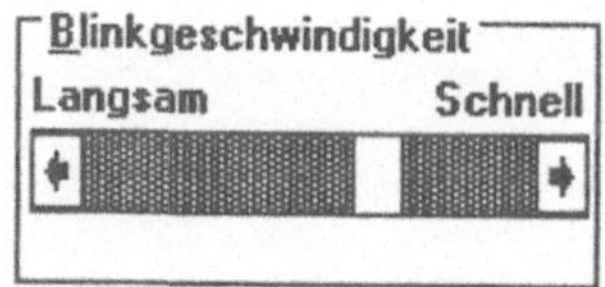

Abb. 9-16: Die Leiste zum Einstellen der Blinkgeschwindigkeit

- Bestätigen Sie mit *ok*, wenn Sie die Einstellung übernehmen wollen.

9.6.4 Ändern des Symbolabstands

Der Abstand der auf dem Desktop angezeigten Symbole wird durch die Größe des größten Symbols bestimmt. Dieser Abstand kann zu klein sein, wenn z.B. bei der Erstellung einer Gruppe ein langer Gruppenname eingegeben wurde. In diesem Fall ist es angebracht, den Symbolabstand zu ändern, um ein Überlappen zu verhindern.

VORGEHEN: Ändern des Symbolabstands

- Aktivieren Sie im Fenster Systemsteuerung die Option Desktop.
- Vermindern oder erhöhen Sie den Wert im Feld *Symbolabstand* durch Klicken auf den entsprechenden Bildlaufpfeil. Oder geben Sie den gewünschten Wert ein.

Abb. 9-17: Das Feld Symbolabstand

- Bestätigen Sie mit *ok*.

9.6.5 Ändern des Linienabstands

Zur Ausrichtung der Symbole auf dem Desktop benutzt Windows ein unsichtbares Ausrichtungsgitter. Jedesmal, wenn Sie im Menü *Fenster* des Programm-Managers einen Befehl wählen, der die Anordnung der Elemente auf dem Desktop beeinflußt, wird dieses Ausrichtungsgitter eingeschaltet und alle Elemente springen auf die nächste Gitterlinie.

VORGEHEN: Ändern des Linienabstands

- Aktivieren Sie im Fenster Systemsteuerung die Option Desktop.

- Verändern Sie im Feld *Linienabstand* den Wert auf die gewünschte Größe.

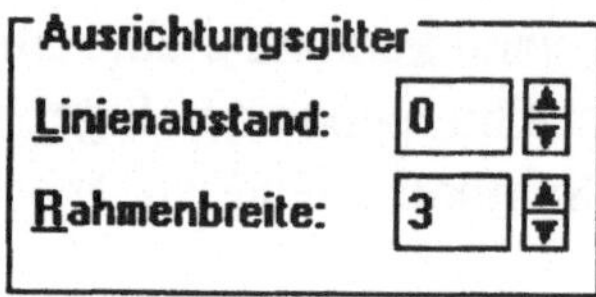

Abb. 9-17a: Optionen zur Veränderung des Ausrichtungsgitters

Der Linienabstand wird in Pixel berechnet und erhöht sich bei jedem Einerschritt um 8 Pixel. Ein Pixel ist ein durch seine Spalten- und Zeilenposition genau adressierbarer Punkt auf dem Bildschirm. Der maximal einzugebende Wert ist 49.

- Bestätigen Sie mit *ok*, um den neuen Wert zu aktivieren.

9.6.6   Ändern der Rahmenbreite

Eine weitere Möglichkeit, das Desktop-Aussehen zu beeinflußen, ist die Änderung der Rahmenbreite der Fenster.

> Rahmen von Fenstern festgelegter Größe (z.B. das Desktop-Fenster) sind nicht änderbar.

VORGEHEN: Ändern der Rahmenbreite

- Aktivieren Sie im Fenster Systemsteuerung die Option Desktop.

- Verändern Sie im Feld *Rahmenbreite* den Wert auf die gewünschte Größe.

  Die möglichen Werte liegen zwischen 1 und 49.

- Wählen Sie *ok*, wenn Sie die Änderung bestätigen wollen oder *Abbrechen*, um auf die Standardeinstellung zurückzukommen.

9.7 Drucker installieren, konfigurieren und löschen

Bei Verwendung eines neuen Druckers oder wenn Sie während der Installation von Windows die Druckerinstallation übersprungen haben, können Sie durch Auswahl der Option *Drucker* im Fenster *Systemsteuerung* nachträglich einen Drucker installieren. Das Löschen eines installierten Druckers kann ebenfalls durch Wahl dieser Option vorgenommen werden.

9.7.1   Installieren eines Druckers

Zur einwandfreien Kommunikation mit dem Drucker benötigt Windows Druckertreiberdateien. Solche Treiberdateien enthalten unter anderem Informationen über die vom Drucker verwendeten Befehlsfolgen (Escape-Sequenzen) zum Einschalten bestimmter Druckmodi, (z.B. Fettdruck), sowie die vom Drucker unterstützten Schriftarten.

> Zum Lieferumfang von Windows gehören Druckertreiberdateien für die meisten gängigen Drucker. Sollte Ihr Drucker nicht unterstützt werden, sehen Sie in dem Handbuch für den Drucker nach, welcher Drucker zu dem von Ihnen verwendeten kompatibel ist.

Am Beispiel der Installation eines Druckertreibers für die Modellreihe Epson LQ 850-1050 soll das Vorgehen verdeutlicht werden.

VORGEHEN: Installation eines Druckers

- Doppelklicken Sie im Fenster Systemsteuerung das Symbol Drucker.

  Das Dialogfeld Drucker erscheint.

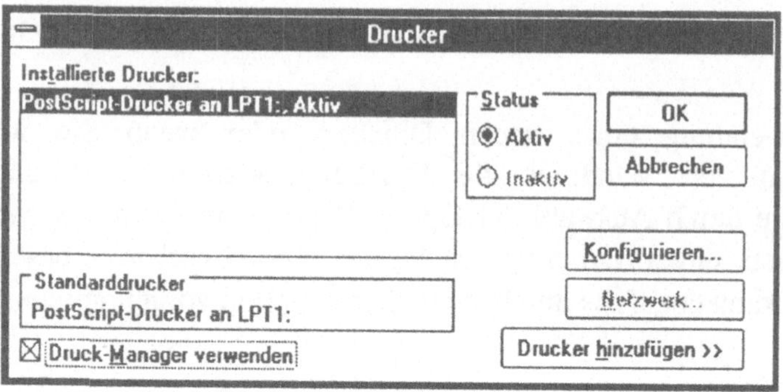

Abb. 9-18: Dialogfeld Drucker

- Wählen Sie die Schaltfläche *Drucker hinzufügen*.

  Das Dialogfeld wird um die *Druckerliste* erweitert. In dieser Liste finden Sie die Namen aller von Windows unterstützten Drucker.

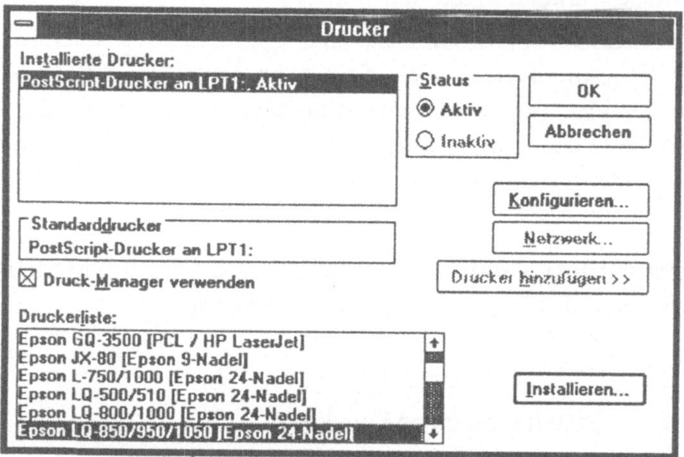

Abb. 9-19: Das erweiterte Dialogfeld Drucker

- Aktivieren Sie die Druckerliste und markieren Sie in ihr den gewünschten Drucker (hier: Epson LQ 850-1050).

- Der nächste Schritt ist das Kopieren der Treiberdatei. Wählen Sie die Schaltfläche *Installieren*.

  In einem Dialogfeld werden Sie aufgefordert, die Diskette mit dem Druckertreiber in das Diskettenlaufwerk einzulegen.

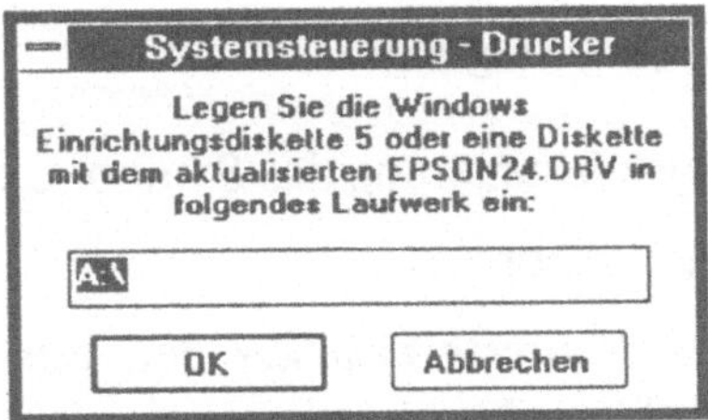

Abb. 9-20: Das Dialogfeld Systemsteuerung - Drucker

- Legen Sie die angeforderte Diskette ein und wählen Sie *ok*.

  Der Drucker wird der Liste *Installierte Drucker* hinzugefügt und inaktiv geschaltet. Markieren Sie im Feld *Status* die Option *Aktiv*, wenn Sie den Drucker als Standarddrucker verwenden wollen.

☞ | War bereits ein Drucker installiert und aktiv geschaltet, so müssen Sie diesen erst inaktivieren oder dem Drucker einen anderen Druckeranschluß zuweisen. Näheres dazu finden Sie im nächsten Abschnitt "Konfigurieren eines Druckers".

9.7.2 Einen Drucker konfigurieren

Zur optimalen Ausnutzung der Möglichkeiten eines installierten Druckers ist es ratsam, den Drucker zu konfigurieren. Folgende Möglichkeiten stehen Ihnen zur Verfügung:

- Den Druckeranschluß für den Drucker auswählen.

- Das Druckermodell näher bestimmen.

- Druckereinstellungen festlegen: zum Beispiel die mit dem Drucker verwendete Papiergröße, das Papierformat und die Schriftqualität.

- Bestimmen, wann Windows eine Fehlermeldung ausgeben soll, wenn Probleme beim Drucken auftreten.

Am Beispiel der Konfiguration des vorher installierten Epson-Druckers sollen einige Möglichkeiten aufgezeigt werden.

VORGEHEN: Bestimmen des Datenübertragungsanschlusses

- Wählen Sie im Fenster Systemsteuerung das Symbol Drucker.

  Das Dialogfeld Drucker erscheint.

- Markieren Sie im Feld *Installierte Drucker* den Epson-Drucker und wählen Sie die Schaltfläche *Konfigurieren*.

  Das Dialogfeld Drucker - Konfigurieren erscheint. Im Feld *Anschlüsse* legen Sie fest, über welchen Anschluß die Daten an den Drucker gesendet werden. Die Abkürzung LPT bezeichnet die parallelen, die Abkürzung COM die seriellen Anschlüsse.

  Die in den Feldern *Drucker nicht bereit* und *Übertragung wiederholen* eingetragenen Werte bestimmen, nach welcher Zeitspanne (in Sekunden) eine Fehlermeldung bei nicht betriebsbereitem Drucker erscheinen bzw. erneut mit der Datenübertragung begonnen werden soll.

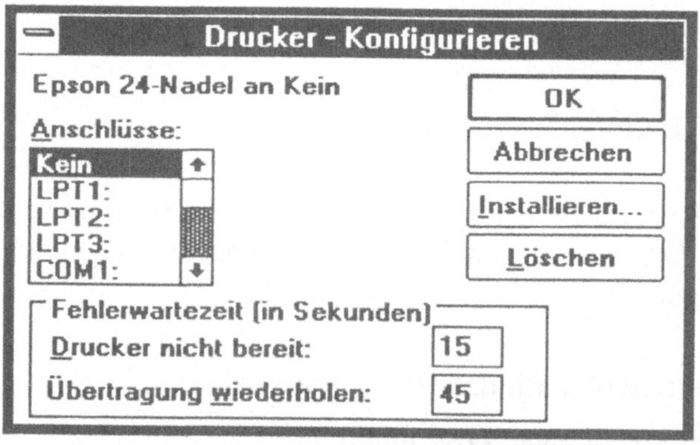

Abb. 9-21: Das Dialogfeld Drucker - Konfigurieren

- Wählen Sie einen Anschluß für den Drucker aus, im Zweifelsfall LPT1.

> Wenn nur ein Anschluß für Drucker verfügbar ist, und der Drucker nicht der Standarddrucker ist, dann wählen Sie als Anschluß *Kein*. Sie haben damit die Möglichkeit, zu einem späteren Zeitpunkt die Anschlüsse zwischen installierten Druckern zu tauschen.

Aufgabe: Im nächsten Schritt sollen druckerspezifische Einstellungen vorgenommen werden, die in Abhängigkeit vom Druckermodell mehr oder minder umfangreich sind. Dazu gehört unter anderem die Spezifizierung des Druckermodells, die Bestimmung der verwendeten Papiergröße, usw.

VORGEHEN: Druckerspezifische Einstellungen vornehmen

- Wählen Sie im Fenster Systemsteuerung das Symbol Drucker.

- Klicken Sie die Schaltfläche *Konfigurieren* im Drucker-Dialogfeld an.

  Es erscheint das Dialogfeld Drucker -Konfigurieren.

- Wählen Sie hier die Schaltfläche *Installieren*.

  Es erscheint das Dialogfeld mit den aktuellen Einstellungen des gewählten Druckers.

  Neben der Auswahl des Treibersatzes muß dem System mitgeteilt werden, welches Druckermodell verwendet wird.

- Markieren Sie im Listenfeld *Drucker* das entsprechende Druckermodell (hier: LQ850/950/1050)

  Weitere Einstellmöglichkeiten betreffen die Art der Papierverwendung, der Papiergröße, des Einzugs, der Schriftqualität und der verwendeten Schriftarten und sind abhängig vom gewählten Druckermodell. Eine Liste der Einstellmöglichkeiten finden Sie weiter unten.

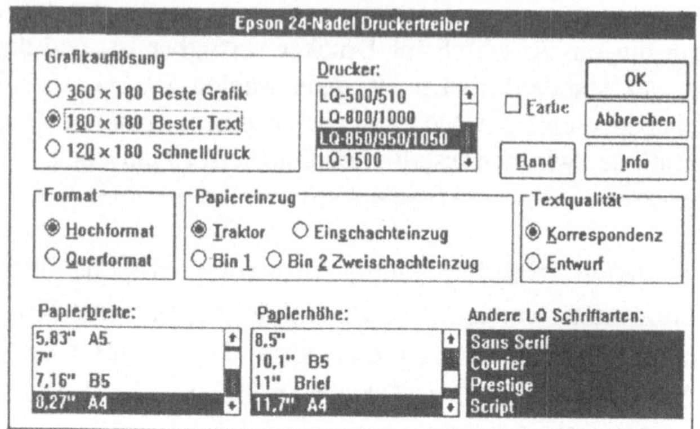

Abb. 9-22 Das Dialogfeld zur Druckerkonfiguration

- Markieren Sie in den Listenfeldern *Papierbreite* und *Papierhöhe* die für den Drucker verwendete Papiergröße (z.B. DIN A4).

- Wählen Sie *ok*, wenn Sie alle Einstellungen vorgenommen haben und diese übernehmen wollen.

- Wählen Sie nochmals *ok*, um zur Systemsteuerung zurückzukehren.

Die nachfolgende Liste gibt eine Erläuterung zu den Druckoptionen, die im Dialogfeld zur Druckerinstallation vorkommen können.

Option	Funktion
Drucker	Festlegen, welches Druckermodell mit der Druckertreiberdatei verwendet wird.
Papiereinzug	Bestimmen, auf welche Art der Drucker das Papier einzieht. Wählen Sie die Option *Schacht* oder *Kassette*, wenn der Drucker mit Einzelblatteinzug arbeitet. Die Option *Traktor* findet Verwendung bei Endlospapierzufuhr.

Papiergröße od. Format od. Papierbreite und Papierhöhe	Bestimmen der verwendeten Papiergröße. DIN A4 Papier hat die Maße 297 mm x 210 mm bzw. 8,27 x 11,7 Zoll. Endlospapier ist genauso breit, aber etwas länger (305 mm x 210 mm bzw 12 x 8,27 Zoll).
Format od. Orientierung	Bestimmen, ob die Seite im Hoch- oder Querformat gedruckt wird.
Grafikauflösung	Wenn Sie über einen Drucker verfügen, der Grafiken erzeugen kann (z.B. Matrix- od. Laserdrucker), können Sie die Auflösungswerte der Grafik bestimmen. Je höher der Wert, desto besser ist die Auflösung und damit die Qualität der Grafik.
Kasetten	Bestimmen, welche Schriftartenkassetten verwendet werden sollen.
Schriftarten	Einstellen zusätzlicher Schriftarten für den Drucker. Zusätzliche Schriftarten können per Kassette oder über Schriftartendateien (Softfonts) dem Drucker zur Verfügung gestellt werden.
Testqualität	Bestimmt die Schriftqualität, in der die Zeichen auf Matrixdruckern zu Papier gebracht werden.
Rand	Einstellen der Seitenränder.
Hilfe od. Info	Zeigt Hilfetexte zur Druckereinstellung.

9.7.3   Einen installierten Drucker löschen

Wenn Sie einen installierten Drucker nicht mehr zusammen mit Windows verwenden, können sie den Druckertreiber löschen.

VORGEHEN: Löschen eines installierten Druckers

- Wählen Sie im Fenster Systemsteuerung das Symbol Drucker.

- Markieren Sie im Feld *Installierte Drucker* den zu löschenden Drucker.

- Wählen Sie die Schaltfläche *Konfigurieren*, und im Dialogfeld *Drucker Konfigurieren* die Schaltfläche *Löschen*.

  In einem Dialogfeld erscheint die Aufforderung, den Löschbefehl zu bestätigen.

- Wählen Sie *ok*, um den Drucker zu löschen.

9.8 Ländereinstellungen vornehmen

Bei der Installation von Windows haben Sie bereits entschieden, welche länderspezifischen Einstellungen bei der Arbeit mit Windows wirksam werden sollen. Dazu zählen u.a. die Festlegung von Uhrzeit-, Datums- und Zahlenformaten.

Wollen Sie diese Einstellungen geänderten Erfodernissen anpassen, können Sie dies durch Wahl der Option Ländereinstellungen im Fenster Systemsteuerung realisieren.

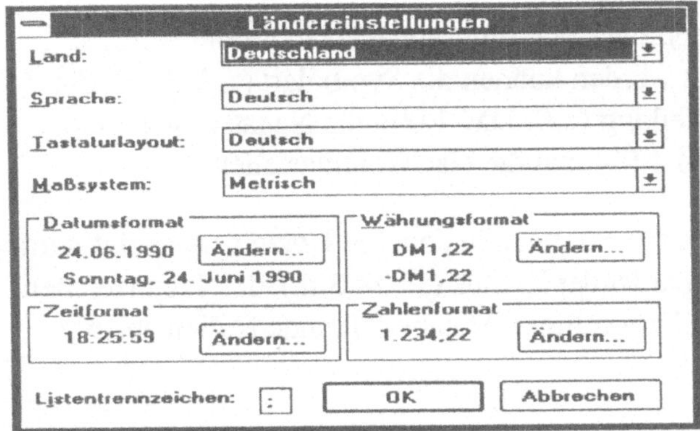

Abb. 9-23: Das Dialogfeld Ländereinstellungen

Die folgende Aufstellung gibt eine Übersicht über die einzelnen Optionen und
deren Funktion:

Option	Funktion
Land	Einstellen des Landes, dessen Standardformate verwendet werden sollen.
Sprache	Einstellen der Sprache, in der mit Windows gearbeitet werden soll.
Tastaturlayout	Das Tastaturlayout festlegen. Die Einstellung ist sehr wichtig, da sie die Darstellung der Zeichen auf dem Bildschirm beeinflußt. Bei Wahl z. B. eines englischen Layouts werden die in der deutschen Sprache verwendeten Umlaute nicht korrekt angezeigt.
Maßsystem	Auswahl des metrischen oder englischen Maßsystems.
Listentrenn-zeichen	Festlegen, mit welchem Symbol Listeneinträge voneinander getrennt werden.
Datumsformat	Festlegen, in welcher Form Datumsangaben angezeigt werden.

Währungsformat   Bestimmen, wie Währungsangaben angezeigt werden.
                   Bestimmt werden können die Symbolart (z.B. DM), die
                   Symbolstellung (z.B. DM 1,00), die Negativdarstellung
                   (z.B. -DM 1,00) und die Nachkommastellen.

Zeitformat   Einstellen des Formats, in dem die Uhrzeit angezeigt wird.
                   Bestimmbar ist der Zyklus (12/24 Std.), das Trennzeichen
                   und ob bei einstelliger Angabe führende Nullen anzeigt
                   werden.

Zahlenformat   Bestimmen, in welchem Format Zahlen angezeigt werden
                   sollen. Bestimmbar ist das Tausender- und
                   Dezimaltrennzeichen, die Dezimalstellen und ob führende
                   Nullen vorangestellt werden sollen.

Die bei Auswahl der einzelnen Optionen erscheinenden Anzeigen sind
größtenteils selbsterklärend. Anhand der Veränderung des Datums- und des
Währungsformats sollen einige Möglichkeiten aufgezeigt werden.

Aufgabe: Die Formate zur Anzeige des Datums und der Währung sollen
geändert werden.

VORGEHEN: Länderspezifische Einstellung in Bezug auf das Datums- und
           Währungsformat vornehmen

- Wählen Sie im Fenster Systemsteuerung die Option
  Ländereinstellungen

  Es erscheint das Dialogfeld Ländereinstellungen.

  Das kurze Datumsformat soll ohne führende Nullen bei der Tag-
  und Monatsangabe angezeigt werden.

- Wählen Sie die Schaltfläche *Ändern* im Feld *Datumsformat*.

  Das Dialogfenster zur Veränderung des Datumsformats wird
  angezeigt.

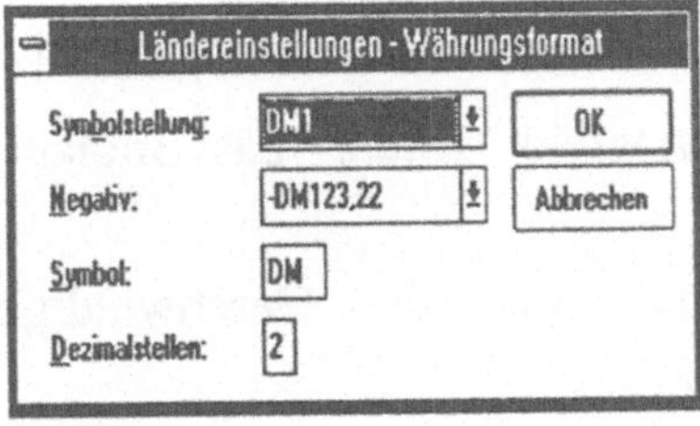

Abb. 9-24: Das Dialogfenster Ländereinstellungen - Datumsformat

- Entfernen Sie im Feld *Tag* und im Feld *Monat* das Kreuz, indem Sie das entsprechende Feld anklicken.

  Bestätigen Sie mit *ok*.

- Währungsangaben sollen mit nachgeführter Währungsangabe (1 DM), negative Zahlen zusätzlich in Klammern angezeigt werden.

  Wählen Sie im Feld *Währungsformat* die Option *Ändern*.

  Das Dialogfeld zur Anzeige des Währungsformats erscheint.

Abb. 9-25: Das Dialogfeld Währungsformat

- Aktivieren Sie das Listenfeld *Symbolstellung* und wählen Sie aus der Liste die Anzeige 1 DM aus.

- Aktivieren Sie das Listenfeld *Negativ* und wählen Sie aus der Liste die Anzeige (123,22DM) aus.

Abb. 9-26: Die Felder mit den gültigen Einstellungen

- Klicken Sie *ok*, um zum Dialogfeld Ländereinstellungen zurückzukehren.

- Wählen Sie nochmals *ok*, um die Einstellungen wirksam werden zu lassen.

9.9   Anpassen der Tastaturgeschwindigkeit

Wenn Ihnen die Wiederholungsrate, in der Zeichen erscheinen, wenn Sie eine Taste gedrückt halten, zu langsam oder zu schnell ist, können Sie sie verändern.

VORGEHEN: Anpassen der Tastaturgeschwindigkeit

- Wählen Sie im Fenster Systemsteuerung das Symbol Tastatur.

- Verschieben Sie im Dialogfeld *Tastatur* das Bildlauffeld in die gewünschte Richtung.

  Sie können überprüfen, ob die Geschwindigkeit Ihren Vorstellungen entspricht.

- Aktivieren Sie das Feld *Testfeld* und halten Sie eine Taste der Tastatur gedrückt. Verändern Sie die Geschwindigkeit, bis sie Ihren Vorstellungen entspricht.

- Bestätigen Sie mit *ok*.

9.10 Einstellen des Systemdatums und der -uhrzeit

Viele Personal-Computer verfügen über eine batteriegepufferte Uhr, die auch nach dem Ausschalten des Computers weiterläuft. Dadurch sind beim Neustart des Computers die genauen Werte verfügbar. Andernfalls muß jedesmal das korrekte Datum und die Uhrzeit eingegeben werden.

Über die Option Datum/Uhrzeit der Systemsteuerung können Sie die notwendigen Einstellungen vornehmen.

VORGEHEN: Einstellen des Systemdatums und der -uhrzeit

- Wählen Sie im Fenster der Systemsteuerung die Option Datum/Uhrzeit.

  Daraufhin erscheint das Dialogfeld zum Setzen des Systemdatums und der -uhrzeit.

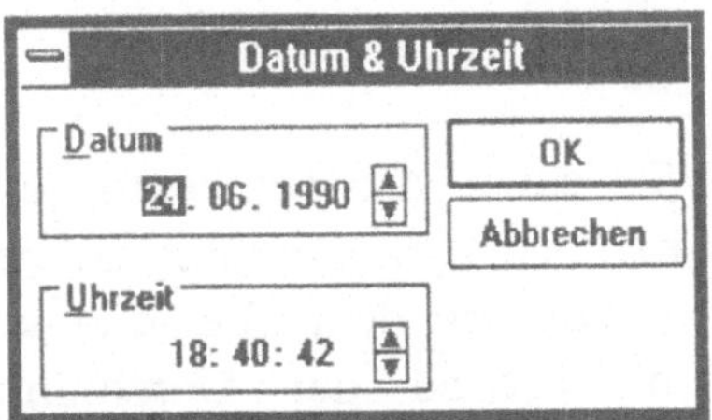

Abb. 9-27: Das Dialogfeld Datum & Uhrzeit

- Markieren Sie den Teil des Datums (Tag/Monat/Jahr) oder der Uhrzeit (Std./Min./Sek.), den Sie ändern wollen, durch Klicken oder mit Hilfe der *<Tab>*-Taste.

- Klicken Sie auf den nach oben bzw. nach unten weisenden Pfeil, um den Wert zu erhöhen bzw. zu vermindern.

  Oder geben Sie einen neuen Wert ein.

- Bestätigen Sie mit *ok*.

10 Hinweise zur Arbeit mit den WINDOWS-Anwenderprogrammen Paintbrush und Write

Dieses Kapitel

- *stellt anhand einer Übungsaufgabe die windows-internen Anwenderprogramme PAINTBRUSH und WRITE vor*

- *gibt Hinweise, wie das Zeichenprogramm PAINTBRUSH sinnvoll zur Unterstützung der Textverarbeitung WRITE eingesetzt werden kann*

- *wiederholt den Umgang mit der Zwischenablage sowie Fenstertechniken*

- *vertieft die Kenntnisse über Möglichkeiten des Datentransfers zwischen Anwenderprogrammen*

Das Zeichenprogramm *PAINTBRUSH* sowie die Textverarbeitung *WRITE* sind die umfangreichsten windows-internen Anwenderprogramme. Ihnen ist deshalb ein eigenes Kapitel gewidmet, in dem Sie die wesentlichen Grundzüge der beiden Programme anhand der Durchführung eines Fallbeispiels kennenlernen sollen.

Fallbeispiel

In der Niederlassung eines Versicherungsunternehmens sind die Arbeitsplätze mit Personalcomputern ausgestattet. Die Ausrüstung der Computer ist ergänzt worden durch die Betriebssystemerweiterung Windows.

Zur Vorbereitung und Popularisierung einer Mitarbeiterschulung auf Abteilungsebene versendet die Abteilung Zentrale Weiterbildung Anschreiben an die übrigen Abteilungen, in denen das Programm verbal und grafisch vorgestellt wird. In einer Tabelle werden die Schulungsorte, die Namen der Dozenten, die Teilnehmerzahlen sowie die Schulungstermine aufgelistet.

10.1 Arbeiten mit WRITE

Wie jedes windows-interne Anwenderprogramm weist die Textverarbeitung Write eine den übrigen WINDOWS-Anwenderprogrammen sehr ähnliche Oberfläche auf. Das dürfte Ihnen den Einstieg in den Umgang mit Write erleichtern.

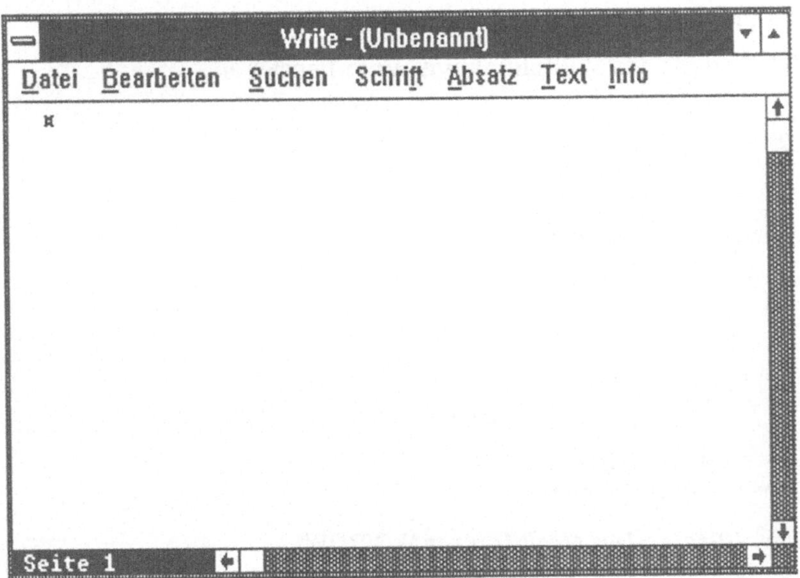

Abb. 10-1: Der Startbildschirm von Write

Auch Write verfügt über eine Titelleiste, eine Menüleiste, Fenstersteuer-Felder und Bildrolleisten - Elemente, mit denen analog zu den bisher vorgestellten WINDOWS-Fenstern umzugehen ist. Das Kästchen in der linken oberen Ecke der Bildschirm-Arbeitsfläche kennzeichnet das Ende des Dokuments. Im Verlauf der Texteingabe wird es nach rechts bzw. nach unten verschoben. Am linken unteren Bildschirmrand wird Ihnen angezeigt, auf welcher Seite (Druckseite) des Dokuments Sie sich gerade befinden.

Aufgabe: Starten Sie WRITE. Vergrößern Sie das Fenster auf Vollbildformat und bestimmen Sie, daß Ihnen über dem Arbeitsfeld ein Zeilenlineal eingeblendet wird.

VORGEHEN: Befehlsaufruf mit WRITE

- Doppelklicken Sie das Write-Symbol im Zubehör-Fenster des Programm-Managers.

- Klicken Sie das Vollbildfeld im Write-Fenster an.

Abb. 10-1a: Das Menü Text von WINDOWS

- Lassen Sie sich durch Anklicken die Befehle des Menüs *Text* aufblättern und aktivieren Sie die Option *Lineal ein.*

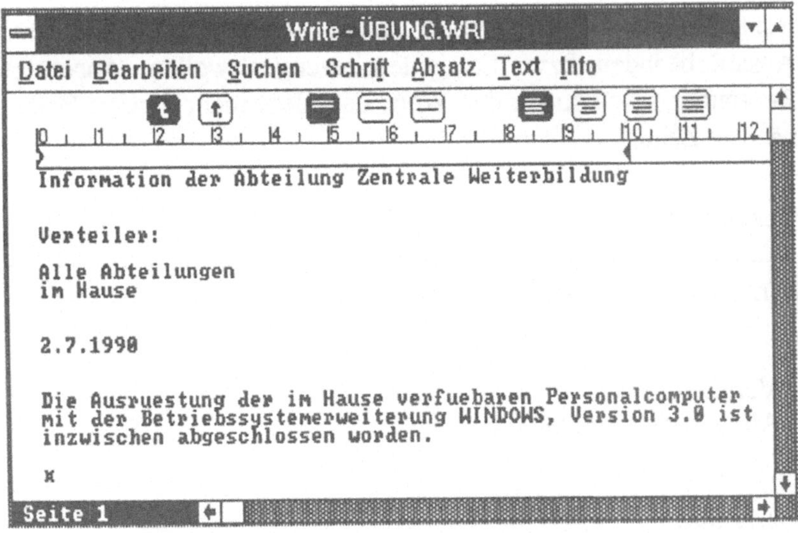

Abb. 10-2: Write-Bildschirm mit eingeschaltetem Zeilenlineal und erfaßtem Text

Die Randsteller im Zeilenlineal symbolisieren den linken und rechten Textrand, d.h. daß Text momentan in diesen Grenzen erfaßt werden kann.

Die Symbole über dem Zeilenlineal dienen der schnellen Textgestaltung. Sie können durch Anklicken markiert werden. Die invers dargestellten Symbole repräsentieren die aktuelle Einstellung. Beispielsweise kennzeichnet das Symbol mit den zwei Linien einen einzeiligen Zeilenabstand.

Mit Hilfe des Zeilenlineals, der Symbole und der Maus werden Sie später die Absätze des Übungstextes formatieren, das heißt, nach Ihren Wünschen gestalten.

10.1.1 Texterfassung und -gestaltung

Geben Sie nun fortlaufend den unten abgebildeten Text ein. Falls Sie sich vertippen, können Sie die Fehler mit denselben Methoden korrigieren, die im Zusammenhang mit dem Notizblock-Programm vorgestellt worden sind (vgl. Kap.5: Der Notizblock von WINDOWS).

Betätigen Sie die *<Return>*-Taste nur dann, wenn Sie ausdrücklich einen Absatz beenden bzw. Leerzeilen erzeugen wollen. Ansonsten zieht das Programm automatisch das Wort, das nicht mehr in eine Zeile paßt, in die nächste Zeile.

Texterfassung

Information der Abteilung Zentrale Weiterbildung

Verteiler:
Alle Abteilungen im Hause

2.7.1990

Die Ausrüstung der im Hause verfügbaren Personalcomputer mit der Betriebssystemerweiterung WINDOWS, Version 3.0, ist inzwischen abgeschlossen worden.
Windows ist ein Programm, das Ihnen helfen wird, Ihre Anwenderprogramme und Dateien sinnvoll zu verwalten. Zugleich verschafft Ihnen Windows die Möglichkeit, mehrere Anwenderprogramme gleichzeitig im Arbeitsspeicher des Computers vorzuhalten. Daten- und Texttransfer zwischen Programmen wird durch Windows enorm erleichtert.
Hinzu kommt, daß Windows eine Reihe interner Anwenderprogramme aufweist, deren Ensemble eine komplette Bürokommunikation darstellt. Eine schematische Darstellung dieser Anwenderprogramme finden Sie im nachfolgenden Schaubild.

Um allen Mitarbeitern frühzeitig eine Terminplanung zu ermöglichen, haben wir für die Teilnahme an Windows-Schulungen eine Liste der angebotenen Termine zusammengestellt. Die Abteilungsleiter sind aufgefordert, Ihre Mitarbeiter bis zum 15.7.90 anzumelden.

Mit freundlichen Grüssen

Abb. 10-3: Der einzugebende Text

Zeichenformatierung

Im nächsten Schritt formatieren Sie den Text, d.h., sie gestalten den Text. Da WRITE zu den sogenannten WYSIWYG-Programmen (what you see is what you get) gehört, werden Formatierungsmaßnahmen, wie zum Beispiel fette, unterstrichene oder kursiv gesetzte Zeichen, andere Schriftart und -größe entsprechend der Druckausgabe am Bildschirm dargestellt.

Aufgabe: Definieren Sie die erste Textzeile als Kopfzeile. d. h. eine Zeile, die durchgängig auf jeder Druckseite ausgedruckt wird. Verfügen Sie gleichzeitig die fortlaufende Numerierung der Druckseiten. Bestimmen Sie Schriftart und -größe für den Kopfzeilentext.

VORGEHEN:Kopfzeile definieren und formatieren

- Markieren Sie die erste Textzeile ("Information...Weiterbildung"), indem Sie den Mauszeiger so vor dem ersten Wort der Zeile positionieren, daß er wieder die bekannte Pfeilform annimmt. Klicken Sie anschließend mit der Maustaste.

- Klicken Sie das Menü *Bearbeiten* an und wählen Sie den Befehl *Ausschneiden*. Damit wird die markierte Zeile in die Zwischenablage portiert.

- Aktivieren Sie nun im Menü *Text* den Befehl *Kopfzeile*.

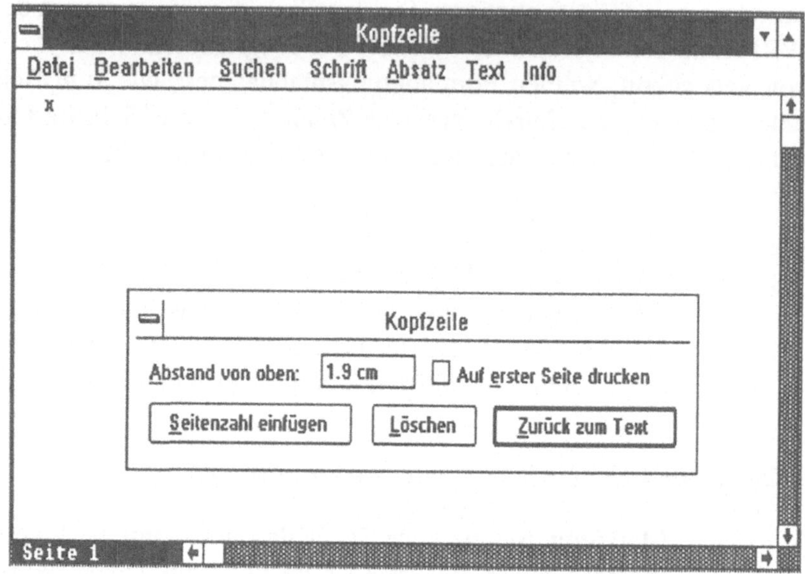

Abb. 10-4: Dialogfenster zum Erstellen einer Kopfzeile

Auf dem nunmehr eingeblendeten leeren Kopfzeilenbildschirm könnten Sie manuell eine Kopfzeile eingeben.

- Klicken Sie stattdessen das *Bearbeiten*-Menü an und aktivieren Sie den Befehl *Einfügen*:

  Die in die Zwischenablage transportierte erste Textzeile wird als Kopfzeile eingefügt.

- Markieren Sie die Kopfzeile und klicken Sie das Menü *Schrift* an.

Abb. 10-5: Das Schrift-Menü

- Wählen Sie aus den aufgeblätterten Befehlen bzw. Optionen durch Anklicken die Option *Fett*.

- Aktivieren Sie sodann nach nochmaligem Aufruf des Menüs *Schrift* die Option *Schriftarten*.

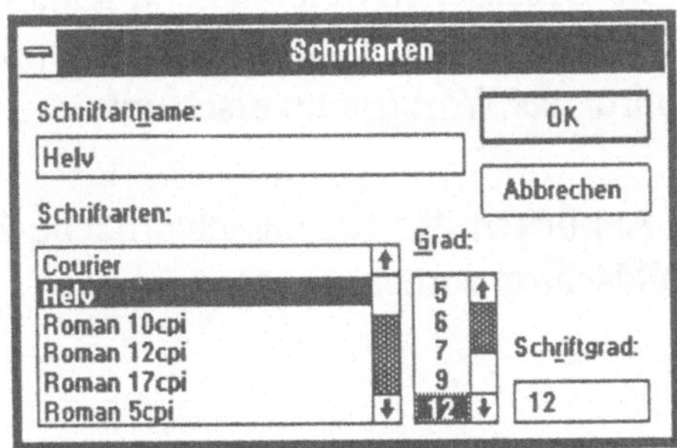

Abb. 10-6: Das Schriftarten-Dialogfeld

Im Dialogfeld dieser Option können Sie nun eine Schriftart sowie eine Schriftgröße durch Markieren auswählen. Verschiedene Schriftarten verfügen über unterschiedliche Schriftgrößen-Optionen. In der zu der ausgewählten Schriftart eingeblendeten Schriftgrad-Liste kann durch Markieren- die gewünschte Größe ausgewählt werden. Insgesamt muß die Aktion letztlich mit *ok* bestätigt werden. (Welche Schriften Ihnen als verfügbar angezeigt werden und welche Schrift letztlich auf Ihrem Drucker ausgegeben wird, hängt auch vom eingesetzten Druckermodell ab! In unserem Beispiel wählten wir die Schriftart Helvetica und den Schriftgrad 12).

- Machen Sie nun die erforderlichen Eingaben im Dialogfeld des Befehls Kopfzeile. (siehe Abb. 10-4)

- Als Abstand vom oberen Seitenrand geben Sie ein: 2 cm (Mauszeiger auf der entsprechenden Befehlsschaltfläche positionieren, klicken und über die Tastatur den gewünschten Abstand, also 2, eingeben. Mit der *<Entf>*-Taste die Standardeinstellung = 1,9 entfernen.)

- Klicken Sie die Option *Auf erster Seite drucken* an, damit die Kopfzeile auch auf der ersten Druckseite ausgegeben wird.

- Klicken Sie außerdem die Option *Seitenzahl einfügen* an. Damit wird verfügt, daß die Druckseiten durchlaufend numeriert werden und zwar an der Stelle, an der nach Anklicken der Option auf dem Kopfzeilen-Bildschirm das Wort (Seite) erscheint.

- Kehren Sie durch Anklicken der Befehlsschaltfläche *Zurück zum Text* auf den Textbildschirm zurück.

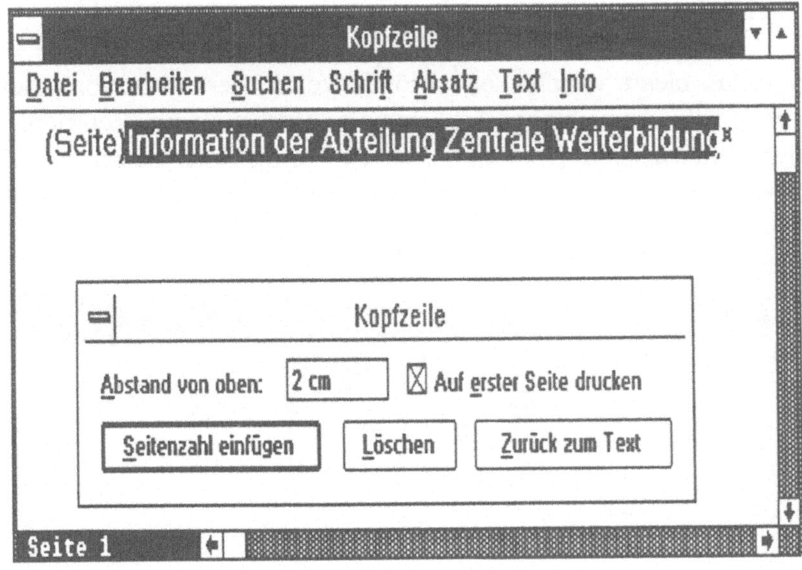

Abb. 10-6a: Kopfzeilenbildschirm zum Übungstext

> Auf dem Textbildschirm wird die von Ihnen erstellte Kopfzeile nicht
> angezeigt. Sie werden sie auf der Druckausgabe wiederfinden.

Aufgabe: Zeichnen Sie das Wort "Verteiler" mit dem Schriftmerkmal
Unterstrichen aus.

VORGEHEN: Text mit dem Merkmal Unterstrichen auszeichnen

- Markieren Sie das Wort "Verteiler" (Mauszeigerpfeil vor dem
  Wort positionieren und klicken).
- Klicken Sie das Menü *Schrift* an und aktivieren Sie die Option
  Unterstrichen.

Das Wort Verteiler wird unterstrichen.

Formatieren von Absätzen

WRITE bietet verschiedene Möglichkeiten der Absatzformatierung. Dazu zählen die Ausrichtung (Linksbündig, Rechtsbündig, Zentriert, Blocksatz), der Zeilenabstand (1zeilig, 1,5zeilig, 2zeilig), das Setzen von Tabulatoren sowie das Bestimmen von Absatzeinzügen.

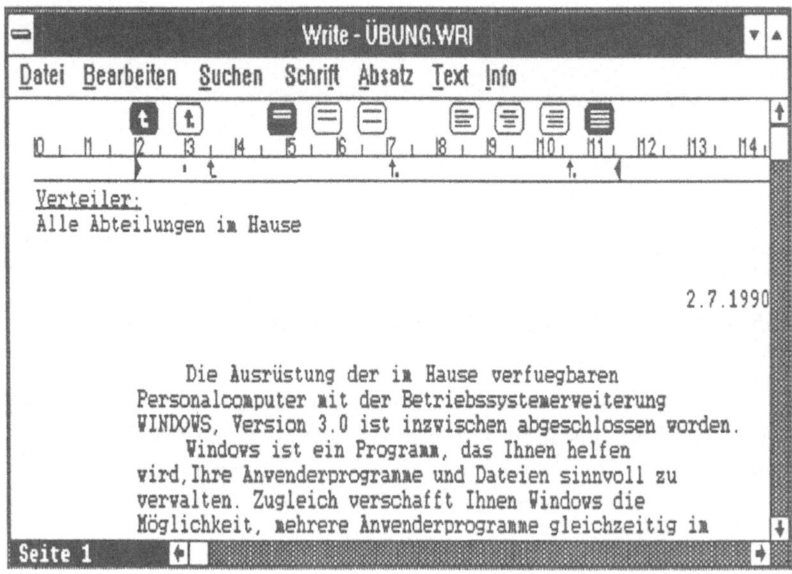

Abb. 10-7: Ausschnitt des formatierten Textes

Sie können die Formatierung sowohl über das Menü *Absatz* als auch mit der Maus im Zusammenhang mit den Symbolen des Zeilenlineals durchführen.

Durch Anklicken der Option *Absatz* in der Menüzeile bekommen Sie das Absatzmenü angeboten. Die aktuelle Einstellung ist mit einem Häkchen versehen. Durch Anklicken einer anderen Option wird diese gültig und der Absatz entsprechend dieser Option ausgerichtet.

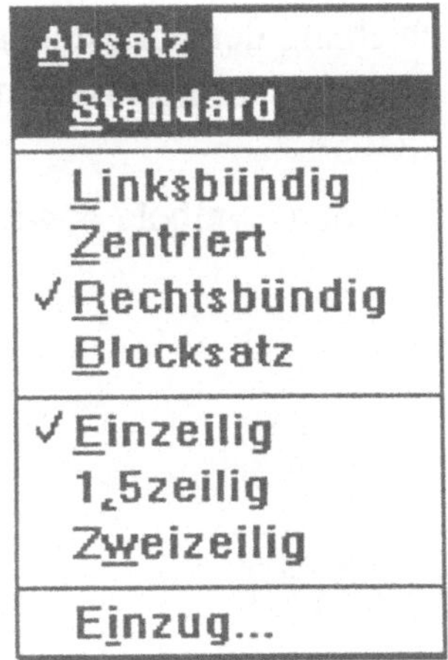

Abb. 10-8: Das Absatz-Menü

Um Absätze links und/oder rechts einzuziehen, ist der Befehl *Einzug* zu wählen. Sie bekommen ein weiteres Menü angeboten, in dem Sie den linken und rechten sowie den Erstzeileneinzug festlegen können.

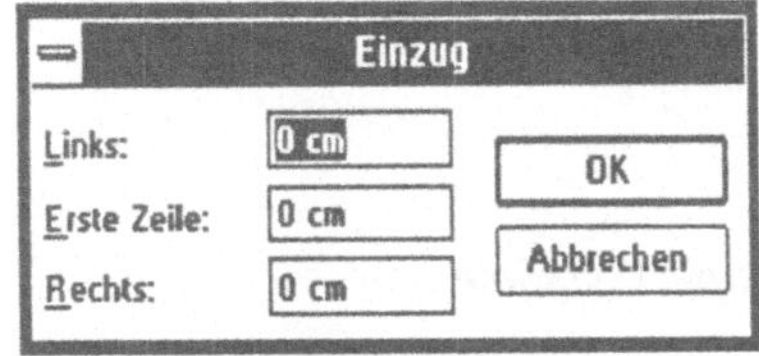

Abb. 10-9: Das Dialogfeld des Befehls Einzug

Eine viel schnellere Möglichkeit der Formatierung bietet der Einsatz der Maus im Zusammenhang mit den Symbolen des Zeilenlineals. Indem Sie das gewünschte Symbol anklicken, wird der Absatz entsprechend der durch das Symbol repräsentierten Formatierung ausgerichtet.

Das Setzen von .i.Write-Tabulatoren; ist ebenfalls sehr einfach. Sie klicken das gewünschte Tabulatorsymbol an, und anschließend klicken Sie im .i.Write-Zeilenlineal; an der Stelle, an der der Tabulator gesetzt werden soll.

Das Bestimmen von Einzügen erfolgt über die Verschiebung der Randsteller im Zeilenlineal, indem Sie diese mit der Maus an die gewünschte Position ziehen.

Die folgende Abbildung zeigt die zur Verfügung stehenden Symbole sowie deren Funktion:

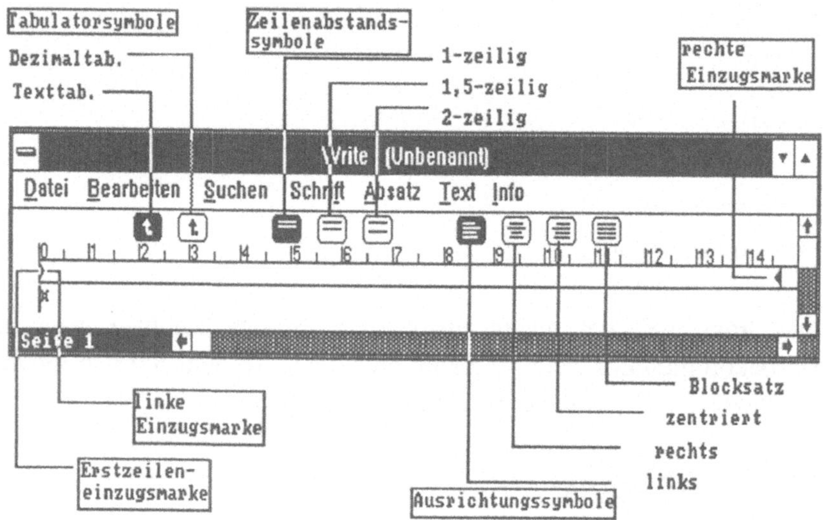

Abb. 10-10:   Das Zeilenlineal und die Bedeutung seiner Symbole

Aufgabe: Richten Sie die Datumsangabe rechtsbündig aus. Formatieren Sie die folgenden Absätze bis zur Grußformel linksbündig und im Blocksatz. Lassen Sie die Grußformel zentriert setzen. Die Einrückung für den gesamten Text soll 3 cm vom rechten Rand und zwei cm vom linken Rand betragen. Die jeweils erste Zeile eines Absatzes wird um einen weiteren Zentimeter eingerückt.

VORGEHEN: Absätze formatieren

- Positionieren Sie den Cursor in der Zeile mit der Datumsangabe.

- Klicken Sie auf das Symbol für rechtsbündige Ausrichtung.

- Um die nachfolgenden Absätze gemäß der Aufgabenstellung zu formatieren, müssen auch sie zunächst markiert werden.
    - Ein einzelner Absatz wird markiert, indem der Mauszeigerpfeil links neben dem entsprechenden Absatz positioniert und die Maustaste zweimal gedrückt wird (Doppelklick).
    - Sollen mehrere Absätze markiert werden, muß die Maustaste nach dem zweiten Klicken gedrückt gehalten werden. Die Markierung wird dann durch Ziehen des Mauszeigers nach unten auf weitere Absätze erweitert.

Verfahren Sie entsprechend.

- Klicken Sie das Symbol für Blocksatz an.

Die markierten Absätze sollen links um 2cm, rechts um 3 cm und in der ersten Zeile zusätzlich um 1 cm eingezogen werden.

- Rufen Sie das Menü Absatz auf, und wählen Sie dort die Option Einzug.

- Im Dialogfeld des *Einzug*-Befehls geben Sie ein:

    Links: 2 cm

    Erste Zeile: 1 cm

    Rechts: 3 cm

Bestätigen Sie mit *ok*.

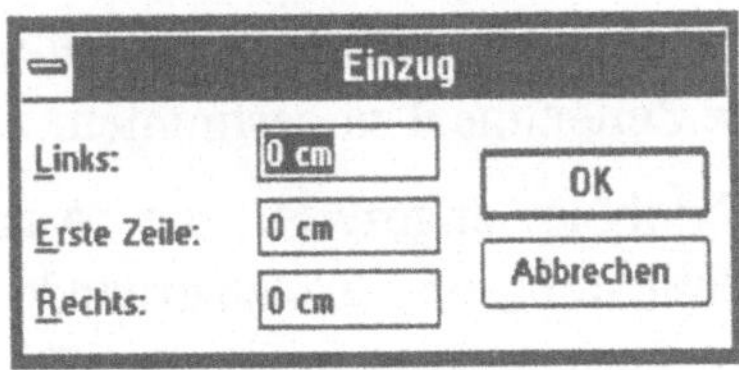

Abb. 10-10: Bestimmen des Erstzeileneinzugs über das Dialogfeld Einzug

- Klicken Sie nun an beliebiger Stelle im Textbildschirm, um die Markierung der Absätze aufzuheben.

- Positionieren Sie den Cursor im Absatz mit der Grußformel und klicken Sie auf das Symbol für zentrierte Ausrichtung.

Damit haben Sie den Text gemäß der Aufgabenstellung formatiert.

Sie werden folgende Grundsätze bemerkt haben: was formatiert werden soll, ob Absatz, ob Zeichen, muß zuvor markiert werden.

Sollen Formatierungen vorgenommen werden, die die Darstellung von Zeichen bzw. einer Zeichenfolge betreffen (Fettdruck, Schriftart, Unterstreichen, Kursivdruck usw.), werden Befehle des Menüs *Schrift* eingesetzt.

Handelt es sich bei der Formatierung um die Anordnung von Textabschnitten (Einrückungen, Textausrichtung, Zeilenabstand usw.), werden die Befehle des *Absatz*-Menüs oder die Symbole im Zeilenlineal herangezogen.

Es wird immer derjenige Absatz formatiert, in dem sich der Cursor gerade befindet bzw. diejenigen, die markiert worden sind.

Absatz- und sogar seitenübergreifende Formatierungen (Kopf- und Fußzeilen erstellen, die auf jeder Druckseite erscheinen, Tabulatoren setzen, Seitenlayout bestimmen) werden mit Hilfe der Befehle im *Text*-Menü erzeugt.

10.1.2 Tabelle mit Write erstellen

Einrückungen haben Sie bisher über den Befehl *Einrücken* des Absatz-Menüs vorgenommen. In dem nachfolgenden Lösungsabschnitt der Übung werden Sie lernen, Einrückungen ebenso wie das das Setzen von Tabulatoren direkt mit der Maus über das eingeblendete Zeilenlineal zu bestimmen.

Mit dem Zeilenlineal werden Symbole angezeigt, die Auskunft über Tabulatoren, Einrückungen, Textausrichtung und Zeilenabstände geben. Bei den Tabulatorsymbolen sowie denen für Textausrichtung und Zeilenabstände zeigt das jeweils markierte Symbol an, welche Einstellung derzeit aktiv ist. In Abbildung 10-10 sehen Sie also, daß der Texttabulator aktiv, der Text einzeilig eingestellt ist und die Ausrichtung linksbündig erfolgt.

Aufgabe: Setzen Sie Tabulatoren, um eine Tabelle gemäß Abbildung 10-11 erzeugen zu können, in der Sie Schulungsort, Dozentennamen,

Teilnehmerzahl und Termine eintragen. Die Tabelle soll nicht wie der bisherige Text 2 cm vom linken und 3 cm vom rechten Rand eingerückt werden, sondern jeweils nur einen Zentimeter. Die erste Zeile des Tabellenabsatzes soll bündig mit den übrigen Zeilen beginnen.

```
zusammengestellt. Die Abteilungsleiter sind aufgefordert,
Ihre Mitarbeiter bis zum 15.7.90 anzumelden.

Ort        Dozent      Teiln.       Termin

BITEF      R.Heide       12          2,8,90

im Hause   P.Werners     10         15,8,90

BITEF      T.Frank       12         30,8,90


              Mit freundlichen Grüssen
```

Abb. 10-11:   *Die fertige Tabelle im Text*

VORGEHEN: Einrückungen mit Hilfe des Zeilenlineals vornehmen

- Schalten Sie mit der *<Return>*-Taste vor der Grußzeile zwei neue Absätze.

- Bewegen Sie den Mauszeiger auf die linke Einrückungsmarke des Zeilenlineals. Ziehen Sie dieses Dreieck mit gedrückter Maustaste unter die Skalenposition 1.

- Verfahren Sie analog mit der rechten Einrückungsmarke und bewegen Sie sie um zwei Skaleneinheiten nach rechts.

- Zeigen Sie mit dem Mauszeiger auf das kleine Rechteck, das sich unter der Skalenposition 3 befindet (die Erstzeileneinzugsmarke), und bewegen Sie es mit gedrückter Maustaste nach links unter die Skalenposition 1.

Sie haben damit vorbereitet, in welchen Randbegrenzungen die von Ihnen zu erstellende Tabelle gedruckt wird. Setzen Sie nun die erforderlichen Tabulatoren.

VORGEHEN:　Tabulatoren im Zeilenlineal setzen

- Klicken Sie ein Tabulator-Symbol im Zeilenlineal an. In diesem Fall den gebogenen Pfeil, der für linksbündige Tabulatoren steht. Das Symbol erscheint nach dem Anklicken als markiert.

- Zeigen Sie mit dem Mauszelger unter die Skalenposition dreieinhalb und klicken Sie.

  Damit ist ein linksbündiger Tabulator an dieser Position gesetzt. Text wird nun ab der Tabulatorposition linksbündig gesetzt.

- Markieren Sie durch Anklicken den Dezimaltabulator (der gerade Pfeil mit einem Punkt dahinter). Zeigen Sie mit dem Mauszeiger unter die Skalenposition sieben und klicken Sie. Zeigen Sie danach auf Skalennposition zehneinhalb und klicken Sie wiederum.

  Damit haben Sie zwei Dezimaltabulatoren gesetzt.

  Bei der Eingabe von Zahlen erfolgt die Ausrichtung der Zahlen vor dem Komma links vom Tabulator. Nachkommastellen erscheinen rechts von der Tabulatorposition.

☞

> Wenn die Dezimalausrichtung nicht erfolgreich ist, ist statt des Dezimaltrennzeichen der Punkt aktiv. Sie können diese Einstellung über die Systemsteuerung (Option: Ländereinstellungen) ändern.

Wollten Sie Tabulatoren wieder löschen, müßten Sie sie bei gedrückter Maustaste nach unten in den Arbeitsbereich des Fensters ziehen. Um Tabulatoren an eine andere Stelle zu setzen, werden die Tabulatorsymbole mit gedrückter Maustaste an die gewünschte neue Position gezogen.

- Geben Sie nun Zeile für Zeile gemäß Abbildung 10-11 ein. Betätigen Sie jeweils dann, wenn der Text in der nächsten Spalte weitergehen soll, die *<tab>*-Taste, also in der Tabellenüberschrift nach Fertigstellung des Wortes "Ort", nach "Dozent" und nach "Teiln.". Am Ende der jeweiligen Zeile betätigen Sie die *<Return>*-Taste. Um eine Leerzeile einzufügen, wird die *<Return>*-Taste zweimal gedrückt.

- Abschließend markieren Sie die erste Tabellenzeile (Mauszeiger vor der Zeile positionieren und klicken), rufen das Menü Schrift auf und klicken die Option *Unterstrichen* an.

10.1.3 Suchen und Ersetzen

Write bietet Ihnen auch die Möglichkeit, nach bestimmten Textstellen zu suchen, sich diese markiert anzeigen oder auch ändern zu lassen. Solche Aktionen erfolgen durch Auswahl von Befehlen im Menü *Suchen*.

```
Suchen
Suchen...
Weitersuchen        F3
Ändern...
Gehe zu Seite...  F4
```

Abb. 10-12: Das Suchen-Menü von Write

Durch Aufruf des Befehls *Suchen* können Sie gezielt nach einem bestimmten Wort, einer Zeichenfolge innerhalb eines Wortes oder einer Wortfolge suchen lassen. Der Suchbegriff wird in dem Dialogfeld des Befehls eingegeben und das Suchergebnis anschließend im Text markiert angezeigt. Dabei durchsucht das Programm den Text immer ab der Cursor-Position nach unten und beginnt nach Ende des Textes am Textanfang, bis die Cursorposition wieder erreicht ist. Es ist auch möglich, bestimmte Textpassagen vorher zu markieren. Dann wird lediglich die markierte Textpassage durchsucht.

Analog verläuft die Suche, wenn mit Aktivierung des Befehls *Ändern* die Suche nach Textstellen veranlaßt und gleichzeitig die Möglichkeit der automatischen Änderung dieser Textstellen gewählt wird.

Aufgabe: In Ihrem Übungstext ist der Programmname WINDOWS nur an einer Stelle in Großbuchstaben geschrieben. Ändern Sie den Text, indem Sie WINDOWS generell in Versalien setzen lassen.

VORGEHEN: Automatisches Ändern von Text

- Aktivieren Sie durch Anklicken das Menü *Suchen* und rufen Sie den Befehl *Ändern* auf.

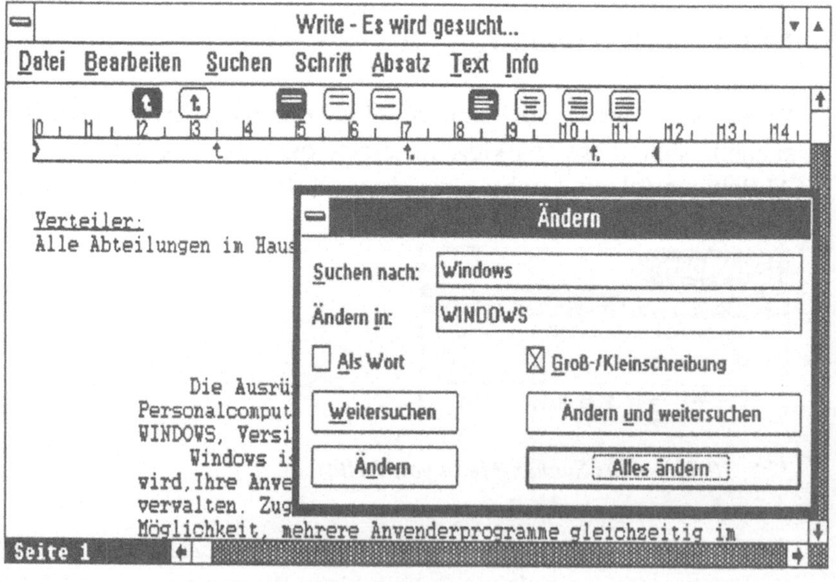

Abb. 10-13:   Das Dialogfeld des Befehls Ändern

- Geben Sie im Eingabefeld *Suchen nach* ein: Windows und im Eingabefeld *Ändern in*: WINDOWS.

- Klicken Sie sodann das Feld *Groß-/Kleinschreibung* an. Damit veranlassen Sie, daß bei der Suche und der Änderung ganz exakt die Groß- und Kleinschreibung berücksichtigt wird. Wenn Sie diese Option nicht gewählt hätten, würde die Zeichenfolge WINDOWS gesucht und durch die Zeichenfolge WINDOWS ersetzt - ohne zu beachten, daß der Änderungsbegriff in Großbuchstaben erscheinen soll.

- Klicken Sie nun die Befehlsschaltfläche *Alles Ändern* an: Damit wird automatisch das alte durch das neue Wort ersetzt.

- Klicken Sie nun das Steuerungsfeld des Ändern-Dialogfeldes an und rufen Sie die Option *Schließen* auf. Damit entfernen Sie das Ändern-Dialogfeld vom Bildschirm

Wie Sie in Abbildung 10-13 sehen, gibt es in dem Ändern-Dialogfeld noch weitere Optionen:

Weitersuchen: mit Anklicken dieser Option können Sie Schritt für Schritt den gesuchten Begriff anzeigen lassen und ihn, auf Wunsch, manuell verändern.

Ändern: Ersetzt den gefundenen Suchbegriff durch den im Dialogfeld eingegebenen Änderungsbegriff. Danach können Sie wiederum die Option *Weitersuchen* anklicken oder die Suche beenden und durch *Schließen* des Änderungsdialogfeldes zur Textbearbeitung zurückkehren.

Ändern und Weitersuchen: Vereint die beiden eben beschriebenen Optionen: jedesmal, wenn der Suchbegriff gefunden wird, wird durch Anklicken dieser Option der Änderungsbegriff eingesetzt und der Text weiter durchsucht.

Als Wort: Die Wahl dieser Option bewirkt, daß der Suchbegriff nur als vollständiges Wort und nicht als Teil eines Wortes berücksichtigt wird. Also wird -um in unserem Beispiel zu bleiben- nur nach dem Wort "WINDOWS" gesucht und nicht nach dieser Zeichenfolge als Bestandteil eines anderen Wortes, wie zum Beispiel "windowsorientiert".

10.1.4 Write-Text speichern

Aufgabe: Speichern Sie nun den Text im Verzeichnis C:\WINDOWS\PROGRAMM\NOTIZEN unter dem Namen SCHULUNG und verkleinern Sie anschließend das Programm WRITE auf Symbolgröße.

VORGEHEN: Text speichern

- Klicken Sie den Befehl *Speichern* im *Datei*-Menü an.

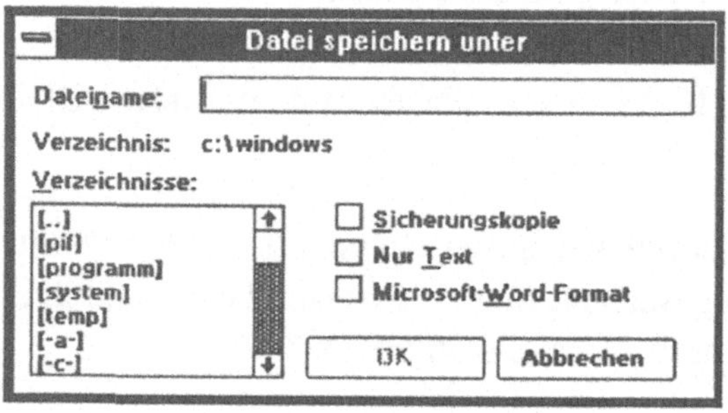

```
┌─────────────────────────────────────────────────┐
│ ▬           Datei speichern unter                │
├─────────────────────────────────────────────────┤
│  Dateiname:    [                              ]  │
│                                                  │
│  Verzeichnis:   c:\windows                       │
│  Verzeichnisse:                                  │
│  ┌──────────────┐  ☐ Sicherungskopie             │
│  │ [..]         │  ☐ Nur Text                    │
│  │ [pif]        │  ☐ Microsoft-Word-Format       │
│  │ [programm]   │                                │
│  │ [system]     │                                │
│  │ [temp]       │   ┌────────┐  ┌──────────┐     │
│  │ [-a-]        │   │   OK   │  │ Abbrechen│     │
│  │ [-c-]        │   └────────┘  └──────────┘     │
│  └──────────────┘                                │
└─────────────────────────────────────────────────┘
```

Abb. 10-14:   Das Dialogfeld des Speichern-Befehls

- Geben Sie im Dialogfeld des *Speichern*-Befehls als Dateiname ein: SCHULUNG.

  Da Ihnen C:\WINDOWS als Verzeichnis vorgeschlagen wird, doppelklicken Sie in der Verzeichnisliste des Dialogfeldes das Unterverzeichnis PROGRAMM und dort anschließend das Unterverzeichnis NOTIZEN.

  Bestätigen Sie abschließend mit *ok*.

- Klicken Sie nun das Fenstersteuerungsfeld *Symbol* an, um das Write-Fenster zu schließen und die Programmdarstellung auf Symbolgröße zu verkleinern.

Wie Sie gesehen haben, erlaubt das Speicher-Dialogfeld die Auswahl weiterer Optionen: so können Sie durch Ankreuzen bestimmen, daß zusätzlich zu der gespeicherten Datei eine Sicherungskopie gespeichert wird. Zudem können Sie veranlassen, daß der Text ohne Formatierungen (*Nur Text*) gespeichert wird. Das macht Sinn, wenn Sie den Text später in ein anderes Programm transferieren und da weiterbearbeiten wollen. Die Option *Microsoft-Word-Format* bietet sich an, wenn der Text mit Word weiterbearbeitet werden soll.

10.2 Arbeiten mit PAINTBRUSH

Das Paintbrush-Fenster ist wie alle anderen WINDOWS-Fenster zu handhaben. Neben den Menüs in der Menü-Leiste, hinter denen sich -wie bekannt- diverse Befehle und Optionen verbergen, erscheinen in dem Zeichenprogramm auch in grafischer Form eine Reihe von Optionen:

- an der linken Fensterseite die Werkzeuge (Utensilien genannt), die zur Erstellung und Gestaltung einer Grafik eingesetzt werden können;

- darunter die verfügbaren Strichbreiten beim Zeichnen von Linien und Kurven;

- und am unteren Fensterrand eine Palette von Mustern bzw. bei Farbmonitoren Farben, mit denen Flächen gefüllt werden können;

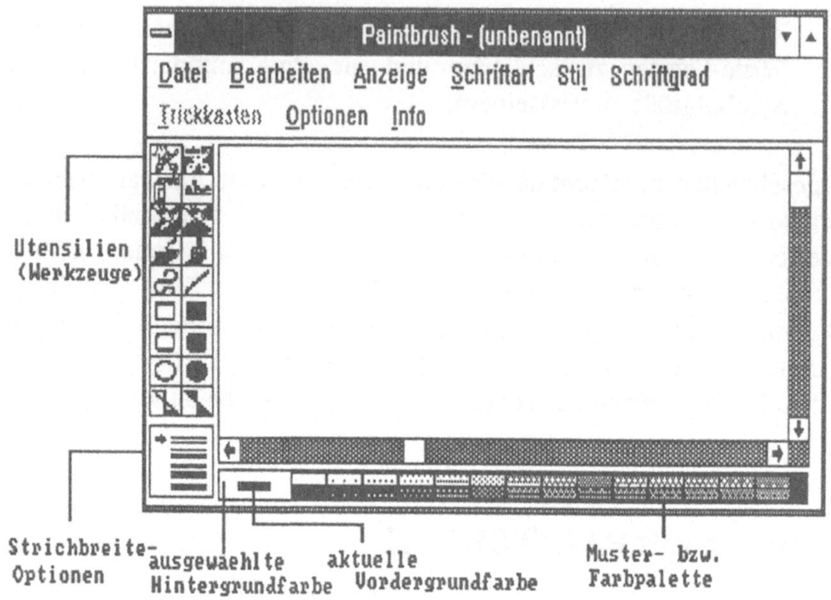

Abb. 10-15: Der Startbildschirm von Paintbrush

10.2.1 Die Werkzeuge von Paintbrush

Durch Anklicken eines Werkzeugsymbols verwandelt sich der Mauszeiger in das entsprechende Werkzeug und führt folgende Aktionen aus:

Freihand-Schere: Dient der Markierung einer Stelle im Arbeitsblatt. Bei gedrückter linker Maustaste kann ein individuell gewünschter Rahmen um diese zu markierende Stelle gezogen werden. Die markierte Stelle kann dann bei Positionierung des Mauszeigers innerhalb der Markierung an eine beliebige andere Stelle des Arbeitsbildschirms gezogen oder nach Aufruf der entsprechenden Befehle im Menü Bearbeiten in die Zwischenablage ausgeschnitten oder kopiert werden. Durch Drücken der rechten Maustaste kann -wenn Ihnen ein Fehler unterlaufen ist- die Markierung aufgehoben und erneut begonnen werden.

Rechteck-Schere: Hat die gleiche Funktion wie die andere Schere, nur daß damit ein diagonal aufzuziehendes Rechteck um die zu markierende Stelle gelegt wird.

Sprühdose: Sprüht eine zuvor aus der Palette ausgewählte Farbe (bzw. ein Muster) auf das Arbeitsblatt. Bei gedrückter Maustaste kann eine Sprühspur gezogen werden.

Texthilfsmittel: Ermöglicht, Text im Arbeitsblatt einzugeben. An der gewünschten Stelle wird mit der Maus geklickt und damit der Cursor positioniert. Anschließend kann über die Tastatur Text eingegeben werden. Schriftart, -stil und -größe werden nach Aufruf der entsprechenden Menüs ausgewählt.

Farbradierer: Wechselt die Vordergrundfarbe in die Hintergrundfarbe (und umgekehrt) an den Stellen, an die der Mauszeiger bei gedrückter Maustaste hingezogen wird. Zum Radieren der gesamten Arbeitsfläche ist das Radierersymbol doppelzuklicken.

Radierer: Radiert bei gedrückter Maustaste die gewünschten Stellen im Arbeitsblatt. Die radierten Stellen erscheinen in der für den Vordergrund ausgewählten Farbe bzw. dem Vordergrundmuster. Die Größe des Radierers wird durch Auswahl einer der Strichbreiten unterhalb der Werkzeugsymbole bestimmt. Soll die gesamte Arbeitsfläche radiert werden, muß der Radierer doppelgeklickt werden.

Farbrolle: Füllt eine abgeschlossene Fläche, in der die Spitze der Farbrolle positioniert wurde, nach Klicken der Maustaste mit der ausgewählten Vordergrundfarbe (dem ausgewählten Muster) aus. Ist die Fläche geschlossen (beispielsweise ein Kreis), wird nur sie ausgefüllt. Hat die Fläche Öffnungen, dringt die Farbe/das Muster über sie hinaus, ggf. über die gesamte Arbeitsfläche.

Pinsel: Bewirkt, daß bei gedrückter Maustaste auf der Arbeitsfläche frei gezeichnet werden kann. Die Strichbreite kann durch Anklicken der Strich-Vorlagen unterhalb der Werkzeugsymbole bestimmt werden. Die Form des Pinsels wird festgelegt durch Optionen des Befehls *Pinselform* im Optionen-Menü.

Bogen: Verhilft zum Zeichnen von Kurven. Zunächst wird mit gedrückter Maustaste eine Linie gezogen. Sodann wird mit dem Mauszeiger aus beliebiger Richtung auf die Linie gezeigt und in diese entweder durch Klicken oder wiederum mit gedrückter Maustaste die gewünschte Krümmung "gedrückt" oder "gezogen".

Linie: Zieht bei gedrückter Maustaste gerade, waagerechte oder senkrechte Linien.

Rechteck: Erstellt ein Rechteck. Ab der Stelle, wo mit dem Drücken der Maustaste begonnen wird, wird über die Diagonale ein Rechteck aufgezogen, bis die Maustaste losgelassen wird. Wird gleichzeitig mit der Maustaste die *<Umschalt>*-Taste gedrückt, wird ein Quadrat erzeugt.

Gefülltes Rechteck: Erstellt ein Rechteck, das mit dem Muster bzw. der Farbe ausgefüllt wird, die zuvor als Vordergrundfarbe/Vordergrundmuster ausgewählt wurden. Mit *<Umschalt>*- plus Maustaste wird wiederum ein Quadrat erzeugt.

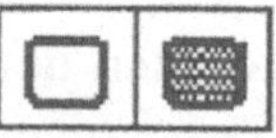

Abgerundetes Rechteck und gefülltes abgerundetes Rechteck: Siehe oben unter Rechteck. Diese Werkzeuge sind genauso zu handhaben, der Unterschied besteht in den abgerundeten Ecken.

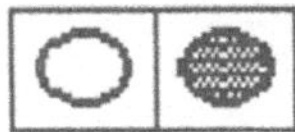

Kreis/Ellipse und gefüllter Kreis/gefüllte Ellipse: Erstellt bei gedrückter Maustaste eine Elipse (leer oder gefüllt) und bei gleichzeitig gedrückter *<Umschalt>*- und Maustaste einen Kreis.

Vieleck und gefülltes Vieleck: Zeichnet Vielecke. Mit gedrückter Maustaste wird die erste Seite des Vielecks gezogen. Nach Loslassen der Maustaste kann die nächste Linie (Vieleckseite) mit erneut gedrückter Maustaste gezogen werden. Der Endpunkt der ersten Linie wird automatisch zum Anfangspunkt der zweiten usw. Ist das Vieleck fertiggestellt, wird die Aktion mit dem Doppelklickverfahren bestätigt. Das gefüllte Vieleck wird automatisch mit der zuvor als Vordergrund gewählten Farb- oder Musteroption ausgefüllt.

Beim Einsatz fast aller Utensilien ermöglicht die Betätigung der rechten Maustaste einen Neubeginn der Aktion - allerdings nur solange diese nicht durch Doppelklick bzw. Loslassen der linken Maustaste abgeschlossen ist.

10.2.2 Grafik mit Paintbrush erstellen

Kehren wir zu unserem Fallbeispiel zurück. Es soll nachfolgend mit Paintbrush eine Grafik erstellt werden, die die windows-internen "Büroanwendungen" schematisch darstellt. Später werden wir diese Grafik in das Textdokument SCHULUNG.WRI transferieren.

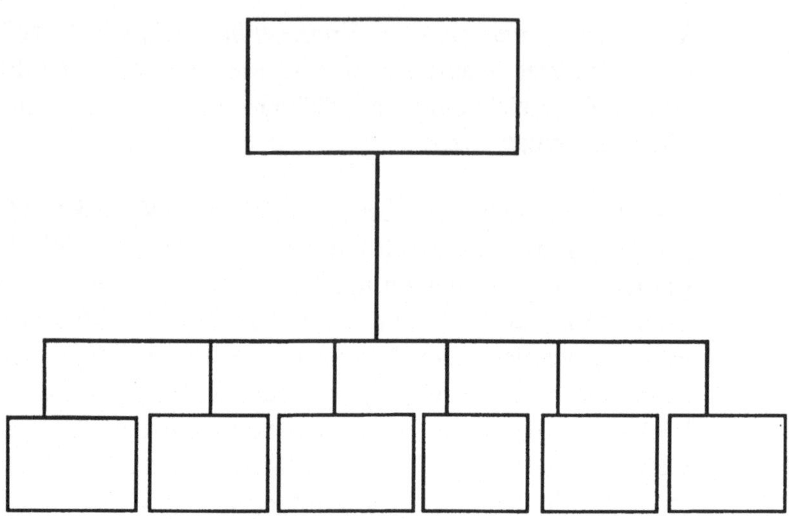

Abb. 10-16:   Grafische Vorbereitung des Schaubildes

Aufgabe: Erstellen Sie mit dem Malprogramm Paintbrush eine Grafik entsprechend Abbildung 10-16.

VORGEHEN: Grafik erstellen

- Falls Sie Paintbrush im Moment nicht geladen haben, starten Sie es mit einer der gelernten Möglichkeiten. (zum Beispiel Paintbrush-Symbol im Zubehör-Fenster des Programm-Managers doppelklicken).

- Klicken Sie das Werkzeug Rechteck an und positionieren Sie den nun als Fadenkreuz erscheinenden Mauszeiger etwa in der Mitte des Arbeitsbildschirms.

- Ziehen Sie den Mauszeiger bei gedrückter Maustaste nach rechts unten, bis ein Rechteck entstanden ist, das dem obersten Rechteck der Abbildung in etwa entspricht. Wenn Sie die Maustaste loslassen, ist das Rechteck fertig.

- Wählen Sie nun das Werkzeug Linie. Den wiederum als Fadenkreuz dargestellten Mauszeiger positionieren Sie so, daß die waagerechte Linie des Fadenkreuzes direkt auf der unteren Kante des ersten Rechtecks liegt. Ziehen Sie dann mit gedrückter Maustaste eine gerade Linie nach unten. Ist die Linie Ihrer Meinung nach lang genug, lassen Sie die Maustaste los.(Hat es nicht geklappt oder ist die Linie zu lang geraten, können Sie das Werkzeug Radierer benutzen oder im Menü *Bearbeiten* die Option *Widerrufen* anklicken).

- Ziehen Sie nun eine waagerechte Linie und anschließend die kleinen senkrechten Linien, von denen die sechs Rechtecke der zweiten Reihe abgehen sollen. (Das Werkzeug Linie ist nach wie vor aktiv, wie Sie an seiner Markierung erkennen können. Es wird erst dann ausgeschaltet, wenn Sie ein anderes Werkzeug anklicken.)

- Klicken Sie das Werkzeug Rechteck an und ziehen Sie bei gedrückter Maustaste die Rechtecke der zweiten Reihe entsprechend Abb.10-16.

Aufgabe: Beschriften Sie die Kästchen Ihrer Grafik entsprechend Abbildung 10-16a.

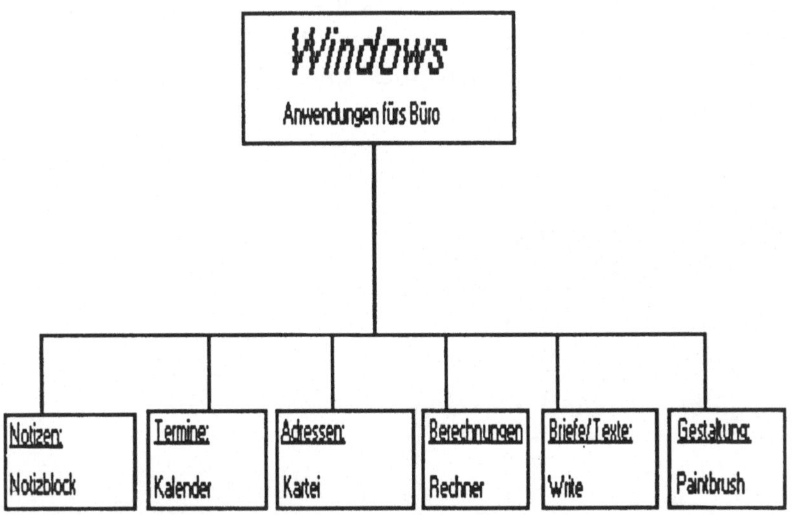

Abb. 10-16a: Beschriftete Grafik

VORGEHEN:　Schrift in Grafik einfügen

- Klicken Sie das Schriftwerkzeug an und verankern Sie den Mauszeiger durch Klicken im oberen Rechteck.

- Rufen Sie das Menü *Schriftart* auf und wählen Sie eine Schrift aus. In unserem Beispiel haben wir die Schriftart *Helv* gewählt.

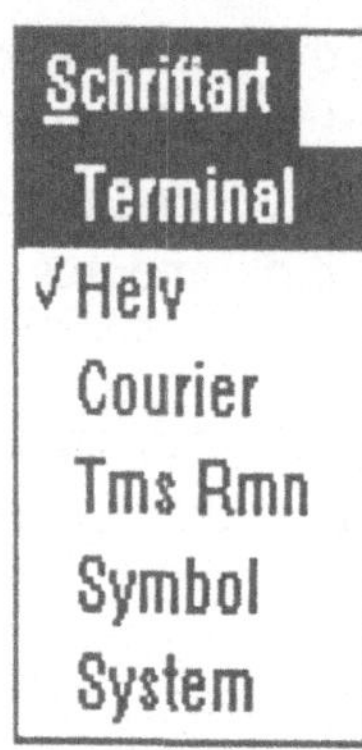

Abb. 10-17:　Das Schriftart-Menü

- Bestimmen Sie nun nach Anklicken des Menüs *Stil* die Darstellung der Zeichen. In Abbildung 10-16a wurde für das Wort "Windows" Fett- und Kursivdruck sowie die schattierte Zeichendarstellung gewählt.

Abb. 10-18:　Das Stil-Menü

- Klicken Sie das Menü *Schriftgrad* an und wählen Sie die Schriftgröße. Die jeweils für die zuvor ausgewählte Schriftart verfügbaren Größen sind dunkel, die nicht verfügbaren Schriftgrade heller und schattiert dargestellt.(Für das Wort Windows haben wir in Abbildung 10-16a den Schriftgrad 24 angeklickt).

Schriftgrad			
6	√24	44	66
8	26	45	70
10 *	28 *	48	72
12 *	30	50	74
15 *	32	52	75
16	36	54	76
18 *	37	56	78
19	38	57	80
20	40	60	84
22 *	42	64	

Abb. 10-19:   Die Schriftgrad-Optionen

- Geben Sie nun über die Tastatur ein: Windows. Wenn Sie sich vertippen, können Sie mit der *<Rücktaste>* nach links löschen oder mit dem Werkzeug Radierer radieren. Wollten Sie nach einer Radieraktion erneut Text eingeben, muß natürlich wieder das Text-Werkzeug angeklickt werden.

- Bevor Sie nun die Schriftart und -größe für die übrigen Beschriftungen auswählen, müssen Sie den Mauszeiger ausdrücklich an die neue Position bringen und durch Klicken verankern (in unserer Übung unter dem Wort Windows). Ansonsten würden alternativ gewählte Schriftoptionen auf den gerade geschriebenen Text Windows angewandt werden.

- Behalten Sie die gewählte Schriftart bei. Rufen Sie jedoch das Menü *Stil* auf und heben Sie durch Anklicken die Optionen *Fett* und *Kursiv* auf.Im *Schriftgrad*-Menü wählen Sie eine möglichst kleine Schriftgröße.

- Geben Sie nun über die Tastatur ein: Anwendungen fürs Büro.

- Behalten Sie für die Beschriftungen der unteren Kästchen Schriftart und Schriftgrad bei. Für die oberen Kästcheneingaben wählen Sie im Menü *Stil* durch Anklicken die Option *Unterstrichen*.(Jeweils den Mauszeiger am Eingabebeginn durch Klicken verankern und nacheinander die unterstrichene Beschriftung eingeben.

- Um die unteren Eingaben in die Kästchen vorzunehmen, verankern Sie zunächst den Mauszeiger durch Klicken in der zweiten Zeile des ersten Kästchens und setzen dann über das Menü *Stil* durch Anklicken die Option *Unterstrichen* außer Kraft. Geben Sie anschließend über die Tastatur die Beschriftungen ein.

10.2.3 Paintbrush-Grafik speichern und drucken

Wie in den schon bekannten Windows-Anwenderprogrammen wird auch in Paintbrush das Arbeitsergebnis mit dem Befehl *Speichern* des *Datei*-Menüs auf einem externen Speichermedium gesichert.

```
Datei
Neu                    STRG+N
Öffnen...
Speichern              STRG+S
Speichern unter...
Layout...
Drucken...
Druckerinstallation...
Beenden
```

Abb. 10-20: Das Datei-Menü von Paintbrush

Mit dem Befehl *Öffnen* kann die gespeicherte Datei zum Ausdruck oder zur Weiterbearbeitung in den Arbeitsspeicher des Computers geladen werden. Ein neuerliches Anklicken des *Speichern*-Befehls bewirkt die automatische Speicherung von Datei-Veränderungen, ohne daß erneut Angaben zu Dateiname oder -pfad gemacht werden müssen. Soll die Grafik später unter anderem Namen und/oder in einem anderen Verzeichnis abgelegt werden, wird der Befehl *Speichern unter* gewählt und in einem Dialogfeld können die abweichenden Angaben erfolgen.

Aufgabe: Speichern Sie Ihre Grafik unter dem Namen ÜBUNG im Verzeichnis C:\WINDOWS\PROGRAMM\NOTIZEN.

VORGEHEN: Paintbrush-Grafik speichern

- Klicken Sie im *Datei*-Menü den Befehl *Speichern* an.

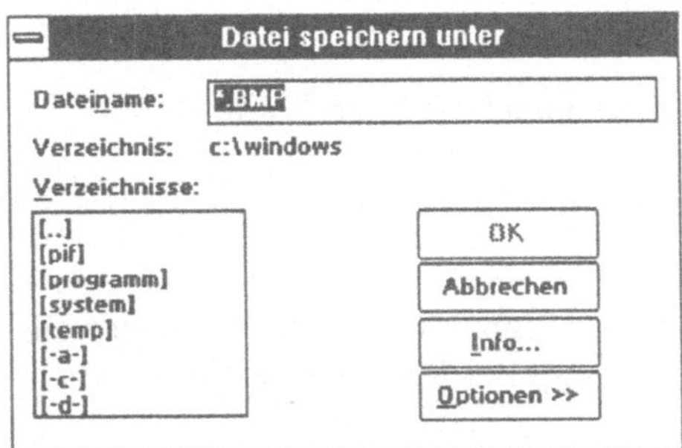

Abb. 10-21:   Dialogfeld des Speichern-Befehls

- Geben Sie als Dateiname ein: ÜBUNG. Paintbrush hat bereits die Erweiterung .BMP (für Windows-Bitmapdatei) im Eingabefeld eingeblendet.

- Doppelklicken Sie sodann in der Verzeichnisliste das Unterverzeichnis PROGRAMM und anschließend das Verzeichnis NOTIZEN.

- Bestätigen Sie mit *ok*.

Außer im Windows-Bitmap-Format können die Paintbrush-Dateien auch in anderen Formaten gespeichert werden. Das kann wichtig werden, wenn Sie die Datei zum Beispiel in andere Anwenderprogramme einbinden wollen. Durch Anklicken der Befehlsschaltfläche *Optionen* im Speichern-Dialogfeld werden Ihnen die Format-Optionen aufgelistet, aus denen Sie eine durch Anklicken auswählen können. Das Format .PCX zum Beispiel muß gewählt werden, wenn Sie die Grafik in einen mit WORD erstellten Text einbinden wollen.

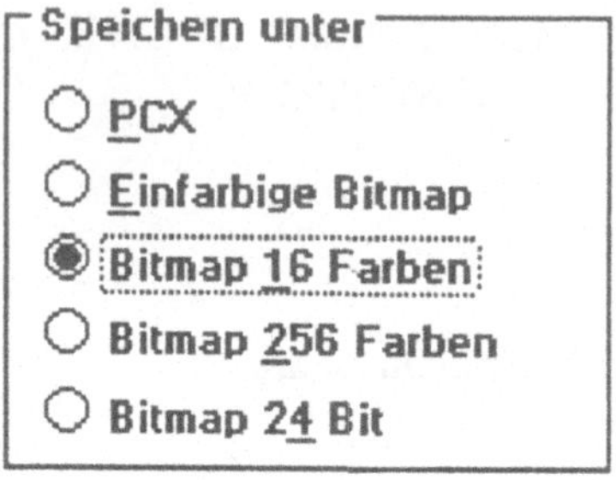

┌─ Speichern unter ──────────────┐
│ ○ PCX   │
│ ○ Einfarbige Bitmap   │
│ ◉ Bitmap 16 Farben   │
│ ○ Bitmap 256 Farben   │
│ ○ Bitmap 24 Bit   │
└────────────────────────────────┘

Abb. 10-22:   Format-Optionen beim Speichern einer Grafik

☞
> Bei den unterschiedlichen Bitmap-Optionen sollte jeweils diejenige gewählt werden, die der Anzahl der Farben nahekommt, die in der Grafik verwandt wurden.

Drucken Sie nun Ihre Grafik probehalber aus. Wie bei schon bekannten windows-internen Programmen haben Sie auch in PAINTBRUSH die Möglichkeit, vor dem Ausdruck über den *Datei*-Menü-Befehl *Layout* Gestaltungsoptionen zu treffen - so können zum Beispiel die Randbreiten definiert sowie eine Kopf- und eine Fußzeile eingefügt werden. Die Ausstattung der Kopf- bzw. Fußzeile mit bestimmten Elementen wie Seitenzahlen, aktuellem Datum, Uhrzeit usw. erfolgt wie bei dem Programm Notizblock mit Hilfe von Codes (vgl. Kap. 5: Der Notizblock von Windows).

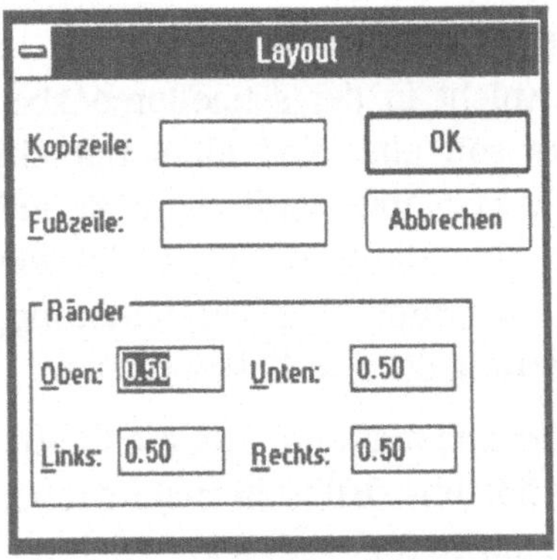

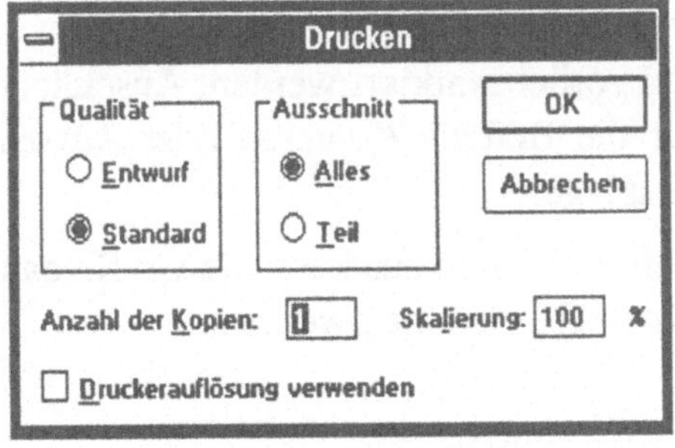

Abb. 10-23: Dialogfeld des Layout-Befehls

Zudem können Sie mit dem Befehl *Druckerinstallation* im Dateimenü einen anderen als den von Ihnen als Standarddrucker definierten Drucker für den Ausdruck bestimmten. Allerdings muß dieser Drucker aktiv sein.

Aufgabe: Drucken Sie Ihre Grafik mit dem Druckbefehl von Paintbrush aus.

VORGEHEN: Grafik ausdrucken

* Klicken Sie im *Datei*-Menü den Befehl *Drucken* an.

Abb. 10-24:   Das Dialogfeld des Drucken-Befehls

- Behalten Sie die voreingestellten Optionen bei: es soll in Standardqualität gedruckt werden (nicht in der schnelleren aber minderen Entwurfsqualität); zudem soll alles und nicht nur ein Teil gedruckt werden. Ein Exemplar (1 Kopie) wird gedruckt und die Skalierung soll 100 % betragen, d.h., die Bildgröße bleibt wie sie ist. (Eine Skalierung unter 100 % würde eine Verkleinerung, eine über 100 Prozent eine Vergrößerung der Grafik bewirken.

  Letztlich ist die Option *Druckerauflösung* markiert, d.h. die Grafik wird nicht entsprechend der -größeren- Bildschirmauflösung, sondern entsprechend der Druckerauflösung gedruckt. Dadurch erscheint sie deutlicher auf der Druckseite.

- Bestätigen Sie mit *ok*.

Bei eingeschaltetem und richtig installiertem Drucker wird Ihre Grafik nun gedruckt.

10.3 Paintbrush-Grafik in Write-Datei transferieren

Wie der Texttransfer zwischen den Ihnen schon bekannten Anwenderprogrammen erfolgt auch der Grafiktransfer von Paintbrush in andere Programme über die Zwischenablage.

Auch eine Grafik oder der Teil einer Grafik, der in die Zwischenablage transportiert werden soll, muß vorher markiert werden. Anschließend gelangt der markierte Grafikteil über die Befehle *Kopieren* oder *Ausschneiden* des *Datei*-Menüs in die Zwischenablage.

Von Write oder einem anderen Programm aus kann die Grafik dann mit Hilfe des *Datei*-Menübefehls *Einfügen* übernommen werden.

Aufgabe: Kopieren Sie Ihre Grafik in die Zwischenablage.

VORGEHEN: Grafik in die Zwischenablage kopieren

- Um die Grafik zu markieren, müssen Sie sich einer der beiden Scheren-Werkzeuge bedienen. Klicken Sie die Rechteck-Schere an und positionieren Sie den Mauszeiger in der linken oberen Ecke des Paintbrush-Arbeitsbildschirms.

- Ziehen Sie mit gedrückter Maustaste ein Rechteck auf, das Ihre Grafik vollständig einfaßt.Wenn Sie die Maustaste loslassen, bleibt das gestrichelte Markierungsrechteck auf dem Bildschirm.

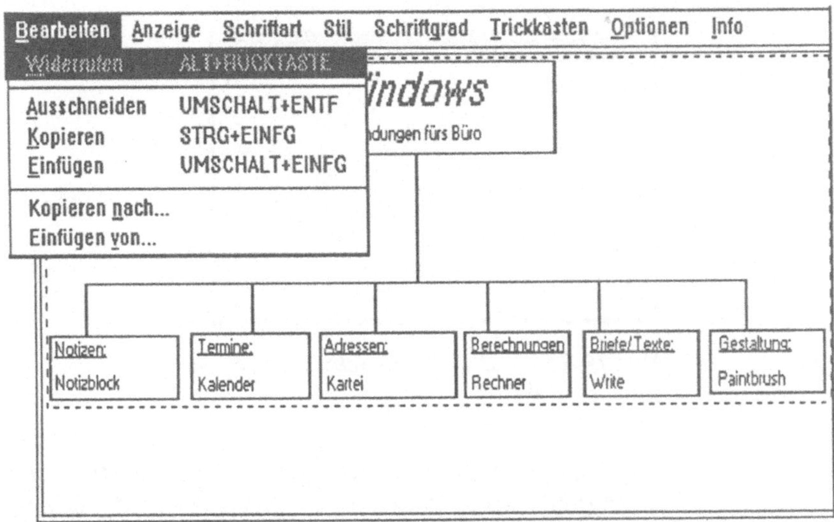

Abb. 10-25:   Markierte Fläche und aufgerufenes Datei-Menü

- Rufen Sie sodann das *Datei*-Menü auf und klicken Sie den Befehl *Kopieren* an.

  Die markierte Fläche wird in die Zwischenablage kopiert.

- Klicken Sie nun das Steuerungsfeld an und rufen die Option *Symbol* auf: Damit wird die Paintbrush-Datei Übung.BMP auf Symbolgröße verkleinert.

Aufgabe: Übernehmen Sie die in die Zwischenablage kopierte Grafik in die Write-Datei Übung.wri.

VORGEHEN: Grafik in Write einbinden

- Rufen Sie das Textverarbeitungsprogramm Write auf. (In der Zubehör-Gruppe des Programm-Managers das Write-Symbol doppelklicken).

- Wählen Sie im *Datei*-Menü von Write den Befehl *Öffnen*.

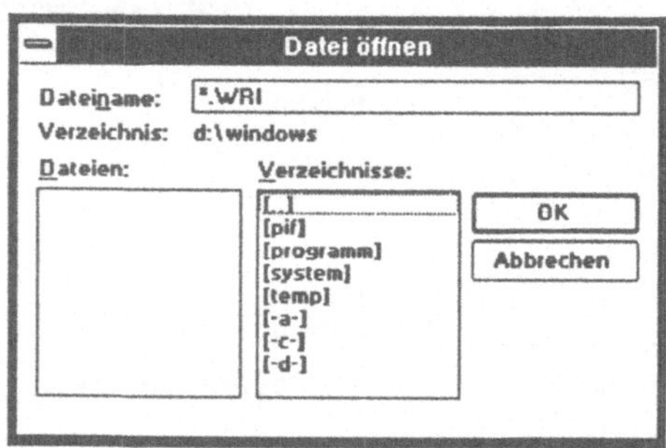

Abb. 10-26:   Das Dialogfeld des Öffnen-Befehls im Datei-Menü von Write

- Doppelklicken Sie in der Verzeichnisliste des eingeblendeten Dialogfelds das Verzeichnis PROGRAMM, anschließend das Verzeichnis NOTIZEN und klicken Sie die angezeigte Datei ÜBUNG.WRI an. Bestätigen Sie mit *ok*.

- Positionieren Sie den Cursor hinter dem letzten Wort des dritten Absatzes ("Schaubild") und fügen Sie mit *<Return>* einen Absatz ein.

- In diesem neuen Absatz (in dem nun der Cursor steht), wird die Grafik eingefügt, nachdem Sie im *Bearbeiten*-Menü den Befehl *Einfügen* angeklickt haben.

☞ Über die Befehle *Bild verschieben* und *Bild einfügen* haben Sie die Möglichkeit, die Position und Größe einer importierten Grafik zu ändern.

- Speichern Sie den um die Grafik erweiterten Brief, indem Sie im *Datei*-Menü den Befehl *Speichern* anklicken.

Mit dem *Drucken*-Befehl des Datei-Menüs können Sie nun den Brief ausdrucken. Im Dialogfeld dieses Befehls sind wieder Optionen zu wählen.

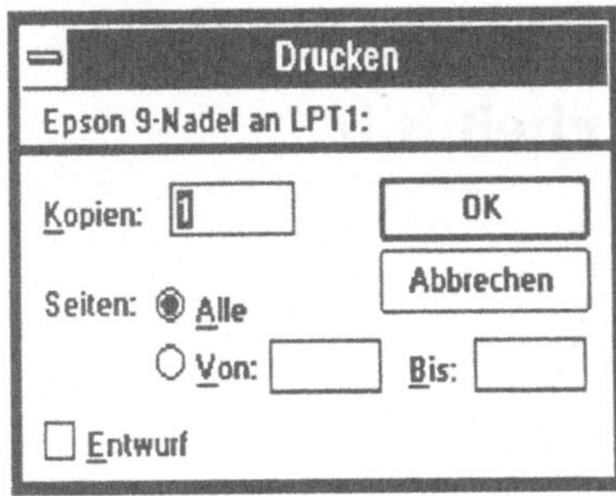

Abb. 10-27: Dialogfeld des Drucken-Befehls

Das Seitenlayout (Randbegrenzungen usw.) bestimmen Sie bei Write nicht durch einen *Datei*-Menübefehl, sondern durch den Befehl *Seitenlayout* im *Text*-Menü.

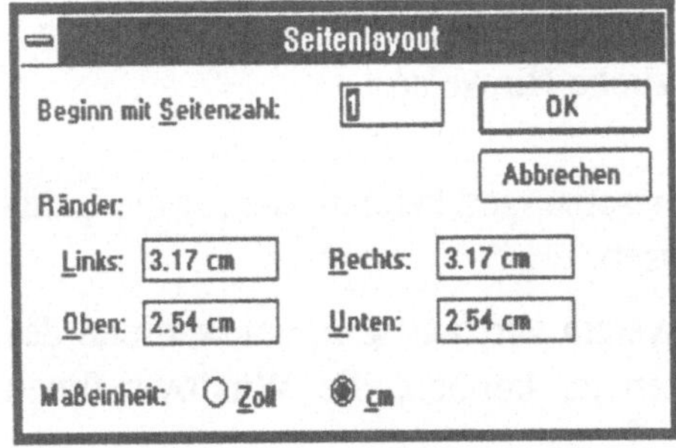

Abb. 10-28: Das Dialogfeld des Befehls Seitenlayout im Menü Text von Write

Mit dem Befehl *Seitenumbruch* des *Datei*-Menüs von Write haben Sie die Wahl, den Seitenumbruch jeweils zu bestätigen oder ihn nach den Maßgaben der Seitenlayout-Einstellungen von Write automatisch durchführen zu lassen.

ANHANG

11 Voraussetzungen für die Arbeit mit WINDOWS

Dieses Kapitel

- *erklärt, welche Voraussetzungen erfüllt sein müssen, um mit Windows zu arbeiten*
- *hilft Ihnen bei der Installation von Windows*
- *zeigt, wie Sie auf die Hilfsinformationen von Windows zugreifen können.*

Für den Fall, daß Windows noch nicht auf Ihrem Computer installiert ist, geben wir Ihnen an dieser Stelle einige nützliche Hinweise.

Vor der Installation sollten Sie die Voraussetzungen kennen, die für die Lauffähigkeit des Programms erfüllt sein müssen.

Sie sollten zudem mit Ihrem Computersystem vertraut sein, um während des Installationsvorgangs Fragen beantworten zu können, die Windows Ihnen stellt.

Nachdrücklich empfehlen wir Ihnen, bereits vor Installation von Windows eine Maus angeschafft und angeschlossen zu haben: Windows ist ein mausorientiertes Programm, dessen Handhabung mit Hilfe der Tastatur äußerst umständlich ist. Das macht sich bereits bei der Installation bemerkbar. Eine optimale Nutzung von Windows setzt den Einsatz einer Maus schlichtweg voraus.

11.1 Hardware-Voraussetzungen

In Abhängigkeit von der Hardwareausstattung kann Windows in drei Betriebsmodi gestartet werden: im Real-Modus, im Standard-Modus und im erweiterten Modus für PC mit dem 80386-Prozessor.

- Der **Real-Modus** ist die einzig mögliche Betriebsart, wenn die Größe des Arbeitsspeichers nicht mehr als 640 KByte beträgt oder wenn Anwendungsprogramme, die für eine frühere Version von Windows konzipiert sind, gestartet werden sollen.

- Der **Standard-Modus** ist die Standardbetriebsart von Windows. In diesem Modus kann Windows auf einen installierten Erweiterungsspeicher zugreifen sowie zwischen Anwendungen umschalten, die nicht für Windows konzipiert wurden.

- Der **erweiterte Modus für 386-PC's** nutzt die Möglichkeiten des 386-Prozessors. Dies sind unter anderem die Nutzung der Festplatte als Arbeitsspeicher und das gleichzeitige Ausführen von nicht für Windows konzipierten Programmen (Multitasking).

Folgende Hard- und Softwarebedingungen müssen erfüllt sein, um mit Windows in einer dieser Betriebsarten arbeiten zu können:

- Windows ist lauffähig unter dem Betriebssystem MS-DOS oder PC-DOS ab der Version 3.1;

- im Real-Modus kann Windows auf einem Computer eingesetzt werden, der über einen 8088- oder 808-Prozessor und über mindestens 640 KByte Arbeitsspeicher verfügt;

- der Standard-Modus erfordert einen PC mit einem 80286-Prozessor und einer Speicherkapazität von mindestens 1 Megabyte;

- für den erweiterten Modus ist ein PC mit einem 80386-Prozessor und mindestens 2 Megabyte Arbeitsspeicher Voraussetzung;

- allgemein gilt, daß Sie eine Festplatte benötigen, die vor der Installation über mindestens 8 Megabyte freie Speicherkapazität verfügen sollte.

Zudem benötigen Sie:

- mindestens ein Diskettenlaufwerk, allein schon, um Windows zu installieren;

- einen von Windows unterstützen Monitor;

- einen ebenfalls von Windows unterstützten Drucker, wenn Sie von Windows aus drucken wollen;

- eine Maus.

11.2 Installation

11.2.1 Vorbereitungen

Das für die Installation erforderliche Einrichtungsprogramm befindet sich auf den mitgelieferten Disketten und führt Sie bei der Installation Schritt für Schritt im Dialog. Das heißt, Sie erhalten auf dem Bildschirm detaillierte Vorgehenshinweise, die Sie befolgen müssen. Zudem werden von Ihnen bestimmte Angaben oder Bestätigungen verlangt, die die Ausrüstung Ihres Systems betreffen. Folglich sollten Sie sich vor Beginn der Installation sachkundig machen über:

- den Buchstaben des Festplattenlaufwerks, auf dem Windows installiert werden soll (in der Regel C);

- das Verzeichnis auf der Festplatte, in dem Windows abgelegt werden soll. Hier schlägt das Einrichtungsprogramm das Verzeichnis "Windows" vor;

- die von Ihnen verwandte Ausrüstung: Sie sollten den Computer kennen, mit dem Sie arbeiten, wissen, welcher Bildschirmadapter installiert ist, welchen Tastaturtyp und welche Maus Sie verwenden und ob Sie im Netz arbeiten. Zudem müssen Sie wissen, welche Druckermodelle und -typen Sie einsetzen wollen.

Bevor Sie mit der Installation beginnen, sollten Sie eine Sicherungskopie von den Originaldisketten ziehen, um das Programm unter Einsatz dieser Kopien zu installieren:

VORGEHEN: Diskette kopieren

Bei einem Diskettenlaufwerk:

- Starten Sie Ihren Computer und geben Sie nach dem Prompt C:\> ein:
  DISKCOPY A: A:
  Bestätigen Sie mit *<Return>*.

- Folgen Sie der Bildschirm-Aufforderung, und legen Sie die Quelldiskette (die Diskette, die kopiert werden soll) in das Laufwerk A. Verriegeln Sie das Laufwerk und betätigen Sie die *<Return>*-Taste.

- Legen Sie, wenn Sie dazu aufgefordert werden, die leere aber formatierte Zieldiskette in Laufwerk A und bestätigen Sie mit *<Return>*.

Bei zwei Diskettenlaufwerken:

- Geben Sie nach Einschalten des Computers ein:
  DISKCOPY A: B:
  Bestätigen Sie mit *<Return>*.

- Legen Sie die Quelldiskette in Laufwerk A und die Zieldiskette in Laufwerk B und betätigen Sie *<Return>*.

Achten Sie darauf, daß Sie die Kopie-Disketten exakt nach der Vorlage der Originaldisketten numerieren und beschriften, ansonsten hätten Sie im Verlauf der Installation Schwierigkeiten, die richtige Diskette zum richtigen Zeitpunkt zu verwenden.

Die Originaldisketten sollten Sie an einem gesicherten Ort, möglichst entfernt von elektrischen Geräten verwahren, damit keine Beschädigungen auftreten.

11.2.2 Programm einrichten

Legen Sie nach Einschalten des Computers die Einrichtungsdiskette 1 aus dem Windows-Diskettenpaket in das Diskettenlaufwerk A:. Schalten Sie auf dieses Laufwerk um, indem Sie nach dem Prompt C:\> eingeben

>   A:

und diese Anweisung mit der *<Return>*-Taste bestätigen.

Das Programm, mit dem Sie Windows installieren, heißt Setup. Durch Eingabe des Programm-Namens wird das Einrichtungsprogramm gestartet. Geben Sie also nach dem Prompt A: ein:

>   Setup

und bestätigen Sie diese Eingabe, indem Sie die *<Return>*-Taste betätigen.

DOS lädt umgehend das Setup-Programm in den Arbeitsspeicher des Computers. In der Folge werden Sie am Bildschirm Anweisungen und Eingabeforderungen lesen, mit deren Hilfe Sie durch die Installation geführt werden.

> Sie können das Einrichtungsprogramm verlassen, bevor Sie die Installation abgeschlossen haben, indem Sie die Funktionstaste *<F3>* betätigen. So gelangen Sie auf die DOS-Ebene zurück. Für den Fall, daß Sie mehr Informationen über die Installationsvorgänge bekommen wollen, rufen Sie das Hilfe-Programm von Setup durch Betätigung der *<F1>*-Taste auf. Der Hilfebildschirm wird verlassen, wenn die *<Esc>*-Taste gedrückt wird.

Ansonsten halten Sie sich genau an die Anweisungen auf dem Bildschirm:

Zunächst schlägt das Setup-Programm vor, die Programmdateien von Windows auf der Festplatte im Verzeichnis

>   C:\WINDOWS

zu installieren.

Sie können den Vorschlag löschen und ein anderes Laufwerk und/oder Verzeichnis bestimmen, in dem Windows installiert werden soll. Bestätigen Sie abschließend mit der *<Return>*-Taste.

Inzwischen hat Setup bereits Ihre Ausrüstung überprüft: Das Programm erkennt in der Regel, welchen Computer, welchen Bildschirmadapter, welche Maus und Tastatur Sie benutzen. Zudem wird in der Konfigurationsliste angegeben, welche Sprache das Programm verwendet, und ob der Computer in einem Netz eingebunden ist.

Treffen die Angaben zu, bestätigen Sie die von Setup ausgegebene Liste mit *<Return>*. Wenn nicht, bewegen Sie die helle Markierung mit Hilfe der *<Pfeiltasten>* auf die zu ändernde Option und betätigen dann die *<Return>*-Taste. Daraufhin wird Ihnen eine Liste von Alternativen ausgegeben, in der Sie mit den *<Pfeiltasten>* die für Sie zutreffende markieren und anschließend mit *<Return>* bestätigen müssen. Insgesamt bestätigen Sie nun die Ausrüstung, indem Sie noch einmal *<Return>* drücken.

Im Anschluß daran kopiert das Setup-Programm die Programm-Dateien auf die Festplatte. In schneller Folge sehen Sie auf der unteren Bildschirmleiste die Bezeichnungen der Dateien, die gerade kopiert werden.

Sind die Programm-Dateien kopiert, bedient sich Setup der Benutzeroberfläche von Windows.

Auf dem nun folgenden Installations-Bildschirm sehen Sie drei für die Windows-Oberfläche typische Merkmale: in der oberen Hälfte ein Dialogfeld, in dem Sie Optionen auswählen und bestätigen sowie den Fortgang der Installation bestimmen können. In der unteren Hälfte werfen Sie durch ein Fenster einen Blick auf die Instruktionen, die zum weiteren Vorgehen anleiten. Die Hilfs-Information und die Abbruch-Möglichkeit werden unten rechts nun in Form von Symbolen dargestellt. Wenn Sie mit der Tastatur arbeiten, gilt für Hilfe-Aufruf und Abbruch nach wie vor, daß die Tasten *<F1>* bzw. *<F3>* betätigt werden müssen. Mit der Maus wird auf das entsprechende Sinnbild gezeigt und geklickt.

Um die Installation fortzusetzen, müssen Sie nun im Dialogfeld aktiv werden und Optionen wählen oder bestätigen.

Sie gelangen in das Dialogfeld, indem Sie einfach den Mauszeiger darin positionieren.

Das Installationsprogramm schlägt an dieser Stelle vor, daß Setup automatisch die Druckerinstallation einleitet, Ihren Computer auf mögliche einzubindende Anwenderprogramme durchsucht und Informationsdateien aktiviert. Sie erkennen das an den angekreuzten Kästchen vor den jeweiligen Optionen. Ist Ihnen dieses Vorgehen recht, müssen Sie lediglich "Fortsetzung" anklicken.

Wenn Sie erst zu einem späteren Zeitpunkt einen Drucker installieren oder Anwenderprogramme im Nachhinein in Windows einbinden wollen, steuern Sie mit dem Mauszeiger das entsprechende Kästchen an. Sie entfernen durch Klicken das Kreuz und bestätigen erst anschließend die Fortsetzung der Installation.

Haben Sie sich geirrt, können Sie durch nochmaliges Klicken wieder ein Kreuz in dem entsprechenden Kästchen plazieren.

> In Dialogfeldern werden auch oft Angaben von Ihnen verlangt, die über die Tastatur eingegeben werden müssen. Zumeist ist das entsprechende Eingabefeld schon aktiviert und ein senkrechter Strich am Anfang des Feldes signalisiert, daß Tastatureingaben an dieser Stelle eingefügt werden. Ist das Eingabefeld nicht aktiviert, muß der Mauszeiger auf den Feldbeginn gebracht und die Maustaste gedrückt werden.

Bei Fortsetzung der Installation verlangt das Setup-Programm nun, genau bezeichnete weitere Disketten aus Ihrem Programmpaket in das Diskettenlaufwerk einzulegen. Von diesen Disketten kopiert Setup die zur Installation erforderlichen Dateien auf die Festplatte.

Schließlich schlägt Setup vor, zwei Systemdateien automatisch in der für die Lauffähigkeit von Windows erforderlichen Weise zu verändern. In einem entsprechenden Dialogfeld können Sie nun wie gehabt Optionen wählen, oder den Vorschlag gleich durch Anklicken des Schaltfeldes *ok* bestätigen. Das empfiehlt sich besonders, wenn Sie nur geringe DOS-Kenntnisse haben.

Das Setup-Programm ordnet nun -für Sie am Bildschirm sichtbar- die Programme und Dateien und baut unterschiedliche Fenster auf.

Jetzt fehlen noch zwei letzte wesentliche Installationsabschnitte, nämlich die Installation des für Sie erforderlichen Druckertreibers und die mögliche Anpassung von vorhandenen Anwenderprogrammen an die Windows-Umgebung.

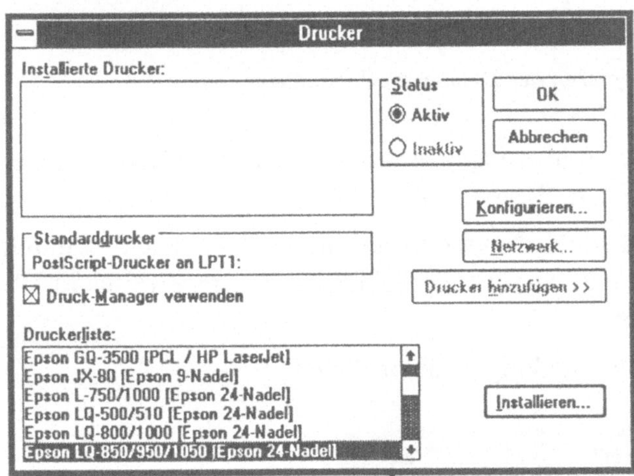

Abb. 11-1: Das Dialogfeld zur Drucker-Installation

Das Druckerinstallations-Dialogfeld erscheint auf Ihrem Bildschirm. Von Ihnen werden Angaben über den oder die von Ihnen anzusteuernden Drucker verlangt. Wählen Sie aus der eingeblendeten Liste der von Windows unterstützten Drucker durch Anklicken Ihren Drucker aus.

Die Liste kann nach oben oder unten verschoben werden, indem Sie den nach unten bzw. den nach oben zeigenden Pfeil der gepunkteten Bildrolleiste anklicken oder die Tasten *<Bild oben>* bzw. *<Bild unten>* betätigen.

Anschließend müssen Sie das Schaltfeld *Installieren* anklicken. Nun wird von Ihnen diejenige Diskette verlangt, die die zum Einsatz des ausgewählten

Druckers erforderlichen Dateien enthält. Legen Sie sie in das Disketten-laufwerk A: und klicken Sie *ok*.

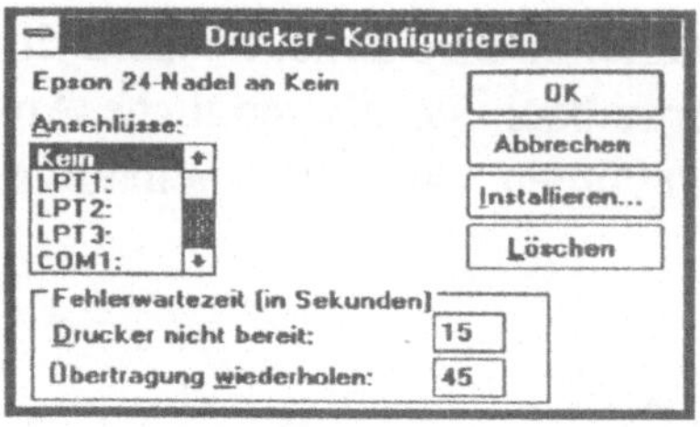

Abb. 11-2: Dialogfeld zum Kopieren der Druckertreiberdateien

Sind die Druckertreiberdateien übertragen, erscheint der ausgewählte Drucker als installierter Drucker auf dem Bildschirm.

Klicken Sie nun das Schaltfeld *Konfigurieren* an und wählen Sie durch Anklicken die für Sie in Frage kommende Schnittstelle - im Zweifel LPT1, die erste parallele Schnittstelle.

Klicken Sie auf *ok*, um die Einstellung zu übernehmen.

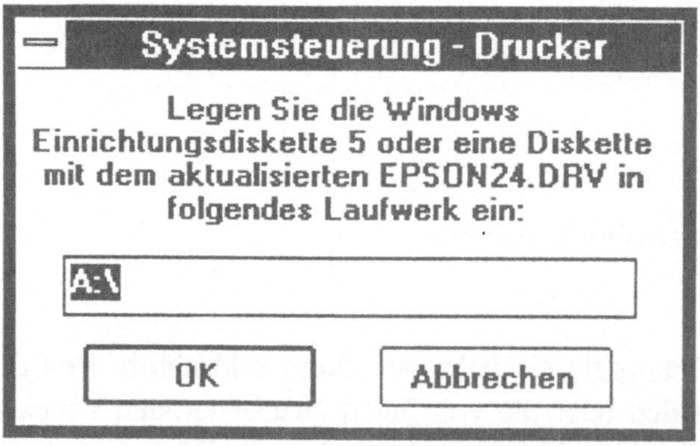

Abb. 11-3: Dialogfeld zur Druckerkonfiguration

Klicken Sie anschließend auf die Schaltfläche *Installieren*. Es erscheint ein Dialogfeld mit dem Namen des ausgewählten Druckers. Hier können Sie weitere Einstellungen vornehmen. Dazu gehört die Auswahl des richtigen Druckermodells, die Einstellung der Papiermaße und der Papiereinzugsart.

Nehmen Sie die notwendigen Einstellungen vor, und klicken Sie abschließend
auf *ok*.

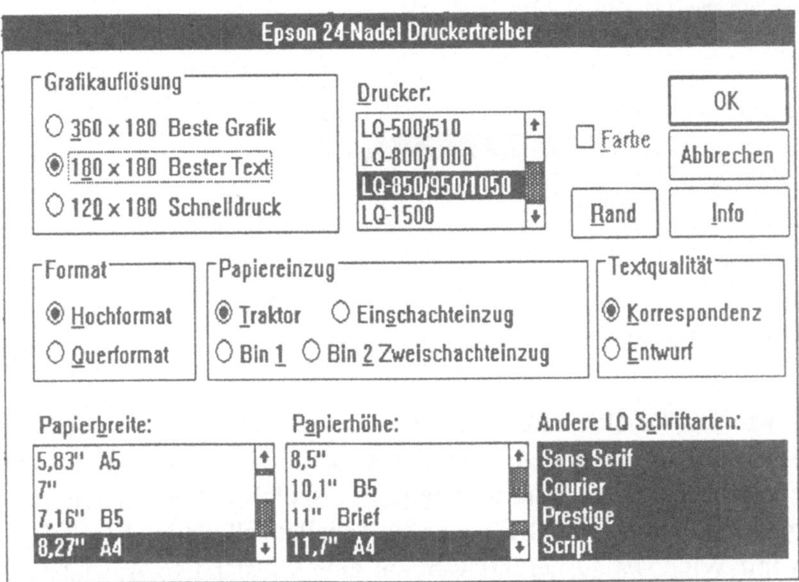

Abb. 11-4: Dialogfeld zur Druckereinrichtung

Durch anschließendes Anklicken der Schaltfläche *Setup* fahren Sie mit der Installation fort. Durch Anklicken von *ok* gelangen Sie zurück in den Drucker-
Installationsprozeß und können weitere Druckertreiber installieren.

Die Vielfalt eingeblendeter Fenster und Auswahlmöglichkeiten wirkt auf den
ersten Blick verwirrend. Verfahren Sie genau nach den im unteren Fenster
eingeblendeten Anweisungen - dann kann nichts schiefgehen.

Nach Abschluß der Druckerinstallation können Sie nun in einem eingeblendeten Dialogfeld bestimmen, ob und wo das Setup-Programm nach
Anwenderprogrammen suchen soll, die möglicherweise in die Windows-Umgebung eingebunden oder zumindest teilweise mit Windows ausgeführt werden können.

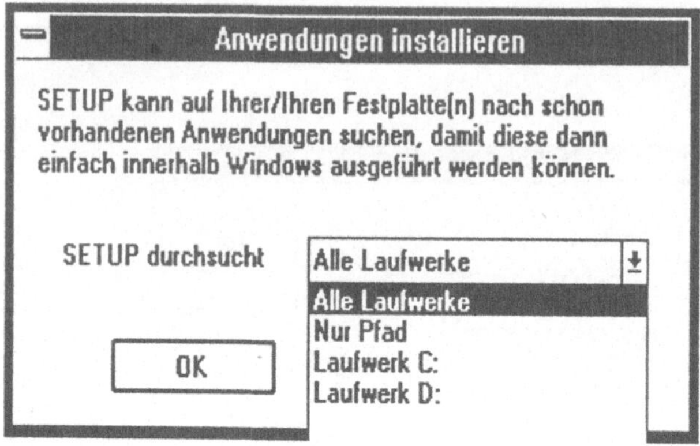

Abb.11-5: Dialogfeld zum Suchen von Anwenderprogrammen

Programme wie die Tabellenkalkulation EXCEL oder die Textverarbeitung WORD für WINDOWS laufen vollständig unter Windows, d.h., die Programme werden in einem Windows-Fenster ausgeführt. Auch andere Anwenderprogramme, wie z. B. WORD oder die Tabellenkalkulation LOTUS 1-2-3 können mit Windows ausgeführt werden; eine vollständige Ausnutzung der Windows-Benutzeroberfläche ist bei diesen Programmen jedoch nicht gegeben.

Im entsprechenden Dialogfenster des Setup-Programms haben Sie die Möglichkeit zu bestimmen, auf welchen Laufwerken Setup nach solchen Anwenderprogrammen suchen soll. Markieren Sie Ihre Option mit Hilfe der Maus , und bestätigen Sie mit *ok*.

In einem weiteren Dialogfeld bekommen Sie das Suchergebnis angezeigt.

Klicken Sie mit der Maus auf das Programm, das zur Ausführung unter Windows aufgenommen werden soll, und klicken Sie anschließend die Schaltfläche *Hinzufügen* an. Falls Sie alle von Setup aufgeführten Programme in Windows einbinden wollen, klicken Sie auf die Schaltfläche *Alle Hinzufügen* und bestätigen mit *ok*.

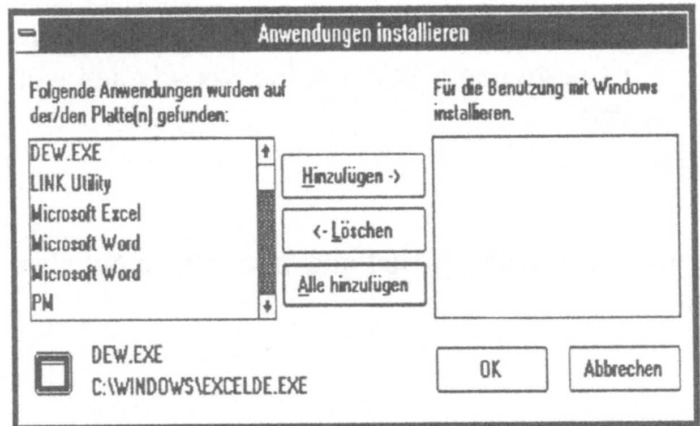

Abb. 11-6: Dialogfeld zur Auswahl weiterer Anwendungsprogramme

Zum Abschluß erhalten Sie die Meldung, daß die Installation von Windows abgeschlossen ist. Um die Betriebssystemerweiterung so, wie Sie sie installiert haben, auch nutzen zu können, muß Ihr Computer zunächst neu gestartet (gebootet) werden. Bedienen Sie sich des Angebots von Setup, das Booten durchzuführen, indem Sie in dem nun eingeblendeten Dialogfeld das Symbol *Reboot* mit dem Mauszeiger ansteuern und klicken. Ein Neustart wird ausgelöst und auf Ihrem Bildschirm erscheint das DOS-Bereitschaftszeichen C:>.

11.3 Startoptionen für WINDOWS

11.3.1 Bestimmen der Betriebsart, in der Windows ausgeführt werden soll

Beim Starten erkennt Windows die gegebene Hardware (Arbeitsspeichergröße, Prozessortyp usw.) und schaltet in die Betriebsart, die die Systemressourcen am besten nutzt.

Dies kann jedoch zu Komplikationen führen, wenn Sie eine Anwendung starten wollen, die für eine ältere Windows-Version konzipiert wurde (z.B. MICROSOFT EXCEL 2.1) und Windows in der Betriebsart STANDARD arbeitet. Für ältere Windows-Versionen konzipierte Anwendungen sind nur im Real-Modus von Windows lauffähig.

In diesem Fall müssen Sie beim Starten von Windows durch Ergänzung des Startbefehls die Betriebsart selbst bestimmen, in der Windows arbeiten soll. Die allgemeine Schreibweise lautet:

> WIN PARAMETER.

Folgender Übersicht entnehmen Sie eine Aufstellung über die möglichen Parameterwerte und ihre Funktionen.

Parameter Funktion

- /r   Startet Windows im Real-Modus.
- /s   Startet Windows in der Standard-Betriebsart.
- /3   Startet Windows im erweiterten Modus für 386-PCs.

Um Windows beispielsweise im Real-Modus zu starten, müssen Sie auf der DOS-Ebene eingeben:

> win /r   *<Return>*.

> ☞ | In welcher Betriebsart Windows arbeitet, können Sie über das Hilfe-Menü im Dateimanager feststellen, wenn Sie dort den Befehl *Info über Programm-Manager wählen.*

Aufgabe: Starten Sie Windows im Real-Modus und lassen Sie sich über die eingestellte Betriebsart informieren.

VORGEHEN: Starten von Windows im Real-Modus

- Geben Sie auf der DOS-Ebene ein:

  > win /r

  und betätigen Sie die *<Return>*-Taste.

VORGEHEN: Information über die eingestellte Betriebsart einblenden

- Öffnen Sie das Menü *Hilfe.*

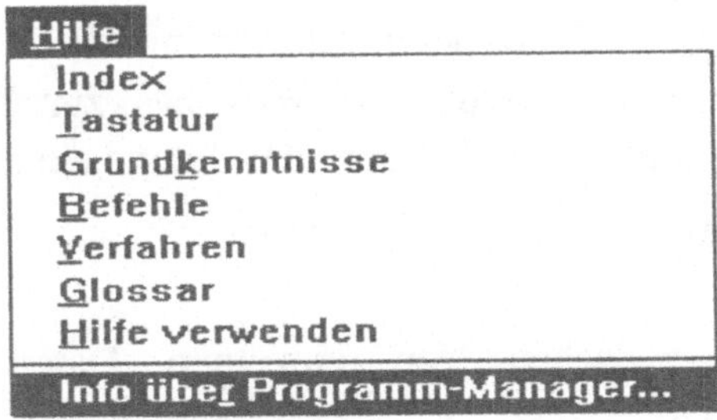

Abb. 11-7: Das Hilfe-Menü im Programm-Manager

- Wählen Sie den Befehl *Info über Programm-Manager*.

Abb. 11-8: Das Programminformationsfenster

Das Fenster gibt Ihnen Auskunft über die eingestellt Betriebsart.

11.3.2 Starten von WINDOWS zusammen mit einer Anwendung

Sie können beim Starten von Windows bestimmen, daß gleichzeitig eine bestimmte Anwendung (z.B. das Textverarbeitungsprogramm WRITE) mitgestartet wird. Sie können sogar noch weiter gehen, und mit der Anwendung eine Datei laden.

In diesem Fall können Sie dem Startbefehl (win) den Namen des mitzustartenden Programms und, wenn gewünscht, den Namen der zu ladenden Datei hinzufügen.

Wenn Sie beispielsweise das Textverarbeitungsprogramm WORD mit der Datei MEINTEXT.TXT nach dem Start von Windows zur Bearbeitung bereitgestellt haben möchten, müssen Sie auf der DOS-Ebene eingeben:

> win word meintext.txt   *<Return>*.

Achten Sie darauf, daß zwischen den einzelnen Dateinamen ein *<Leerzeichen>* steht.

Aufgabe: Im Unterverzeichnis Windows befindet sich eine Datei PRINTERS.TXT, die Informationen über Drucker enthält. Starten Sie WINDOWS zusammen mit dem Notizprogramm NOTEPAD und der Datei PRINTERS.TXT.

VORGEHEN: Starten von Windows zusammen mit einer Anwendung.

- Geben Sie auf der DOS-Ebene ein:
    win write printers.txt
- Bestätigen Sie mit *<Return>*.

    Nach kurzer Zeit erscheint auf dem Bildschirm das Notiz-Programm mit der Datei Printers.Txt.

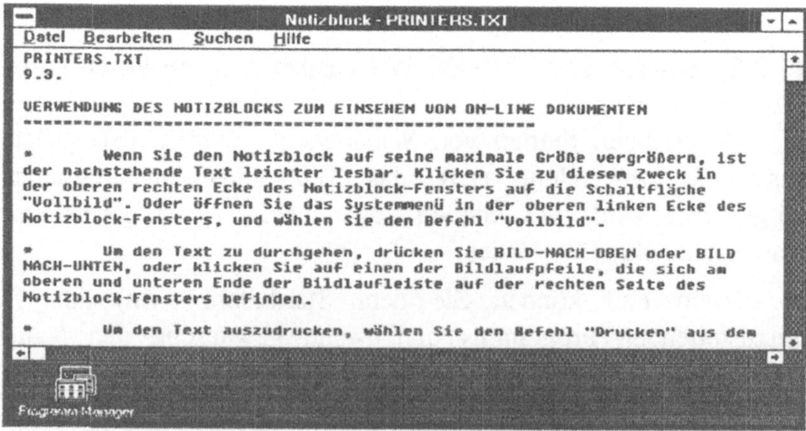

Abb. 11-9: Das Programm Notiz mit der Datei Printers.Txt

In Windows gibt es eine Liste, mit deren Hilfe Datendateien aufgrund ihrer Endungen bestimmten Programmen zugeordnet werden (zum Beispiel Dateien mit der Endung .CAL dem Kalenderprogramm, Dateien mit der Endung .TXT dem Notizprogramm).

In diesem Fall reicht es, wenn Sie den Startbefehl um den Datendateinamen ergänzen. Windows sucht das dazugehörige Programm und startet es.

Bezugnehmend auf das obige Beispiel würde die Befehlszeile lauten:

    win printers.txt

☞
> Die Zuordnung von Datendateien zu einem Programm kann im Menü *Datei* des Dateimanagers mit dem Befehl *Verknüpfen* bestimmt werden.

11.4 Arbeiten mit der Hilfefunktion von Windows

Windows bietet eine sehr umfangreiche Hilfefunktion, über die Sie Informationen über Grundkenntnisse, Verwendung von Befehlen, Verfahren usw. erhalten können.

Nachfolgend erfolgt eine Beschreibung der meisten standardmäßigen Menüelemente der Hilfemenüs.

Menüelement	Funktion
Befehle	Gibt eine Erklärung aller im Anwendungsprogramm verwendeten Befehle.
Index	Zeigt eine alphabetische Liste verfügbarer Hilfethemen.
Tastatur	Zeigt eine Tabelle mit Tastenkombinationen für das Anwenderprogramm.
Verfahren	Gibt schrittweise Erläuterungen zur Arbeit mit einem Anwenderprogramm.

Am Beispiel des Aufrufs der Hilfefunktion vom Programm-Manager aus sollen einige Möglichkeiten erläutert werden.

Aufgabe: Rufen Sie die Hilfeinformation im Programm-Manager auf.

VORGEHEN: Aufrufen der Hilfefunktion

- Klicken Sie das Menü *Hilfe* in der Menüleiste an.

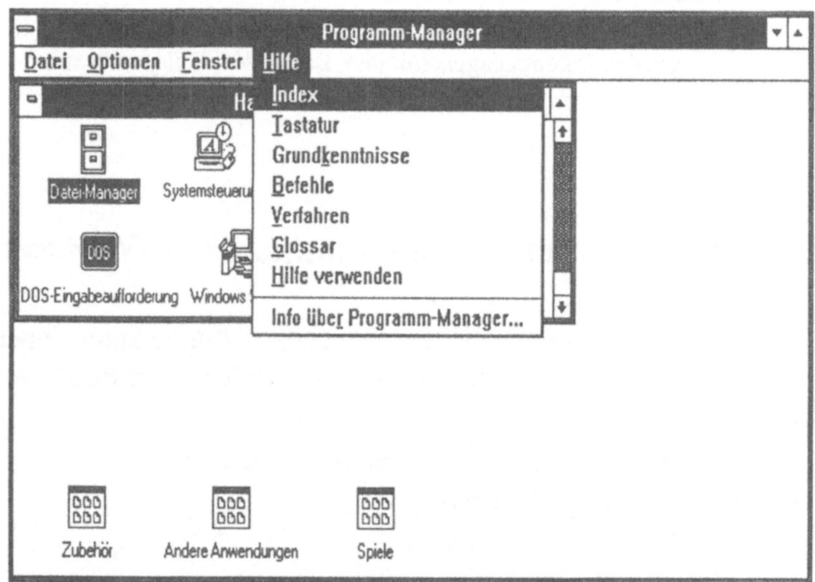

Abb. 11-10:   *Das Hilfemenü im Programm-Manager*

- Wählen Sie die Option *Index*, und vergrößern Sie das Hilfefenster auf Vollbildgröße.

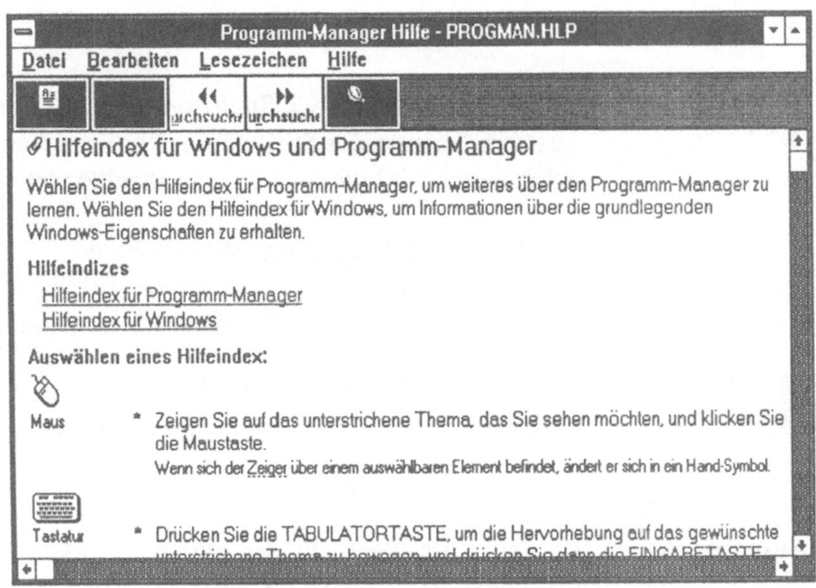

Abb. 11-11:   Hilfeindex im Programm-Manager

Sie können jetzt durch den Hilfetext blättern oder ein weiteres Hilfethema aufrufen. Weitere Hilfethemen sind im Hilfetext unterstrichen gekennzeichnet. Durch Anklicken des Themas wird der entsprechende Text angezeigt.

Die Schaltflächen können Sie verwenden, um in den Hilfstexten weiterzublättern. Die nachfolgende Aufstellung gibt Aufschluß über die Funktion der einzelnen Schaltflächen.

Schaltfläche   **Funktion**

Zeigt den Hilfeindex für das Anwendungsprogramm.

Zeigt die vorhergehende Hilfeseite. Die Schaltfläche wird abgeblendet, wenn der Anfang des Hilfetextes erreicht ist.

Zeigt das vorhergehende Stichwort in einer Reihe zusammenhängender Stichwörter. Bei Erreichen des ersten Stichwortes wird die Schaltfläche abgeblendet.

Zeigt das nächste Stichwort in einer Reihe zusammenhängender Stichwörter. Bei Erreichen des letzten Stichwortes wird die Schaltfläche abgeblendet.

Durchsuchen der Hilfe nach Informationen durch Eingabe oder Auswahl von Stichworten aus einer Liste.

Aufgabe: Rufen Sie den Hilfe-Index für den Programm-Manager auf und dort den Hilfetext über Befehle des Menüs *Datei*.

VORGEHEN: Abrufen von Hilfsinformationen

• Wählen Sie das Hilfethema: *Hilfe-Index für Programm-Manager*. Zeigen Sie auf das Hilfe-Thema. Klicken Sie, wenn der Mauszeiger sich in eine Hand verwandelt hat.

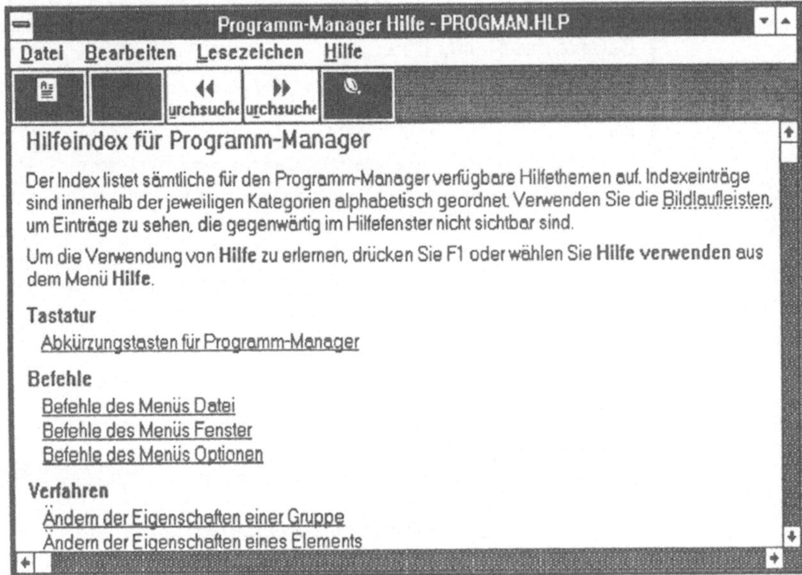

Abb. 11-12:   *Der Hilfetext zum Programm-Manager*

- Klicken Sie nun das Hilfethema: *Befehle des Menüs Datei* an, um den Hilfetext zu diesem Thema abzurufen.

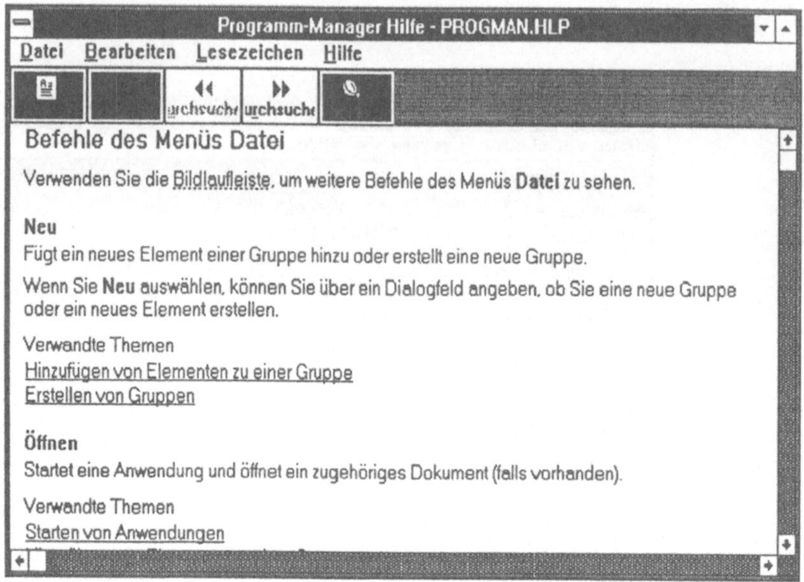

Abb. 11-13:   *Der Hilfetext über Dateibefehle*

- Blättern Sie zu den vorherigen Stichworten in der Reihe, indem Sie die Schaltfläche mit dem doppelten Linkspfeil anklicken.

- Die Schaltfläche wird abgeblendet, wenn der Stichwortanfang erreicht ist. Wählen Sie dann die Schaltfläche *Index*, um zum Ausgangspunkt des Hilfetextes zurückzukehren.

Eine weitere Möglichkeit Hilfetexte anzufordern, besteht in der Suche nach Stichworten. Aus einer Liste von Stichworten können Sie das gewünschte auswählen. Sie bekommen anschließend eine Liste von Hilfethemen angezeigt, aus denen Sie wiederum eines auswählen können. Daraufhin erscheint der Hilfetext zu diesem Thema.

Aufgabe: Lassen Sie sich die Hilfethemen zu dem Stichwort *Eigenschaften ändern* anzeigen. Wählen Sie aus den angezeigten Themen das Thema *Ändern der Eigenschaften eines Elements.*

VORGEHEN: Suchen nach Stichworten

- Klicken Sie die Schaltfläche *Suchen* an, um das gleichnamige Dialogfeld aufzurufen.

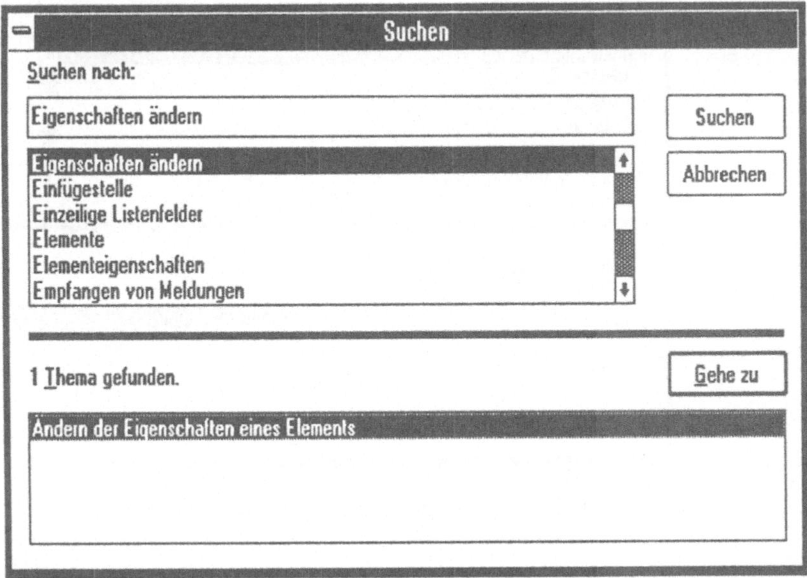

Abb. 11-14:   Das Dialogfeld Suchen der Hilfefunktion

- Markieren Sie das Stichwort *Eigenschaften ände*rn.

- In den eingeblendeten Themen markieren Sie das Thema *Ändern der Eigenschaften eines Elements* und wählen anschließend die Schaltfläche *Gehezu.*

Der Hilfetext zu diesem Thema erscheint.

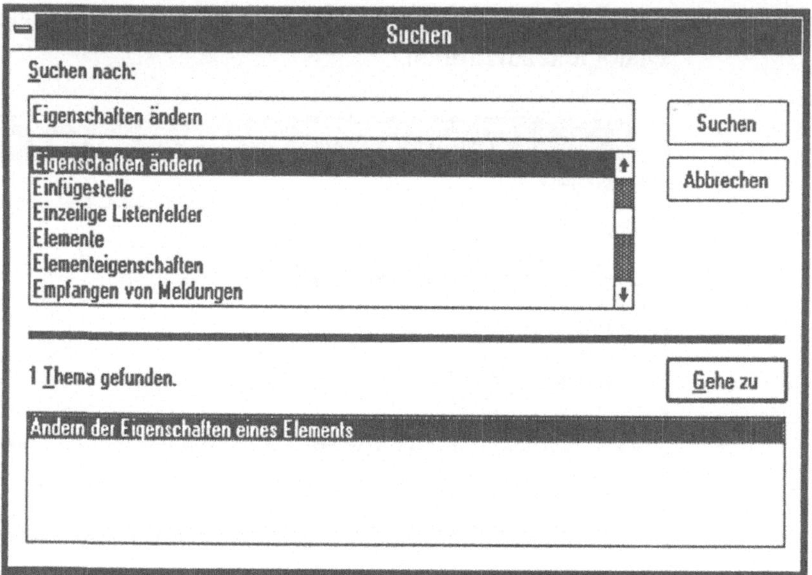

Abb. 11-15:   Hilfetext zum ausgewählten Thema

- Beenden Sie die Hilfe-Funktion.

Sachwortwortverzeichnis

Intensivschulung Word 5.0

herausgegeben von BITEF

*1990. XII, 239 Seiten mit einer 5 1/4"-Diskette für IBM PC und Kompatible.
Gebunden DM 78,–
ISBN 3-528-04730-5*

Das Buch richtet sich an alle, die sich in möglichst kurzer Zeit und gleichwohl intensiv mit dem Textverarbeitungsprogramm WORD 5.0 vertraut machen wollen. Ziel ist es, dem Leser einen sicheren und geübten Umgang mit den verschiedenen Anwendungen von WORD 5.0 zu vermitteln, um dieses Anwenderprogramm effektiv für die Bearbeitung unterschiedlicher Texte nutzen zu können.

Langjährige praktische Erfahrungen im Bereich der Aus- und Weiterbildung – speziell auf dem Gebiet der EDV-Schulungen – bestimmen das didaktische Konzept des Buches. Zum Selbststudium eignet es sich ebenso wie als begleitende Schulungsunterlage in Seminaren. Praxisbezogene Übungsbeispiele leiten den Nutzer von der einfachen Texterfassung bis hin zur anspruchsvollen Textgestaltung und -bearbeitung. Anhand von Aufgabenstellungen werden die wesentlichen Befehle und Funktionen des Programms schrittweise erarbeitet.

Anwender, deren Ansprüche über übliche Einführungen in Textverarbeitung hinausgehen, finden in diesem Buch die richtigen Informationen in geeigneter Form.